"十二五"职业教育国家规划教材

经全国职业教育教材审定委员会审定

21世纪高职高专规划教材★旅游与酒店管理系列

总主编 ◎ 魏小安

CANYIN FUWU YU GUANLI

餐饮服务与管理

（第二版）

主编 ◎ 李国茹　杨春梅

中国人民大学出版社

·北京·

总　序

随着我国国民经济的迅速发展和人民生活水平的不断提高，旅游日渐成为大众越来越乐意选择的一种休闲娱乐方式。其地位的提升和巨大的社会需求将成为推动旅游职业教育发展的重要力量。自十六大以来，党中央提出了科学发展观，明确了以人为本的理念，着力调整了多年以来以GDP增长为导向的发展战略，开始从国计到民生的转变。而旅游恰恰就是民生的重要组成部分。在从重视国计转向重视民生的过程中，旅游的地位进一步提高，必将推动旅游职业教育的快速发展。如果考虑到旅游与休闲之间的融合前景，考虑到整个休闲体系的完善、发展对高素质专门人才的需求，我们可以预言：未来若干年内，旅游职业教育的发展前景将无比光明。

根据国家旅游局的统计，到2004年底，全国已拥有旅游院校1 313所，且各个省（自治区、直辖市）许多高等学校都开设了旅游类专业，在校学生达57.86万人。如果仅仅从规模和数量上看，这大体能够适应我国旅游业的发展现状，但若从专业细化角度看，我们现在的旅游教育显然还无法满足旅游发展变化的需要，尤其无法满足休闲产业发展的需要，而休闲需求将是旅游业未来重要的发展方向。假如有一批经过专业化教育的高职毕业生进入酒吧、咖啡屋等休闲企业，那整个城市休闲体系的人员素质就会大幅度提高，休闲产业集群自然也就形成了，专业设置的回旋余地自然也就更大了。因此，旅游管理专业应该少搞些大而化之、笼而统之的课程，而是应该根据实际需要细化课程设置。采取市场需求扩大了就多培养，需求减少就少培养的方针。

实际上，旅游院校的实质就是提供旅游教育产品的供应商，需要研究生产什么、生产多少、怎么生产、为谁生产等基本问题。旅游职业教育同样面临着这样的问题，同样需要不断提高培养质量，强化培养途径。在这两个层面上我们还有很长的路要走。一方面，中国要从旅游大国真正变成旅游强国，必须具备相应的人才竞争力。而我们过去主要抓的是人才的数量，对人才的质量问题重视不够。另一方面，在整个旅游教育体系中，旅游职业教育是薄弱环节，没有很好地结合职业教育自身的特点来制定相应的培养目标与模式，没有很好地进行课程与教材体系的设计。如果旅游教育不能真正培育出高质量的人才，旅游经济的发展必然会受到制约，旅游职业教育的路也就难以持续走下去。

要抓好旅游职业教育，课程体系构建和教材的建设是关键。当然，教师队伍建设、实践教学基地建设也是办好旅游职业教育所不可或缺的。但是作为知识和思想的载体，以及来自实践又能指导实践的理论概括的教材，其既具有基础性又具有前瞻性的特点，使得它成为高质量人才培养的首要保证。正是基于这样的认识，为了解决现行旅游职业教育教材建设中存在的沿用本科思路、与本科教材雷同较多、适用性差等问题，在中国人民大学出版社的支持下，我们组织了一批从事旅游专业教学和实践的业界专家，即双师型人才，从教材选择、教材配套、编写体例、内容安排等方面都作了大胆改革，花大力气推出了这套高职高专旅游管理系列教材。这套教材的主要特点有两个：

（1）实用性强，在基本理论够用的前提下，本套教材把叙述重点放在实务操作流程的介绍上，在行文中尽量多使用图表、图例，以增加内容的形象性和直观性。

（2）在课程体系构建上进行大胆探索，尤其是根据对旅游业发展和人才需求趋势的预测，开发了《“三吧”服务与管理》、《餐饮连锁经营与管理》等新的课程教材。这一具有一定前瞻性的课程设计，将有利于培养和提高旅游职业院校学生的就业能力。

当然，作为高职高专旅游与酒店管理教材改革与创新的尝试，本系列教材总会存在这样或那样的不足，在教材体系的构建中也难免存在某些局限性。为此，真诚地希望各位专家、教师和广大的高职高专学生提出宝贵的意见，以期通过不断的修订、完善，把该系列教材打造成一个真正的精品。

魏小安

前　言

进入 21 世纪，随着我国经济的发展，我国的餐饮业取得了长足的进步。2008 年北京奥运会、2010 年上海世界博览会等大型国际性盛会的举办进一步推动了我国餐饮业的发展。作为餐饮业的组成部分，无论是社会餐饮还是酒店餐饮，都面临着激烈的市场竞争。而所有的竞争归根结底都是人才的竞争，人才的竞争不仅仅体现在高层管理人员层面的竞争，以往被忽视的餐厅一线服务人员及督导人员层面的人才竞争也逐渐受到餐饮专业人士的重视。

本教材从基层服务人员和督导人员的培训管理出发，面向酒店管理专业高职高专学生。在内容上，注重实际操作性，同时引入一些新的理论和方法，目的是开拓学生的视野；在形式上，力求通俗易懂，并设计了相关链接、参考案例等，以帮助学生理解与掌握所学知识。本教材不仅可以作为高职高专酒店管理专业教材，也可以作为酒店管理人员的培训用书。

本教材由李国茹、杨春梅担任主编，由杨春梅统稿。编写分工如下：李国茹（第一章、第二章），杨春梅（第三章、第四章、第六章），潘素华（第五章、第八章），郑海霞（第七章）。

本教材在编写过程中，参考了大量国内外的有关教材和报刊文献，借鉴了中国旅游饭店管理网、最佳东方网站等相关网站的资料，吸收了国内外学者最新的研究成果，在此谨向各位专家、学者表示衷心的感谢。本教材的编写与出版得到了长春大学旅游学院及中国人民大学出版社的大力支持与帮助，在此一并致谢。

由于时间有限，加之作者学识有限，本教材难免有不足和疏漏之处，敬请读者不吝赐教，以便进一步修订完善。

编　者

2012 年 2 月

目录

第一章　餐饮概述 …… 1

第一节　餐饮业的发展及特点 …… 2
第二节　餐饮部的地位 …… 9
第三节　餐饮部组织机构设计 …… 10

第二章　餐饮服务基本技能 …… 19

第一节　托盘的使用 …… 20
第二节　斟酒服务 …… 23
第三节　餐巾折花 …… 25
第四节　摆台 …… 47
第五节　上菜与分菜 …… 54
第六节　撤换餐具 …… 57

第三章　餐饮服务程序 …… 61

第一节　餐饮服务基本流程 …… 62
第二节　中餐服务基本程序和方法 …… 67
第三节　西餐服务基本程序和方法 …… 76

第四章　餐饮成本管理 …… 86

第一节　采购管理 …… 87
第二节　验收管理 …… 94
第三节　库存管理 …… 98
第四节　餐饮成本控制 …… 104

第五章　餐饮销售管理 …… 112

第一节　餐饮销售概述 …… 113
第二节　餐饮产品及其策略 …… 119
第三节　餐饮促销 …… 125
第四节　餐饮公共关系销售 …… 130

第六章 餐饮质量管理 …… 135

第一节 餐饮质量管理概述 …… 136
第二节 餐饮质量管理理念 …… 146
第三节 餐饮质量管理的方法和工具 …… 150

第七章 中外菜点知识 …… 158

第一节 中国菜肴知识简介 …… 159
第二节 西方菜肴知识简介 …… 169
第三节 中西式面点知识 …… 172
第四节 菜单的设计 …… 175

第八章 我国主要客源国的饮食习俗 …… 179

第一节 亚洲主要客源国的饮食习俗 …… 180
第二节 欧洲主要客源国的饮食习俗 …… 185
第三节 美洲主要客源国的饮食习俗 …… 190
第四节 大洋洲主要客源国的饮食习俗 …… 194
第五节 非洲主要客源国的饮食习俗 …… 196

附录 餐饮服务常用语中英文对照 …… 199

参考书目 …… 206

第一章

餐饮概述

学习目标

学完本章，你应该掌握：

1. 我国餐饮企业的发展趋势；
2. 国外餐饮企业的发展概况；
3. 餐饮企业的服务特点和经营特点；
4. 餐饮部的地位及组织机构；
5. 餐饮服务用具的使用方法及消毒方法。

导入案例

山东一家酒店产业集团的某设计师，在该集团下属的一家四星级酒店的土建设计图纸中看到，20层楼的酒店仅有两部电梯，远远不能满足客人的需求，而且在大堂总服务台与客梯之间还有一道顶天立地的剪力墙，将仅有的两部电梯全部遮挡，客人办理完入住登记手续后，必然会不约而同地询问服务人员："请问电梯在什么地方？"设计师发现这个问题后，立即与该饭店的主管人员联系，提出了合理化建议：第一，增设一部电梯；第二，在剪力墙上开了一个高2.7米、宽2.5米的洞口，使客人办理完入住手续后，不用引导就可以找到电梯。

同样是这家酒店产业集团的一位设计师，他在设计餐厅包房时，将餐桌上方的吊灯的灯光设计与该酒店提供的特色菜肴的颜色搭配起来，增加了菜肴的吸引力，使每个包房每天的最低收入达到了1万元。

本案例中，了解酒店服务程序的设计师和了解菜肴特点的设计师在设计过程中有什么样的绝招？科技的进步、人本的管理方式在现代饭店和餐饮管理中起着什么样的作用？

饮食是一种文化，它能反映出人类的智慧和文明。中国的饮食文化源远流长，各地不同的饮食风格，风格迥异的特色菜点，以及由来已久的饮食礼仪等，交织成多姿多彩的饮食文化。随着饮食文化的不断发展，餐饮业也应运而生。酒店餐饮部在餐饮业的发展中发挥着重要的作用。了解餐饮业的发展概况，酒店餐饮部的组织结构及服务用具的使用等是学习酒店管理的基础和前提。

第一节　餐饮业的发展及特点

一、餐饮业的发展

餐饮业属于第三产业，随着社会的进步以及现代化程度的不断提高，餐饮业的发展有着巨大的潜力。同时科学技术的进步也为餐饮业的蓬勃发展提供了良好的条件，餐饮企业的经营管理也将日益科学化、专业化。

（一）国外餐饮业的发展概况

国外餐饮业起源于古代地中海沿岸经济繁荣的国家，其发展除受传统影响外，也受到了科学技术、经济发展的影响。主要经历了四个重要阶段：（1）在 14 世纪，以土耳其菜系为中心，以伊斯兰教餐饮及烹饪为主要代表。（2）在 16 世纪中叶，以意大利菜为代表的菜品，追求豪华，注重排场、典雅华丽的风格。（3）18 世纪前后，以法国菜肴为中心，标志着“自由烹饪”时代的到来。（4）20 世纪，以美国菜为中心，轻造型、重营养的菜肴风格基本形成；同时，以日本菜为中心，传统与现代生活相结合的菜肴也受到了人们的喜爱和欢迎。

如今餐饮业在许多发达国家的第三产业中，占据着重要的地位。随着社会的发展和人们生活水平的提高，餐饮业已经成为竞争激烈的服务行业之一，是以使每位食客都能够得到满足为目的的行业。为了适应快节奏的生活方式和人们不断变化的需求，一些快餐企业、餐饮连锁企业、大型综合餐饮企业等纷纷出现，并朝着国际化运营的方向发展。

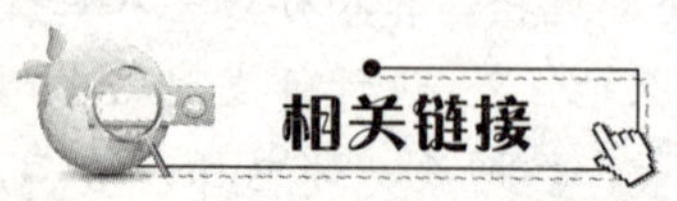

西餐发展简史

15 世纪时出现了餐桌共用餐刀。个人用的餐刀大约出现在 17 世纪。那时的餐刀头尖如匕首。据说法国红衣主教黎希留看到有的就餐者在宴会上用餐刀尖剔牙，觉得很不雅观。于是他下令将餐刀尖改为圆头形。圆头形餐刀一直沿用到现在。

勺子作为厨房用具，在远古时期早已被人使用，作为餐桌上用的汤匙也是在17世纪出现的。至于茶匙，是红茶传入欧洲时的产物。

大叉子原来只在厨房使用，10世纪拜占庭时期，餐桌上曾出现过较小型的银质叉子。但只是昙花一现。直到1894年，英国水兵还不许使用餐叉和匙，据说因为人们认为使用这些餐具不像男子汉。

餐巾远在古罗马时期就出现了，不过一直没有被多数人接受。15世纪人们习惯于用舌舔手，或用上衣揩手，还有的用面包片擦手。不久，有宴会的女主人命令侍者把布制成正方形状与桌布搭配，这就是餐巾的起源。

到了16世纪初中叶，法国安利二世王后卡特利努·美黛希斯喜欢研究烹调方法，她从意大利雇用了大批技艺高超的烹调大师，在贵族中传授烹调技术，这样不仅使宫廷、王府的菜点质量显著提高，同时使烹饪技法广为流传，促使法国的烹饪业迅速发展起来。

后来，法国有位叫蒙得弗德的人，举行宴会时，为了让客人预先知道全宴席的菜品，他让管家在宴会前用羊皮纸写好菜名，放置在每个座位前。据说这是西餐菜谱的起源。

伟大的艺术家达·芬奇的油画杰作《最后的晚餐》如实地描绘了餐桌上有面包、仔牛肉、冷盘、葡萄酒、餐刀及玻璃杯等物。这是当时基督教欢度复活节的圣餐场面。这个场面已经大体具备了现代西餐的雏形。

1638—1715年，由于讲究饮食而被人称为美食家的法国国王路易十四在宫廷中发起了烹饪大赛，优胜者发奖章及奖赏，从而推动了烹饪业的蓬勃发展，一时间宫廷内佳肴美馔迭出。当时研制出来的菜肴称为宫廷菜，独成一系，在宫廷举行宴会时，一餐往往达64种之多。在宫廷的影响下，上层社会盛行大摆宴席之风，当时的菜单上有冷盘、汤、肉食、禽类、水果、点心之类。品种花样已有现代西餐的眉目，从此西餐逐步趋于完整。

由于宫廷和上层社会的烹调热，直接推动了整个社会的烹饪业发展。1765年，在法国的社会上出现了餐厅。1789年，法兰西革命后，对一般顾客的餐厅像雨后春笋般地发展起来。供餐形式是采取每人一份的方法。不久出现了零点菜谱，但只是简化了的宫廷菜。19世纪初叶，餐桌上的规矩与现在大致相同。第二次世界大战以后，才出现了许多新的餐具，并有着严格的摆放及使用方法。

资料来源：http://rest.tw128.com。

（二）我国餐饮业的发展

我国已成功加入了世界贸易组织，在这种形势下，我国餐饮业面临着国际化竞争，同时这也为我国餐饮业的发展创造了前所未有的良好机遇。比如快餐、主题餐厅等休闲餐饮的兴起，洋快餐大举进入中国，西餐逐渐被人们所接受，传统的中式餐饮和烹饪受到很大挑战。传统菜系的概念越来越模糊，各种菜系的融合更加紧密，烹饪原料更加丰富。目前我国餐饮业的发展主要有下述几个特点：

1. 行业规模大

我国餐饮业的行业规模大，市场前景好。2010年，我国餐饮业营业额达17 648亿元，占社会消费品零售总额的11.24%，人均年消费1 287元左右，从业人员28.74万人。目前，我国餐饮发展潜力巨大，其主要原因有：

(1) 消费者需求发生变化，需求更具有特殊性。

(2) 餐饮经营个性化特色突出，更注重时尚、健康和特色品牌。

(3) 节假日市场和旅游市场对餐饮业的拉动作用明显。

(4) 社会经济的发展、商务活动的日益活跃，以及居民家庭可支配收入的增长，为外出就餐比重的增加提供了有力支撑。

2. 连锁化经营

连锁经营作为一种新的企业组织形式和经营方式，产生于美国。由于它既不受国家和地区的限制，又不受文化传统、商业习惯的限制，还不受行业、零售业态的限制，所以很快便风靡全世界。连锁化经营为传统餐饮业带来了强大的生命力。目前，我国有麦当劳连锁店300多家、肯德基400多家，中式正餐和快餐也发展了不少连锁经营企业，并取得了很好的业绩。连锁经营是餐饮业发展的方向，经过几十年的发展，已成为餐饮业普遍应用的经营方式和组织形式，显示出强大的生命力和发展潜力。

近年来，餐饮业快速改变多年沿用的单店经营模式，积极发展连锁、配送、网络经营，在全国涌现了一大批多业态的餐馆、快餐连锁企业。在国家统计局和中国饭店协会公布的中国“餐饮百强”企业中，实行连锁经营的企业有79家，营业额占“百强”企业总营业额的85.6%。连锁经营对餐饮业发展起着决定性作用。

3. 主题酒店兴起

主题酒店的概念来源于主题餐厅，最早在美国出现。在美国具有代表性的主题酒店有原始森林酒店、米高梅电影主题酒店、拉斯维加斯金字塔酒店等。所谓的主题酒店就是特色酒店，它是以某一特定的主题来体现酒店的建筑风格和装饰艺术，体现特定的文化氛围，让顾客获得富有个性化的文化享受。我国著名旅游学专家魏小安曾用三句话来概括主题酒店，即“以文化为主题，以酒店为载体，以客人的体验为本质”。目前国内也涌现出了一批主题酒店，如成都京川宾馆、四川九寨天堂、广东温泉谷等，这些主题酒店有着一个共同的发展创新亮点，那就是顺应经济发展的要求，结合富有特色的文化主题，为中国酒店业发展树立了一个极具“个性化”特点的样板。它们在构建特色文化方面做出了有益的探索，也为中国主题酒店的建设起到了示范引领的作用。

当然，目前我国主题酒店打出的是“文化牌”。由于我国在主题酒店的建设上起步比较晚，而且建主题酒店投资比较大，所以现在的发展还不是很快。但是，主题酒店这一形式在我国已初露头角。相比于传统酒店那种单一的服务形式、千篇一律的设施设备和模式化的服务，主题酒店具有传统酒店无法比拟的优势。它从自己的主题入手，把服务项目融入主题中去，以个性化的服务代替刻板的模式，体现出对客人的信任与尊重。历史、文化、城市、自然等都成了酒店借以发挥的主题。从此酒店不再是单纯的住宿、餐饮设施，而是寻求欢乐和刺激的天堂。

主题酒店之都——拉斯维加斯

在美国，拉斯维加斯被称为“酒店之都”。据统计，在世界最大的16家酒店中仅拉斯维加斯就占15家，现有酒店房间数超过102 000间。其实拉斯维加斯也是主题酒店之都。

传统酒店的概念在这里已发生了转变，主题是拉斯维加斯酒店的灵魂与生命。一座座主题酒店就是一个个景点，它们交相呼应，组成拉斯维加斯的一道风景线，吸引着无数的游客。

拉斯维加斯的主题酒店大约分以下几类：

1. 模拟城市氛围的酒店。这类酒店通常以历史悠久、有浓厚的文化特点的城市为蓝本。设计人员以局部模拟的形式，用微缩仿造的方法再现了城市的风采。其中比较著名的有纽约酒店，它把曼哈顿的标志性建筑——自由女神像，以1∶1的比例搬到了门前。

2. 模拟神话、传说的酒店。这类酒店以人们熟悉的神话故事为背景，使人走进酒店就像进入了童话世界一样，抛开一切现实中的烦恼，尽情享受这眼前的一切。

3. 模拟历史遗迹、自然风光的酒店。这类酒店充分展现出人文环境与自然环境的魅力。有的主题酒店像一座花园，里面盛开着各种鲜花，一朵朵鲜花娇嫩欲滴。漫步在酒店中，身边弥漫着阵阵花香，使人仿佛进入了绿色的世界。有的主题酒店模仿古代帝王的宫殿，使人觉得仿佛进入了皇宫一般。还有的酒店以海市蜃楼、火山爆发等自然现象为主题，让人觉得很新奇。

拉斯维加斯的主题酒店具有规模大、层次多、变化快的特点，这类酒店还常充分利用空间和高科技的手段，配合大型的演出，为酒店增色不少。旅游酒店业是国民经济的晴雨表，主题酒店之所以能在拉斯维加斯如此红火，也是美国经济高度发达的体现。

资料来源：佚名：《主题酒店之都——拉斯维加斯》，载《华东旅游报》，2001-03-22。

4. 多元化经营

经过多年的摸索和实践，许多餐饮企业经营者发现，单一的餐饮产品经营已经不适应行业快速发展的需要，发展集团化、产业化、多元化一条龙产业链经营，“几只脚”一起走路，才能越走越宽。目前，餐饮企业主要靠精美、华丽的装潢，品质上乘的菜肴，以及别具一格的企业文化招揽客人。多元化经营是餐饮企业经营长盛不衰的法宝之一。

5. 绿色餐饮

所谓“绿色餐饮”，可以理解为运用安全、健康、环保理念，坚持绿色管理，倡导绿色消费，以维持生态的平衡性和资源的可持续利用性。因此“绿色餐饮”不仅仅要求食物本身的天然与营养，还要求食物的生产和消费过程的绿色环保。对于餐饮企业来说，它应当保证食品生产与服务过程的绿色化。具体说来应有以下三方面内容：第一，采购环节的绿色化；第二，生产环节的绿色化；第三，食品服务环节的绿色化。

当今消费市场的绿色需求不断扩大。随着经济、社会可持续发展思想的不断强化，自然、健康、环保等已成为当前消费的时尚与主流。

绿色饭店

“绿色饭店”至今还没有一个被广泛认同的明确定义。“绿色饭店”一词是用“绿色”来修饰饭店，这是目前一种很通行的做法。在提倡环保的年代，“绿色”往往用来比喻

“环境保护”、“回归自然”、“生命”等，当一个与绿颜色无关的名词被“绿色”修饰时，就表示该事物与环境保护有关。“绿色饭店”可以简单翻译为“Green Hotel”，但国际上又把“绿色饭店”翻译为“Eco-efficient Hotel”，意为“生态效益型饭店”，由于“Eco”也是“Economy”的前缀，这个词也隐含着“经济效益”的含义，意思是充分发挥资源的经济效益。也有人将“绿色饭店”翻译为“Environmental-friendly Hotel”，即“环境友好型饭店”。应该说，“绿色饭店”或“Green Hotel”只是一种比喻的说法，如果用来指导饭店在环境管理方面的发展方向。它可以理解为与可持续发展类似的概念，即指能为社会提供舒适、安全、有利于人体健康的产品，并且在整个经营过程中，以一种对社会、对环境负责的态度，坚持合理利用资源，保护生态环境的饭店。

20 世纪 90 年代中期，“绿色饭店”的理念传入我国，在北京、上海、广州等一些大城市的外资、合资饭店，以及一些国外管理集团管理的饭店开始实施“绿色行动”，其他酒店也开始行动。但这一阶段的行动大部分局限于降低物资消耗和减少固体废弃物。

1999 年，“中国生态旅游年”开幕，保护环境成为 1999 年中国旅游业的主题，为配合这一主题，浙江省旅游局、浙江省计划与经济委员会、浙江省环境保护局共同发起在浙江省范围内开展创建“绿色饭店”的活动。这是国内首次在全省行业内开展的创建“绿色饭店”活动，这一活动得到了广泛的响应，浙江全省有 100 多家饭店提出了申请。经过一年多的努力，2000 年 6 月 5 日，浙江省评出了第一批“绿色饭店”。

资料来源：http://www.veryeast.cn。

6. 不断创新

餐饮形式多样、产品兼容并蓄，餐饮市场百花齐放。在传统流行菜肴如生猛海鲜、四川火锅风靡不衰的时候，杭帮菜、吉菜等菜系取各家之长，逐渐成为创新菜的精品，并在全国各城市餐饮市场上走俏。

7. 行业竞争激烈

餐饮市场竞争激烈，在国内，餐饮企业经营较好的、经营一般的、赔钱的都分别占到了 30%，由此可见竞争已达到白热化。在这样的情况下要求餐饮业经营要将多样化和个性化结合起来，不少城市的餐饮企业已经开始进行市场细分和定位，以适应家庭、假日、休闲、会展、旅游等多种消费需求。

二、餐饮业的特点

餐饮经营的实质是吸引顾客，最大限度地满足客人的需求，扩大产品销售。因此，餐饮企业必须研究市场的动向、市场特点、客源结构、销售方式、产品价格等，根据市场变化及时调整产品结构，进行合理市场定位，通过优质服务，吸引客人光顾。对于餐饮企业经营者来讲，掌握餐饮经营特点是增强企业竞争能力，创造经济效益最大化的主要方法。

（一）餐饮服务特点

餐饮业务经营活动主要表现在两个方面：一是为宾客提供食品、饮料等有形产品；二是在提供上述有形产品的同时，为宾客提供面对面的餐饮服务。后者是通过餐饮工作人员热情周到的服务态度和娴熟的服务技能技巧，使顾客获得精神上的满足。餐饮服务具有下

述几个特点：

1. 无形性

餐饮服务的好与坏是不能量化的，只有消费者在购买并享受到餐饮产品后，通过亲身的体验来进行判断。这一特点加大了餐饮产品的销售困难。餐饮服务质量的提高是没有上限的，这需要整个餐饮部门的各个岗位共同努力，全方位提高服务水平，使前来就餐的客人愿意购买有形产品和享受无形的服务。

经常到广州出差的吴先生，十分喜欢当地的特色小吃——糯米鸡和沙河粉，每次到广州都要去一家名叫“来来”的餐厅用餐。用吴先生的话讲，这里的小吃不仅价格合理，而且味道醇正。但是，最让吴先生印象深刻的难以忘记却是每次服务人员对他的称呼。吴先生每次去那家餐厅，服务人员就会倒上茶水，热情地说：“吴先生，欢迎光临，请喝茶。”原来，吴先生第一次光顾这家小店是和朋友一起来的，在交谈中，服务人员得知他姓吴。这家餐厅最特别的就是服务员会有意识地记住客人的姓氏，如果是这里的常客，他们总会热情叫出客人的姓氏，对于吴先生这样来自外地的客人而言，这不仅是一种尊重和重视的体现，也让吴先生倍感亲切。

2. 一次性

餐饮服务只能当场享受，当次使用，与饭店的客房销售的不可储存性相似。如果客房在当天没有被订出去，那么，饭店失去的收入将无法弥补。餐厅没有客源同样也会带来无法弥补的经济损失。所以，餐饮服务的“一次性”特点要求餐饮部门要接待好每一位客人，要注意礼貌待客，给客人留下良好的印象，从而使客人经常光顾。

3. 同步性

餐饮与其他产品的生产有所不同，餐饮产品的生产、销售、消费几乎是同步进行的。生产者与消费者之间是当面服务，当面消费。服务的好坏，接受客人的当场检验。这种面对面直接服务和消费的特点，对餐饮部门的物质条件、设备、工艺技术、人员的素质及服务质量等提出了更高的要求。

4. 差异性

餐饮服务的差异性体现在不同的餐饮企业。不同餐饮企业对员工的培训程度及管理要求不同，员工因年龄、受教育程度、性格的不同也表现出不同的能力。另外，在不同的场合中，同一个服务人员也会因现场气氛不同，呈现出不同的服务方式，服务态度也会随之改变。因此，餐饮管理部门在对服务进行规范化、标准化和制度化的同时，还要对服务人员进行个性化服务、针对性服务的培训。

参考案例 1—2

早上 7 点半，住在某四星级饭店的美国客人珍妮照常收拾好文件，提上公文包，锁上门，准备到公司驻本地的办事处上班。当她经过酒店楼层服务台时，一位女服务员正在值台，女服务员用中文问候："小姐！您好！您出去呀！"珍妮由于长期在中国工作，能听懂简单的中文。听到此话，便停下脚步，问道："你是新来的？"服务员点了点头，珍妮又问道："你说的'您好，小姐'我懂，可是'您出去'是什么意思？"这位女服务员看到客人一脸的严肃，赶紧解释。可珍妮联想到公司主管在生气时经常会说"你出去"，便认为服务员在骂她，愤怒地说："不听你解释，我现在要赶去上班，回来再投诉你。"说完便头也不回地走了。

（二）餐饮业的经营特点

现代餐饮业的发展呈现出百花齐放的特点，概括起来主要表现为下述几个方面：

1. 兼容并蓄

综观现代餐饮业，凡是有客源市场的菜系都有一个共同的特点，即在完善、发展的过程中，注意学习他人的优点，取长补短，兼容并蓄。

例如西餐，可以细分为许多的菜系，包括法式、意式、德式、葡式等等。以前人们好像从来没有听说过瑞士菜，只知道瑞士有一些风味菜肴，但几乎没有人认为它已经形成了独立的菜系，可是在众多的跨国饭店管理集团管理的饭店总厨师长中，瑞士人却占据了相当大的比例，这是因为瑞士菜在借鉴法式菜的基础上，不断创新、发展，逐渐形成了自己的特色，获得食客的好评。

2. 特点突出

餐饮企业通常根据自己提供的菜肴的特色来定位，因而经营特点突出。如川菜的特点主要不是体现在原材料上，而是在于注重口味的变化，依靠这一特色，川菜占据了中低档的餐饮消费市场，这种准确的定位使得川菜保持了旺盛的生命力。

3. 加强创新

现代人的饮食习惯使得一个餐馆或者某个餐饮品牌的生命周期大为缩短，更新周期明显加快，餐饮市场近几年的运转实践证明了这一基本判断。很多经济发达地区的餐馆也只能各领风骚三五年，这几乎成为餐饮市场的一个定式。这是由现代餐饮业自身的发展规律所决定的。这个规律依赖于人们生活质量的提高，依赖于人们与生俱来的喜新厌旧的秉性，这种秉性在饮食方面就显得尤为突出。所以创新意识对餐饮企业尤为重要，在饮食结构、口味变化、营销方式等方面的创新就成为餐饮企业最终占领市场的必由之路。

4. 风格求异

在现代人的生活中，餐厅已经成为了商业洽谈、情侣约会、好友相会的最佳会面场所。人们选择餐厅，是因为它除了本身具备的实用功能外，还营造着一种温馨、舒适的气氛，满足了人们的不同心理需求。例如，年轻人大多求新、求异、求变，以年轻人为目标客户的酒店管理者便布置了“热带雨林”、“汽车配件展览馆”、“画廊”等多种不同风格的餐厅。目前，餐饮企业通过各种创意将环境布置得更加舒适也成了一种时尚。

第二节　餐饮部的地位

餐饮部是现代饭店对客服务的主要业务部门，也是饭店经营的主要盈利部门。随着餐饮业务在饭店内部和外部的不断扩展，餐饮营业收入的比重在饭店整体营业收入中所占的比重越来越大，餐饮部已经成为饭店利润新的增长点。

餐饮部不仅可以为饭店带来高额的经济收入，而且对建立新兴产业链条、增加就业机会等方面都有重要的作用。

一、收入比重大

餐饮收入是饭店收入的重要组成部分。我国星级饭店的餐饮收入约占总收入的 1/3，餐饮经营有特点的饭店餐饮收入甚至已超过了客房收入，收入比重可以达到 1/2 左右。

餐饮增加收入的主要手段是通过餐饮营销策略和手段，推出有特点的餐饮产品，增加服务项目，同时，严格控制餐饮成本和费用，餐饮部增收节支的潜力非常大，可为饭店创造可观的经济效益。

二、影响饭店声誉

美国现代饭店业的先驱斯塔特勒先生（Mr. Staler）曾说过：“饭店从根本上说，只销售一样东西，那就是服务。”

餐饮部是饭店为客人提供面对面服务的主要部门。客人不仅会根据餐饮部提供菜肴、环境来判断餐饮质量，最重要的是还会以服务人员的服务素质来衡量饭店整体的服务质量水平和管理水平。因此，餐饮服务的好坏和管理水平的高低直接影响饭店的整体形象和声誉。

三、饭店创新管理关键点

餐饮部是饭店为客人提供餐饮产品的部门。在饭店产品创新、组织创新、营销创新上承担着重要的责任。通过不断创新，在提升餐饮管理水平的同时，带动饭店整体管理水平的提升。

四、增加就业机会

近年来，饭店业和餐饮业保持着持续快速发展的态势，行业规模、从业人员和经营领域日趋扩大。饭店餐饮部为社会提供的岗位不仅包括餐饮前台的服务和管理岗位，还包括餐饮后厨的各个岗位，餐饮业从业人员的规模不断扩大。

五、新兴产业链条

餐饮企业可为社会建立新兴产业链条，促进相关产业互动。饭店业和餐饮企业间接刺激了房地产、建筑、建材、设备制造、农牧业等产业的市场需求。

六、弘扬民族饮食

在中国餐饮业中，继承和弘扬中华民族饮食文化成为很多企业义不容辞的责任和义务。饭店餐饮部通过不断创新产品和烹调技法，使得中国饮食文化发扬光大，让更多的人了解和喜欢中国民族饮食。

第三节　餐饮部组织机构设计

餐饮部组织机构设计是保证餐饮服务质量、管理水平的组织保障。

一、餐饮部组织机构设计的基本原则

餐饮部组织机构设计要遵循科学合理、高效精简、统一指挥等组织机构设计的基本原则外，根据自身的经营特点，还应遵循以下原则：

（一）以部门规模为根据

饭店餐饮部的规模大小主要取决于饭店客房的总体数量和酒店的星级。大型饭店客房数量多，一般设立多个不同风格的餐厅、面积不等的宴会厅，所以餐饮部的规模较大，人员众多，管理层级也会随之增加。反之，小型饭店由于客房数量少，餐饮部的规模也小。而经济型饭店往往不设立餐饮部。

（二）灵活多变

规模较大的饭店，餐饮部的各个餐厅可以根据自身的特点灵活地设立组织机构。如宴会部在人员配置上可以采用临时雇用人员的方法；中型饭店可以不单独设立客房送餐组，而改由餐厅传菜员兼任。

餐饮部还要根据客人需求、市场变化、酒店管理要求等，不断调整组织机构设计。如餐厅专业点菜员的出现，就是为了满足客人的需求，提升餐饮销售业绩。

（三）建立自主管理模式

为了在组织机构设计上建立更广泛的沟通机制，餐饮部在横向型的组织机构上建立自主管理型团队。从而，使团队中每个员工与团队目标、绩效紧密相连，团队的整体能力可以有效提升。

二、餐饮部组织机构图示例

餐饮部组织机构图首先要直观地反映出一个组织的职能设置；其次要便于管理者进行管理；再次要便于管理者进行管理与指挥；最后要便于不断对组织设计进行改革。

下面我们列举了三个传统的组织机构图的设计模型和一个新型团队组织机构图供大家参考（见图1—1至图1—4）。

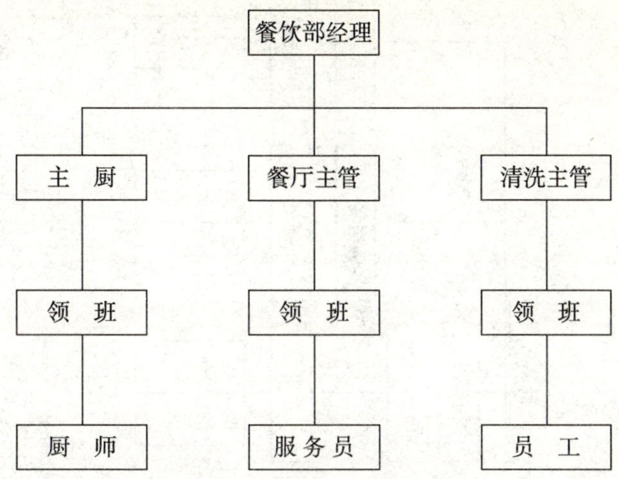

图 1—1　小型饭店餐饮部组织结构图

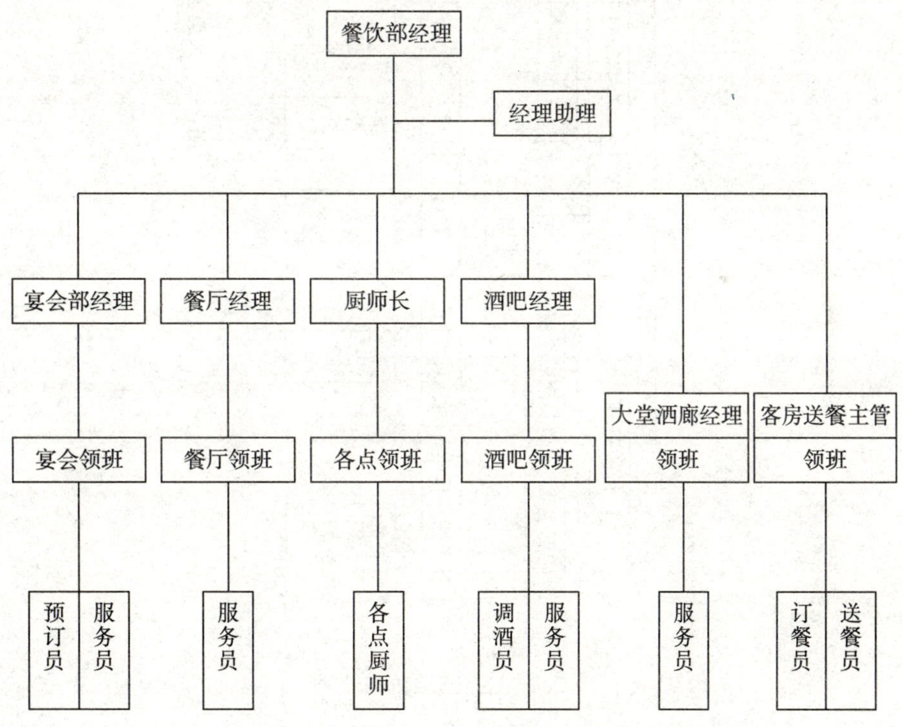

图 1—2　中型饭店餐饮部组织结构图

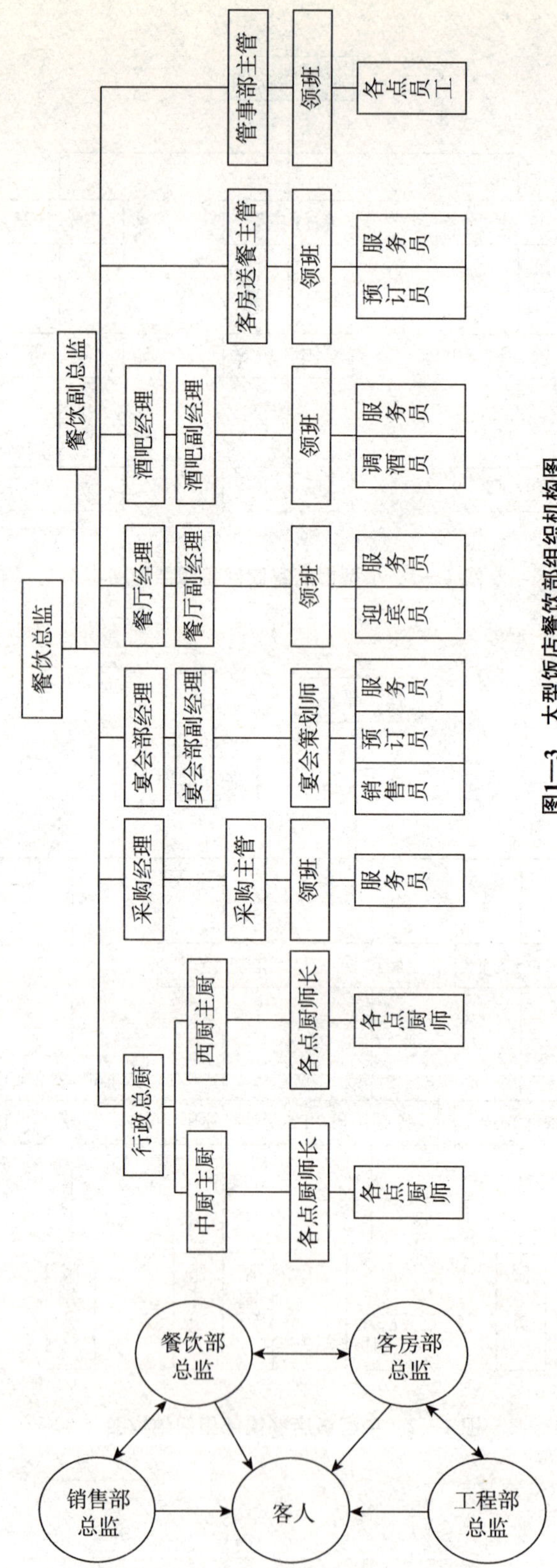

图1—3　大型饭店餐饮部组织机构图

图 1—4　饭店一体化团队组织机构图

三、餐饮部的主要岗位及职责

岗位职责又可称为工作描述，是一个组织正常运转的前提，准确而分工合理、协作有序的岗位职责划分，为餐饮部各组织机构协调一致地为客人提供专业化服务、针对性服务、一站式服务提供了有效的保障。岗位责任的确定，有利于员工明确工作职能，并且按照相应规范进行操作，确保任务的完成。

（一）餐饮总监

1. 岗位性质

（1）直属领导：饭店副总经理或总经理。

（2）管辖：餐饮部所有员工。

（3）联系：饭店内其他部门经理。

2. 主要职责

（1）负责餐饮部整体的正常运行，进行计划、组织、督导及控制等工作，通过最大限度地满足客人的需求，达到餐饮经营的社会效益和经济效益目标。

（2）编制餐饮部预算，控制成本和营业费用，达到预期的指标，策划特别推广宣传活动，审阅营业报表，进行营业分析，做出经营决策。

（3）制定各类人员操作程序和服务规范，建立和健全考勤、奖惩和分配等制度，并切实实施。

（4）与行政总厨、公关营销部、宴会部一起研究制定长期和季节性菜单、酒单。制定餐饮产品售价，不断开发新产品。

（5）负责对大型团体就餐和重要宴会的巡视、督促，处理各种投诉及突发事件。

（6）审阅和批示有关报告和各项申请。协助人力资源部门搞好定岗、定编、定员工作。负责员工的业务知识和业务技术培训。处理好聘用、奖励、调动等人事工作。

（7）参加饭店例会及业务协调会。建立良好公共关系，协调内部矛盾，处理员工意见及纠纷，建立良好的下属关系。

（二）餐厅经理

1. 岗位性质

（1）直属领导：餐饮总监。

（2）管辖：指定范围内的领班和服务人员。

（3）联系：厨师长、管事部和饭店内其他部门。

2. 主要职责

（1）负责餐厅的日常运作。

（2）检查餐厅内的清洁卫生、员工个人卫生、服务台卫生，以确保客人的饮食安全。

（3）与客人保持良好关系，协助营业推广，主动征询客人的意见和要求，及时与厨房沟通，了解当日供应品种、缺货品种、推出的特选菜，以便提高菜肴的服务质量。

（4）主持召开餐前会，传达上级指示，做好餐前检查，参与现场指挥，保证每个服务员按照饭店规定的服务程序、标准去操作，为客人提供高标准的服务。

（5）审理有关行政文件，签署领货单及申请计划。填写工作日记。

（6）及时检查餐厅设备的状况，做好维护保养工作及餐厅安全和防火工作。

（7）做好员工的培训工作。

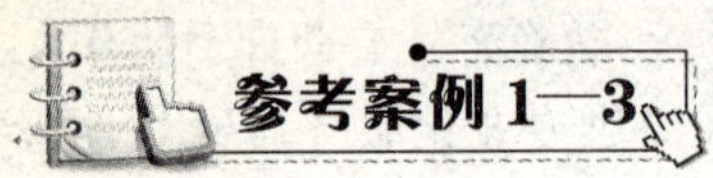
参考案例 1—3

餐厅服务员的素质

某宾馆餐厅。迎来了一位爱挑剔的老夫人。

服务员为她斟上红茶，她却生硬地说："你怎么知道我要红茶？告诉你，我喜欢喝绿茶。"服务员不易为人察觉地一愣，客气而又礼貌地说："这是餐厅特意为您准备的，餐前喝红茶消食开胃，尤其适合老年人，如果您喜欢绿茶，我马上单独为您送来。"老夫人脸色缓解下来，矜持地点点头，顺手接过菜单，开始点菜。"水晶虾仁怎么这么贵？"老夫人斜着眼看着服务员问道，"有些什么特点吗？"服务员面带微笑、平静而胸有成竹地解释道："我们进的虾仁都有严格的规定，一斤120粒，水晶虾仁有四个特点：亮度高、透明度强、脆度大、弹性足。其实我们这里的菜利润并不高，主要是用来为饭店创品牌的拳头产品。"

服务员在客人点菜时，将菜的形象、特点用生动的语言加以形容，能使客人对此产生好感，从而引起其食欲，达到促进销售的目的。

"有什么蔬菜啊？"老夫人又问了，"现在蔬菜太老了，我不要。"

服务员马上答道："对，现在的蔬菜是咬不动，不过我们餐厅今天有炸得很软的油焖茄子，菜单上没有，是今天的时新菜，您运气真好，尝一尝吧？"

"你很会讲话啊。"老夫人动心了。

餐饮服务员应兼有推销员的职责，既要让客人满意称心，又要给餐厅创造尽可能多的利润，只有这样才是称职的服务员。

"请问您喝什么饮料？"服务员问道。看老夫人犹豫不决，服务员忙补充道："我们这里有椰汁、粒粒橙、芒果汁、可口可乐，您喜欢哪种？"老夫人回答："来几罐粒粒橙吧。"

对于"请问您喝什么饮料？"这一问题客人可以选择"要"或"不要"，或沉默考虑。第二句话是选择问句，必选其一。对那种犹豫不决，或没有防备的客人效果极佳。在推销工作中，语言的引导十分重要。因此用什么样的话引起顾客的消费欲望是培训工作中不可忽视的重要内容。

（三）客房送餐主管

1. 岗位性质

（1）直属领导：餐饮总监。

（2）管辖：客房送餐领班、订餐员、送餐员。

2. 主要职责

（1）全面负责客房送餐部的运营，制定本部门有关服务程序、工作制度及安全卫生规

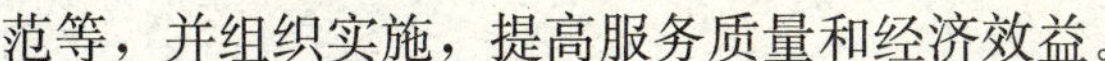

范等，并组织实施，提高服务质量和经济效益。

（2）参加餐饮部例会，传达饭店有关指令，负责部门内外协调沟通，保证各环节正常运作。

（3）负责部门内各项业务培训，提高部门员工的业务水平和服务质量。

（4）控制营业成本及各项费用。

（四）宴会部经理

1. 岗位性质

（1）直属领导：餐饮总监。

（2）管辖：宴会厅经理、宴会策划师。

（3）联系：宴会厨房、管事部、酒吧。

2. 主要职责

（1）制定宴会部的市场营销计划和经营预算，建立并完善宴会部的工作程序和标准，制定宴会部各项规章制度并组织实施。

（2）参加饭店管理人员会议和餐饮部例会，主持宴会部例会，完成上传下达的任务。

（3）控制宴会部的市场销售、服务质量、成本费用，建立并完善宴会部客户档案，保证宴会部各环节正常运转。

（4）与餐饮部经理和行政总厨师沟通协调，共同议定宴会的菜单和价格，不断收集宾客信息，进行菜肴的创新。

（5）与其他部门沟通、协调、密切配合，保证宴会部工作质量和经济效益。计划、组织、督导和实施宴会部的培训工作，提高员工素质。定期对下属进行绩效评估，按奖惩制度实施奖惩。

（6）完成餐饮部经理分派的其他工作。

（五）酒水部经理

1. 岗位性质

（1）直属领导：餐饮总监。

（2）管辖：各酒吧领班。

2. 主要职责

（1）制定酒水部的安全、卫生、酒水服务及成本控制等各项规章制度，并组织实施。

（2）参加餐饮部例会，了解饭店餐饮营业部门的运营状况，召开本部门例会，安排员工班次，布置任务，督导酒水部日常工作。

（3）随时掌握整个饭店的酒水库存情况，严格控制整个酒水部的成本。与采购部密切联系，及时为有特殊要求的客人提供满意的服务。

（4）建议并组织与酒商搞酒水促销活动。设计佐餐酒酒单和饮料单。制定各种鸡尾酒的配方及调制方法。

（5）与餐厅经理密切配合，处理客人对饮品的投诉，并主动了解客人的意见和建议。

（6）督导实施培训，确保本部门员工的素质和工作态度达到岗位要求。进行绩效评估，按奖惩制度实施奖惩。

（7）负责本部门所用硬件设施及工具的维护和更新。保证服务质量和酒水质量。

（六）管事部主管

1. 岗位性质

（1）直属领导：餐饮总监。

（2）管辖：管事部领班、洗碗工、杂役、保管员。

2. 主要职责

（1）直接向餐饮部经理汇报工作，全权负责整个管事部的运转，包括制定与实施工作计划，培训管事部的员工，合理控制餐具损耗。

（2）确保管辖范围内的清洁卫生，餐具及服务用品卫生要达到国家卫生消毒标准，负责宴会厅二级库的各种餐具物品的保管。

（3）负责每日、每月、每季及每年的盘点工作，统计和记录各餐厅及厨房的餐具使用情况，控制各点的留存量。

（4）督导属下每日按正确的工作程序完成本职工作，进行绩效评估并实施奖惩。

（5）维护保养有关设施设备，控制各项成本费用，按规定处理垃圾。

（七）行政总厨

1. 岗位性质

（1）直属领导：餐饮总监。

（2）管辖：各点厨师长。

（3）联系：各餐厅经理、管事部、宴会厅经理。

2. 主要职责

（1）负责厨房正常运转动工作，建立标准菜谱，制定菜单，适时推出时令菜、特选菜。

（2）负责菜肴的质量管理及成本控制。亲自为重要客人主厨。

（3）根据客人情况及库存状况提出食品原料的采购计划，验收食品原料，把好原料质量关。

（4）出席部门例会，协调厨房与餐厅的关系。处理客人对菜肴的投诉。

（5）负责对各点厨师长的考评和厨师的技术培训工作。合理调配员工。

美国著名管理学家坦明在分析客人投诉时提出一条理论，可以称之为“85～15”模式。意思是说，对于客人的一般投诉，造成投诉的原因中，员工责任往往只占15%～20%，其余80%以上多是程序、管理，或其他方面的原因。换言之，造成客人投诉的大部分原因在于酒店的管理。因而，酒店的各个部门是否可以明确各自的岗位职责、尽职尽责地做好本职工作，对于酒店的发展起到重要作用。

本章小结

本章着重研究餐饮服务管理的基本理论，对国内外餐饮业的发展趋势和餐饮服务特点进行了详细的阐述。对酒店餐饮部组织结构及各岗位的认识，可以使同学们明确企业规模、接待能力、餐厅类型等因素都会对酒店餐饮部组织机构的建立产生一定的影响。掌握餐饮服务用具的使用、保管、消毒方法，有利于为客人提供更加标准的服务。

要点提示

1. 餐饮业的发展：国外餐饮业的发展、我国餐饮业的发展。

2. 餐饮业服务的特点：无形性、一次性、同步性、差异性。

3. 餐饮业经营的特点：兼容并蓄、特点突出、加强创新、风格求异。

4. 餐饮部的地位：收入比重大、影响饭店声誉、饭店创新管理关键点、增加就业机会、新兴产业链条、弘扬民族饮食。

5. 餐饮部组织机构设计的基本原则：以部门规模为依据、灵活多变、建立自主管理模式。

6. 餐饮组织机构图示例。

7. 餐饮部各主要岗位及职责：餐饮总监、餐厅经理、客房送餐主管、宴会部经理、酒水部经理、管事部主管、行政总厨。

思考讨论

1. 请比较中外餐饮业的发展。

2. 中餐未来的发展趋势是什么？

3. 餐厅组织机构如何适应企业发展？

任务训练

● 任务名称

星级酒店中餐厅调研报告

● 任务目的

1. 了解饭店中餐厅的整体情况。

2. 了解当地不同星级饭店中餐厅的不同。

● 任务训练要求

1. 分别选择当地的三星级饭店、四星级饭店、五星级饭店各一家。

2. 对三家饭店的中餐厅进行详细了解、调研。

3. 写出调研报告，字数在 2 000 字左右。

● 任务训练方法

1. 小组训练法。将学生分成若干小组，每组成员 5～6 人。每组设立组长一名，任务由组长协调组员共同完成。

2. 调研法。

● 任务评价

项目	标准	满分	得分
文本	格式符合要求，文字通顺，逻辑性强	10	
经营特色	能准确掌握各个餐厅的特色要点，分析准确	20	
市场分析	对不同星级酒店中餐厅的市场细分分析准确	10	
服务特色	准确分析出不同等级的星级饭店中餐厅服务标准、服务水平等的差异	30	
环境特色	准确分析不同星级饭店中餐厅硬件设施的差异	30	
合计	100		

第二章

餐饮服务基本技能

学习目标

学完本章，你应该掌握：

1. 托盘的使用方法；
2. 斟酒的服务技巧；
3. 摆台的程序；
4. 上菜、分菜的桯序；
5. 撤换餐具的程序。

导入案例

某高校饭店管理专业的学生小高是位人见人爱的乖女孩，她的理论知识比较扎实，平时表现也十分突出，并且她十分喜欢自己的专业。但是小高对教学中安排的服务操作课不屑一顾，课程结束时服务操作课考试没有通过。紧接着，教学计划中的“服务实习”阶段开始了。班上的绝大多数同学高高兴兴地进入宾馆，走上实习岗位，小高则由于服务操作课的成绩不好，没有宾馆愿意接纳她，最后经学校老师的多方努力，才有一家宾馆愿意接收她去餐饮部的前台工作。实习结束后，她深有感触地说：“万丈高楼平地起，饭店的管理干部，哪怕是饭店总经理也都是从一线的服务工作做起。再说，管理饭店也要熟悉服务业务，不然你如何去管理呢?”

餐饮服务基本技能是指与餐饮业务相关的规范的基本技能或技巧。熟练地掌握餐饮服务基本技能是做好服务工作、提高服务质量的基本条件。餐饮服务的每个环节都有特定的操作方法、程序和标准，因此服务人员要努力学习餐饮基本理论知识，刻苦训练，熟练掌握过硬的餐饮服务基本技能，做到在操作规范化、程序化和标准化的基础上，提供优质的个性化服务。

第一节　托盘的使用

托盘是餐厅服务员运送各种餐饮品及其用具的基本工具之一。托盘的作用一是清洁卫生；二是方便操作。正确使用托盘，是每位餐厅服务人员必须掌握的一门服务技术。正确和熟练地使用托盘，不仅体现了餐厅服务的规范化，也显示出服务人员的文明水平。在服务中，服务人员应根据不同的物品和工作的需要，选用不同规格的托盘来端托物品。为了提高服务质量和服务效率，无论是摆台还是撤换餐具，或是走菜、托送酒水等服务工作，都要使用托盘。

一、托盘的种类及用途

（一）托盘的种类

（1）按不同的形状，托盘可分为圆形托盘、方形托盘和长方形托盘。

（2）按不同的质地，托盘可分为塑胶防滑托盘、不锈钢托盘、镀银托盘、木质托盘、硬质塑料托盘和搪瓷托盘等。

（3）按不同的规格，托盘可分为大、中、小三种规格。

（二）托盘的用途

不同的托盘，其主要用途也不同：

（1）大长方形托盘和大方形托盘一般用于托运菜点、酒水和盘碟等较重物品。

（2）中圆形托盘和中方形托盘主要用于摆、换、撤餐具和斟酒、传菜、分菜和托送饮品等。

（3）小型托盘主要用于送茶、咖啡及递送账单、钱和信件等。

二、托盘的操作方法

根据端托的物品、用途及承载物重量的不同，托盘的操作可分为轻托（又叫胸前托）和重托（又叫肩上托）两种。无论是轻托还是重托，基本上都分为理盘、装盘、托盘三大步骤。同时在托盘时还要注意行走的姿势和落托。

（一）轻托

轻托是指端托体积较小、重量轻的物品。轻托的具体操作方法如下所述：

1. 理盘

首先要根据所托的物品选择合适的托盘，并将托盘洗干净，将干净的餐巾或垫布平铺在托盘内，垫布的大小、形状要根据托盘的形状而定。但是，无论使用方形或圆形垫布，外露部分一定要均匀，使整理后的托盘既整洁、美观又方便使用。

2. 装盘

装盘是指根据物品的形状、体积和使用先后顺序合理摆放。装盘是端托的关键一环。轻托的物品在装盘时一般要求单件平摆（餐盘、汤碗除外），并根据所用托盘的形状摆放，要求托盘内物品重量分布均衡，重心靠近身体。这样装盘既安全稳妥，又便于端托服务。

3. 托盘

托盘是指将摆放了各种物品的托盘端托在左手掌上为宾客服务（见图 2—1）。操作的方法是左脚向前一步，站立成弓步形，上身稍向前倾斜，左手与托盘相平。用右手将托盘拉出桌面 1/3，然后用左手托起托盘。待左手掌握重心后放开，同时左脚收回一步，使身体成立正姿势。操作的要领是左手托盘，左臂自然弯曲，五指分开，掌心向上，以大拇指指端到手掌的掌根部位和其余四指托住盘底，手掌自然成凹形，掌心不与盘底接触，平托于胸前，略低于胸部。手指随时根据盘上重量变化而作相应的调整，使托盘保持平稳。

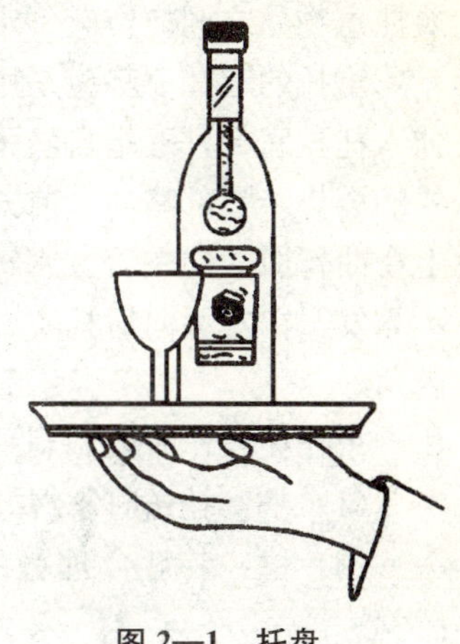

图 2—1　托盘

4. 行走

托盘行走时要头正肩平，上身挺直，目视前方，脚步轻松、自如、稳健，精力集中，托托盘的手腕转动轻松、灵活，托盘不贴腹，上臂不靠着身体，随着走路的节奏自然摆动，以托盘中的汤汁及酒水不外溢为标准。

翻　盘

服务员小王从职业学校毕业后来到餐厅，经过培训很快就成为餐厅的服务好手。小王人长得漂亮，而且身材又好，穿上一双中跟皮鞋，更显得婀娜多姿。可是有一次，在做宴会服务时，小王却在众目睽睽之下一个踉跄将手中的托盘打翻，造成一次重大的服务差错。试分析其原因。

5. 落托

落托是指将托盘落放在工作台时的动作。到达目的地时，左脚向前一步，身体上身前倾，重心放在左脚上，使左手与台面处于同一平面上，然后用右手协助将托盘向前轻推，左手慢慢收回，把托盘平稳地放到工作台上，再安全取出物品。

（二）重托

重托是指对较大且重的物品的端托。重托需要服务员有一定的臂力和技巧。重托所托的重量一般在 10 千克左右。目前国内饭店使用重托的不多，一般用小型手推车递送重物，既安全又省力。尽管如此，服务员也应了解重托的基本技能。

重托的理盘基本与轻托相同，由于重托的物品较大、较重，所以选用托盘的大小要适宜。重托往往是端托汤汁较多的物品，做好清洁工作是非常重要的，只有及时将托盘内的油渍清洗干净，才能避免发生意外，造成不必要的损失。

重托装盘时，要将托盘内的物品分类摆放均匀，使物品的重量在托盘内分布均匀，并注意按物品高矮、大小摆放协调，切忌物品无层次混乱摆放，以免造成餐具破损。同时还要注意物品之间应留有一定的距离，以免端托行走时发生碰撞而产生响声。

重托的起托姿势应是用双手将托盘移至工作台外，用右手协助将托盘拉出 1/3，左手伸入托盘底部，五指自然张开托住盘底中心，双脚分开呈八字形，双腿下蹲略成骑马蹲裆式的姿势，腰部略向左前方弯曲，掌握好重心后，用右手协助左手向上托起，同时左手向上弯曲臂肘，向左后方旋转 180°，擎托于肩上方，要做到盘底不搿肩，盘前不靠嘴，盘后不靠发，待左手向后托实、托稳后再将右手撤回，呈下垂姿势自然摆动，或扶托盘的前内角。

重托在操作时要做到平、稳、松。

（1）平：托送时掌握好平衡，平稳轻松。行走动作协调，托盘内物品保持平稳。

（2）稳：装盘合理稳妥，行走时不摇摆，转让灵活不碰撞，给人以稳重、踏实的感觉。

（3）松：在手托重物的情况下，动作表情要显得轻松自然，无吃力感。

三、托盘时的行走

（一）常步

常步即常规步伐。端托一般物品时可按常规步伐行走。步距应均匀，快慢适宜。

（二）疾步

疾步即快步，指步幅稍大，步速稍快。托送需热吃的菜肴或急需物品时，宜用疾步。例如，对于三鲜鱿鱼锅巴、松鼠鳜鱼等菜肴，如果上菜速度慢了会影响菜肴的质量和口味。但快步不等于跑步，而是要求在稳中求快，在保证菜不变形、汤汁不洒的前提下，以最快的走路速度将物品托送到位。

（三）碎步

碎步即小步，指较小的步幅，较快的速度行走，用于端送汤汁多的菜肴及重托物品。用这种步伐行走，可保持上身平稳，避免手臂的过大摆动，从而使所托物品保持平衡。

（四）垫步

垫步又称辅助步，是指前脚进一步，后脚跟一步的行进步伐。如托送物品到餐台前欲将所托物品放于餐台上时，应采用垫步。这样能使身体呈现略向前倾的姿势，以便平稳地将物品放下。

（五）巧步

巧步即技巧步，指超出常规行走的灵活多变的步伐。如在端托行走时，突然遇到意外或障碍时就要用巧步，以避免意外事故的发生。

四、使用托盘时的注意事项

第一，掌握好端托姿势，做到站稳，端平，托举到位，高矮适中。

第二，端托时注意卫生。轻托时，所托物品要避开自己的鼻口部位，也不可将所托物

品置于胸下；重托时，不可将所托物品贴靠于自己的头、颈部位。

第三，根据对不同物品的端托，选择适宜的行进步伐。

第四，端托行走时上身要挺直，动作轻快敏捷，精力集中，步伐稳健，视野开阔。

第五，端托时要用左手，右手自然下垂，除了在落台时右手扶托外，行走时禁止用右手扶托，因为右手扶托一是不雅观；二是遮挡行走时的视线；三是容易造成失误。

第二节 斟酒服务

酒水服务是餐厅服务工作的重要内容之一。尤其是在高档的宴席、宴会中，所用酒水品种较多，对服务人员的酒水服务技艺要求较高。因此，服务人员应认真学习斟酒服务技术，做到技术规范正确，姿势优美，动作迅速，这样才能为客人提供周到满意的服务。

一、酒水服务常识

酒水服务的规范较多，斟酒前餐厅服务员要做好一系列的相关准备工作，同时要掌握如下酒水服务常识：

（1）斟酒前应先将酒水瓶擦拭干净，准备好各种与酒相配的酒杯，检查酒水是否发生沉淀或变质。

（2）无论斟酒或是斟饮料，均要在客人的右侧进行操作，不准隔位斟倒和反手斟倒。

（3）斟酒时，要随时注意瓶内酒量的变化。

（4）在中餐筵席、宴会斟酒时，无论白酒还是黄酒，通常以斟八分满为宜，以示对客人的尊重。有时则按地方习俗斟倒。

（5）斟啤酒时，因为泡沫较多，易溢出杯外，所以速度要慢，也可分两次斟倒。

（6）凡放入冰桶或暖桶的酒，从桶中取出时，应用一块餐巾擦去瓶外的水滴，以免滴至台布或客人的身上。放入酒篮中的酒，瓶颈下应衬垫一块餐巾。

（7）斟酒时不能将瓶口放在杯口上，也不能碰着杯口，以防动作过快时将酒杯碰翻、碰碎。斟酒时瓶口与杯口相距1～2厘米为宜。

（8）在进行席间服务时，要随时观察每位客人酒水的饮用情况，当客人杯中酒水剩1/3时，应及时添加。

（9）在斟软饮料前，要将宴会所备的所有饮品都放入托盘，请客人选择，待客人选定后再斟倒。开启瓶盖或易拉罐时，不要向着客人，避免气体喷溅。

（10）在大型宴会上，宾主讲话致辞时，服务员应停止一切活动，避免造成干扰。主人讲话即将结束时，服务员要把主人的酒杯送上，供主人祝酒。主人离开座位给来宾敬酒时，服务员应端托着酒跟随主人身后，及时为主人或来宾续酒。

二、斟酒服务技能

（一）冷藏与降温

许多酒水的最佳饮用温度都低于室温，如白葡萄酒、啤酒、香槟酒等。酒水冷藏与降

温的方法一般有三种：一是将酒水放入冷藏箱内降温；二是用冰桶降温；三是用冰块溜杯。

（二）加温与升温

有些酒水需加温或升温后饮用，如我国的黄酒以及有些热饮等。加温和升温操作需在客人面前完成，加温一般有燃烧加温、火烤加温、水烫加温等。升温时一般要使用暖桶，即在暖桶中倒入开水，再将酒壶或酒瓶放入暖桶中。

（三）示瓶

服务员站在点酒客人的右侧，左手托瓶底，右手扶瓶颈，酒标朝向客人，让客人辨认。示瓶是斟酒的第一道程序，标志着斟酒服务操作的开始。

（四）开瓶方法

酒瓶的封口常见的有瓶塞和瓶盖两种。开瓶器也有两大类：一类是开启带有软木塞的酒瓶的酒钻；另一类是开瓶盖用的起子。开瓶动作要轻，要准确、敏捷、果断，尽量减少瓶身晃动，以防酒液溢出和发出爆声。开瓶后应用干净的餐巾擦拭瓶口，检查瓶口及酒水质量。下面重点介绍葡萄酒和香槟酒的开瓶方法。

1. 葡萄酒的开瓶方法

开启葡萄酒酒瓶时一般要使用酒钻。具体做法是：开瓶时服务员要先用干净的餐巾将酒瓶包上，然后用开瓶刀割开瓶口的封纸。将酒钻垂直钻进木塞，然后利用杠杆原理将木塞拔出。在开瓶时避免晃动瓶身，动作要轻。

2. 香槟酒的开瓶方法

开香槟酒和汽酒时，先将瓶口的封皮剥去，左手握酒瓶，右手扭开瓶盖上的铁丝，去掉瓶上的铁盖。然后右手紧握软木塞，在瓶盖上垫一块干净的餐巾，轻轻转动并往上拔，将酒瓶略微倾斜，依靠瓶内的压力和手的力量将瓶塞拔出。操作时，将瓶身倾斜片刻，再将软木塞拔去，以免发出声音，酒液溢出。香槟酒一般都需事先冰镇，因此，开瓶前要用干净的餐巾擦拭瓶身。

（五）斟酒

1. 斟酒的方法

斟酒的基本方法有两种：一种是桌斟；另一种是捧斟。

（1）桌斟（托盘斟酒）。

斟酒时，服务员要站在客人身后右侧，面向客人，左手托盘（若徒手斟酒，左手应持一块洁净的餐巾随时擦拭瓶口），右手握住酒瓶的下部位置，为客人斟酒。要注意掌握斟酒的量，有些酒需少斟，有些酒需多斟。

（2）捧斟。

斟酒时，服务员应站在客人身后右侧，右手握瓶，左手将酒杯捧在手中，然后再向杯内斟酒。斟酒动作应在台面以外的空间进行，然后将斟好的酒杯放置在客人的右手处。捧斟适用于非冰镇处理的酒。捧斟时服务员要做到准确、优雅、大方。

2. 斟酒时的位置与姿势

（1）斟酒时，服务员要站在客人身后右侧。

（2）服务员斟酒时，应面向客人，身体微向前倾，右腿伸入两位客人坐椅之间，重心

放在右脚上。

(3) 服务员每斟完一杯酒后，应立即用左手所持的餐巾把残留在瓶口的酒液擦掉，避免酒水滴洒在台布或客人身上。

(4) 每斟完一杯，服务员都要换一下位置，站到下一位客人的右后侧，将手臂横越客人是不礼貌的行为。

(5) 为客人斟酒时要与客人保持一定的距离，不可靠在客人身上。

3. 斟酒的要领

(1) 斟酒时，瓶口应对准杯口，并与杯口需保持一定的距离，一般以 2 厘米为宜，不可将瓶口搭在杯口上。

(2) 斟酒时，右手握酒瓶中下半部，商标朝向客人，便于客人看见酒水商标（在欧洲也有示瓶后将商标握在手中的），同时向客人说明酒水的特点。

(3) 斟酒时，要控制斟酒的速度，掌握酒瓶的倾斜度。当斟至适量时旋转瓶身，抬起瓶口，使最后一滴随着瓶身的旋转均匀分布在瓶口上，以免滴落在台布或客人身上。

(4) 中餐斟酒时，一般斟八分满为宜。

4. 斟酒的顺序

(1) 中餐斟酒顺序。

大型筵席、宴会一般在开席前 1 分钟左右，把烈性酒和葡萄酒斟好。来宾入座后，服务员应及时询问客人需要何种饮品。斟酒的顺序是：从主宾开始，按男主宾、女主宾再主人的顺序顺时针方向依次进行。如果是两位服务员同时服务，则一位从主宾开始，另一位从副主宾开始，都按顺时针方向进行。

(2) 西餐斟酒顺序。

西餐宴会用酒较多，高级的西餐宴会用酒可达 7 种，几乎每道菜都搭配一种酒，吃什么菜喝什么酒，喝什么酒用什么杯。西餐是先斟酒后上菜。斟酒前应先请主人确认所点酒水的标识，并请主人先品尝，然后按女主宾、女宾、女主人、男主宾、男主人的顺序依次斟酒。如招待国家元首时，则应先斟男主宾后女宾，再斟其他男宾。续酒时，可不拘于这种形式。

第三节　餐巾折花

餐巾，又称口布、饭巾、席巾、花巾、茶巾等。它既是宴会、酒席等使用的卫生用品，又是一种装饰美化餐台的艺术品。餐巾折花是餐厅服务员的一项基本功，餐厅服务员通过艺术创造，将餐巾折成各种形态，插摆在口杯、盘碟中供人们欣赏。目前，随着国际交往的发展和人们生活水平的提高，许多宾馆、酒店、餐厅都把餐巾折花作为提高服务质量的重要内容。

餐巾小知识

在几千年的历史变迁中，不同的国家在不同历史时期的餐桌文化是迥然不同的。就在当今，不同的人的餐饮习惯、对餐桌风格和餐巾的偏好也存在很大的差别。

中古时代，欧洲人用能完全盖住餐桌的大台布。当时的餐桌布和宴席台布长及地面，非常实用。人们在就餐时，既可以用台布的拖垂部分护衣，同时又能拿它来擦嘴及擦手。

大约300年前，餐巾从台布中分离出来。18世纪时，法国出现了一种特有的餐桌文化——用餐巾占座位。那时的餐巾大而美观，纯粹是一种装饰品。

其实，我国古代就有原始的餐巾。《周礼·天官·幂人》载："幂人，掌共巾幂"，即用毛巾覆盖食物之意。这种用以覆盖食物的毛巾可以说是世界上最早的餐巾。

到了清代，皇帝吃饭的时候使用的是一种被称为"怀挡"的餐巾，十分别致。这种绣有福寿吉祥图案的餐巾是用明黄（皇帝御用的颜色）绸缎绣制而成，它的一角还有扣袢，便于用餐时套在衣扣上。这种具有中国特色的餐巾比一般的西方餐巾要华贵得多，而且使用方便。

一、餐巾的作用及种类

（一）餐巾的作用

餐巾是供宾客在进餐过程中保洁使用的布巾。其主要作用是：突出主题、美化席面、卫生保洁。宾客把餐巾衬在胸前或放在膝盖上，不仅可用来擦嘴，也可以防止汤汁弄脏衣服。

目前用餐巾花衬托餐具已经成为宴会桌面综合艺术的一部分。餐巾花的造型很多，折叠方法各异。当前，国际上许多饭店大多趋于采用盘花形式。这种餐巾花美观大方，造型简单，叠法快捷，清洁卫生，而复杂的造型则需将餐巾多次折叠才能成型，既费工夫，又不符合卫生要求。

（二）餐巾的种类

餐巾的种类很多，大体上可以从质地、颜色和规格上进行分类。

1. 按质地分类

餐巾按质地分类，可分为纯棉、棉麻混纺以及化纤的、纸质的餐巾。棉质的餐巾吸水性强，触感好，色彩丰富，易折叠造型，但容易褪色，不够挺括，每次洗涤需上浆，比较麻烦。化纤餐巾多为一次性使用的的确良，一般价格适中，其薄型餐巾边长规格通常只有35厘米。在化纤餐巾中，有一种维萨餐巾。其特点是色彩鲜艳丰富，挺括，触感好，方便洗涤，不褪色并且经久耐用，但吸水、去污性较差，价格也较高。纸质餐巾的特点是一次性使用，规格大多为边长35厘米的正方形，成本较低，一般用在快餐厅和小餐厅。从发展的趋势看，纸质餐巾将逐渐代替全棉和化纤餐巾。

2. 按颜色分类

餐巾按颜色分类可分为白色和彩色两大类。白色餐巾用途较广泛，白色可以给人以清

洁卫生、典雅的感觉，适合大型的宴会。彩色餐巾一般又可分为暖色和冷色两大类。暖色调的餐巾颜色通常有红色、粉色、橘黄色等。暖色调的餐巾可以给人兴奋热烈、富丽堂皇、鲜艳醒目的感觉，多用于婚宴、寿宴、迎宾宴等场合。冷色调餐巾的颜色常有浅绿色、浅蓝色等。冷色调餐巾给人以平静、舒适、清凉的感觉。选择彩色餐巾时，其颜色应符合宴会的主题，选择得当可以烘托宴会气氛、渲染情绪，会收到特有的宴会摆台的艺术效果。

3. 按规格分类

餐巾从规格上看有大小之分，小的常见的有边长为45厘米或50厘米的方形餐巾；大的有边长55～65厘米的方形餐巾。选择餐巾的大小应以方便使用为原则。

二、餐巾花的分类及选择

餐巾花是通过人工折叠的方法，将餐巾折成千姿百态的造型，其基本要求如下：

(1) 简单美观，折叠方便。餐巾折花要求折制容易，简化折叠方法，减少反复折叠的次数。

(2) 造型生动，形象逼真。用餐巾折出的各类花型及动物等造型力求形象逼真，美观、高雅、简洁明了，并与各种类型的宴会气氛保持和谐。

(3) 各具特点，力求创新。随着社会的发展，国际上许多饭店对餐巾花提出了新要求，即折法快捷，造型简单、新颖。因此，要求服务员必须深入生活，仔细观察揣摩，充分发挥自己的想象力，这样才能推陈出新，创造出更形象、更逼真的餐巾花造型。

(一) 餐巾花的分类

餐巾折花品种众多，常见的品种有200余种。餐巾折花一般有两种分类标准：一种是按折叠方法与放置工具的不同分类；另一种是按造型外观分类。

1. 按折叠方法与放置用具的不同分类

根据折叠方法与放置用具的不同，餐巾折花可分为杯花、盘花和环花三类。

(1) 杯花。将折好的餐巾插入饮料杯或葡萄酒杯中，特点是立体感强，造型逼真，从杯中取出后即散形，杯花常用于各种大型宴会。

(2) 盘花。将折叠好的餐巾花直接放在餐盘中或台面上，特点是造型完整，成型后不会自行散开，折叠手法简捷，可以提前折叠，便于储存，打开后餐巾平整。

(3) 环花。将餐巾平整卷好或折叠成造型，套在餐巾环内。餐巾环也称为餐巾扣，有瓷制、银制、象牙、塑料、骨制等。此外餐巾环也可用色彩鲜明、对比感较强的丝带或丝穗带代替，将餐巾卷成造型，中央系成蝴蝶结状，然后配以鲜花；餐巾环花通常放置在装饰盘或餐盘上，特点是传统、简洁和雅致。

2. 按造型外观分类

根据造型外观的不同，可将餐巾折花分为动物类、植物类和实物类造型三大类。

(1) 动物类造型。包括鱼虫鸟兽造型，如鸽子、海鸥、金鱼、蝴蝶、孔雀、燕子、长颈鹿、大虾、松鼠等，主要取其特征，要求形态逼真、生动活泼。

(2) 植物类造型。包括各种花草和果实造型，如月季、荷花、水仙花、竹笋和玉米等。其造型美观、千姿百态、变化多样，是餐巾花品种中的一大类。

(3) 实物类造型。包括模仿自然界和日常生活中的各种形态的实物造型，如冰川、折

扇、水晶鞋、花篮、领带、迎风帆船等。

（二）餐巾花的选择

1. 根据宴会的主题和性质选择花型

根据宴会的性质选择与之相适应的花型，可起到锦上添花的作用。如举办接待外国友人的宴会时，选用“和平鸽”、“友谊花篮”等花型，可表达热爱和平、增进友谊的美好愿望；举办婚宴可用“花心彩蝶”等花型，以示庆贺；祝寿可选用“寿桃”、“仙鹤”等花型；洽谈生意的宴会可选用“春笋”、“蓓蕾”等花型，以示生意兴隆、事事如意。如此可给客人留下美好的回忆。

2. 根据宴会规模、规格选择花型

一般在承办大型宴会时，主宾席应选用折叠精细、造型美观的花型，其他台面可选用不同的花型，可使整个宴会布局显得整齐、美观、大方。

3. 根据接待对象选择花型

如果接待对象来自不同国家和地区，应该根据他们不同的宗教信仰、风俗习惯、性别、年龄选择花型，以示对来宾的尊重。如接待日本客人不宜选用荷花造型；美国人喜爱茶花，法国人喜爱百合花，英国人喜爱蔷薇，接待这些国际的客人可以选择他们钟爱的花型；婚礼可用玫瑰花；圣诞节可选用圣诞靴和圣诞蜡烛等花型。

4. 根据季节选择花型

春季宴会可选用迎春花、月季花；夏季可选择荷花、玉兰花；秋季可选用菊花；冬季可选用梅花、天竺等花型。按季节选择花型，可给人以时令感。

总之，折叠餐巾花要视各种宴会的不同需要，灵活掌握，力求简便、快捷、整齐、美观大方。

三、餐巾花的折叠技法和要领

餐巾花的折法尽管多种多样，但也有一定的技法和要领。只要了解并掌握了这些规律和要领，就能举一反三，触类旁通，折叠出千姿百态的餐巾花来。

（一）基础折叠法

餐巾花有如下几种基础折叠法：

（1）正方折叠法；

（2）长方翻角折叠法；

（3）条形折叠法；

（4）对角折叠法；

（5）菱形折叠法；

（6）错位折叠法；

（7）尖角折叠法；

（8）提取翻折法；

（9）翻、折角折叠法。

（二）基本技法

餐巾花的折叠方法非常多，无论是哪一种造型、哪一种方法，都有一些共同的基本操作技法和要领，概括起来主要有折叠、推折、卷、翻拉、穿、捏等。

1. 折叠

折叠是最基本的餐巾折花手法，几乎所有折花都会用到，如将餐巾一叠二、二折四等。折叠的要领是：熟悉基本造型，看准折缝和角度，一次叠成，避免因反复而影响造型的挺括和美观。

2. 推折

推折是打折时应用的一种手法，就是将餐巾叠成皱褶的形状，使折花的层次丰富、紧凑、美观。

推折的要领是：推折时应在干净光滑的台面上进行，推折时拇指、食指紧握折叠处向前推，用中指控制间距，不能向后拉折，一般应从中间分别向两边推折。推折又可分为直推和斜推，折褶的两头大小一样，平行，用直推法即可；斜褶一头大一头小，形似扇状，推折时应用斜推法。斜推时，用一手固定所折叠的中心点不动，另一手按直推法围绕中心点沿圆弧形推折。

3. 卷

卷是将餐巾卷成圆筒形并折叠出各种造型的手法。卷可分为平行卷（直卷）和斜角卷（螺旋卷）两种。要领是：平行卷要求两手用力均匀，同时平行卷动，餐巾两头形状一样。斜角卷要求两手能按所卷角度的大小，互相配合卷。不管哪一种卷法，都要卷紧，否则就显得松软无力，容易弯曲变形，影响造型。

4. 翻拉

翻拉是在折叠的过程中，将餐巾折、卷后的部位翻或拉成所需花样，如将餐巾的巾角从下端翻拉至上端、前面翻拉至后面等。翻与拉一般都在手中操作，需双手配合好，要松紧适度，距离相等，用力均匀，否则会影响造型。

5. 穿

穿是用工具从餐巾的夹层折缝中穿过去。其要领是：穿时工具要光滑，拉折要均匀，边穿边收，形成皱褶，这样造型会更加逼真美观。

6. 捏

捏主要是做鸟或其他动物的头部时所使用的方法。其要领是：拇指和食指将餐巾角的上端拉挺做头颈，然后用食指将巾角向里压下，再用中指与拇指将压下的巾角捏紧造型。鸟头一般有两种形态：一是上翘嘴形；二是平尖嘴形。

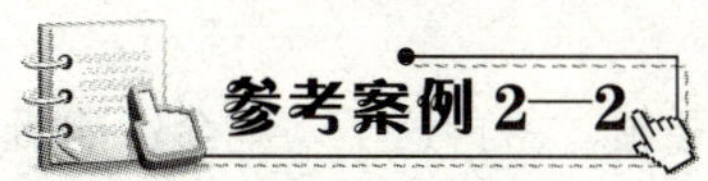

换餐巾

某饭店的总经理正在接待几位来自西方国家的同行，宴会桌上餐具精致，水杯上插着造型各异的餐巾，在灯光下熠熠生辉。宾主入座后，一位主宾看着餐巾微皱眉头，转过脸去招呼服务人员，示意给他换一块餐巾。试分析：主宾为何要换餐巾。

四、餐巾花摆放的要求及注意事项

（一）餐巾花摆放的要求

餐巾花有一定的象征意义，应用比较广泛，大到国宴摆台，小到家庭装饰均可见到。那么，如何正确地摆放餐巾花呢？总体要求是：整齐美观、位置适当、便于观赏、使用方便，并与台布、器皿的色调和谐。餐巾花的摆放要符合艺术性和协调性的要求。

1. 艺术性

（1）"主花"要摆放在主人席位上，突出主位，区别其他来宾。摆放时要注意高低均匀、错落有致，表现出规律性的美。

（2）摆放餐巾花时，要将观赏面朝向宾客席位。适合正面观赏的造型，如孔雀开屏、和平鸽等，要将其正面朝向宾客；适合侧面观赏的，要将最佳观赏面朝向宾客。一张餐桌上摆放不同造型的餐巾花时，应将形状相似的造型错开、对称摆放。

（3）插入杯中的餐巾花要恰当掌握深度，露在外面的部分是主要观赏面。因此，插放时要注意保持花型完美。插入杯内的部分也应整齐，不能乱塞。

（4）各种餐巾花之间的摆放距离要均匀，做到餐巾花不遮挡餐具和其他用品，不要影响服务操作。

2. 协调性

（1）大型宴会选用简单、挺括造型的餐巾花时，要做到高矮、大小一致，注意整体的协调性，搭配得当。

（2）在小型宴会上，如果选用不同造型的餐巾花，则主花要明显，如果其他花型都是矮一些的，要选高低相差不多的。如果除了主花外，还有高低差别大的花型，则要以主花为主，其他的花型根据高矮相间布置，不要将高的或矮的花型在一起摆放。这些也是整体协调性的体现。

由此可见，所谓餐巾花台面布置的协调性，就是要注意布置的整体性，把一个台面或一组台面当作一个整体来布置。

（二）注意事项

（1）应根据宴会主题和具体情况选择餐巾的质地、颜色、规格等，选择棉质餐巾的话，在使用前应浆洗烫平后再进行折叠，这样折叠出的造型才能挺括、美观。

（2）餐巾要注意卫生清洁，在折花前，操作员要洗手并剪短指甲；操作时不能用嘴咬餐巾，也不要多说话，以免唾液污染餐巾。

（3）折花时，要选择好花型，力争一次折成。如果不得要领，一再返工，则会影响折花质量。

（4）餐巾花放入杯中时，手不允许接触杯口，杯身不能留下指纹。

五、餐巾花的具体折叠图例

餐巾花的式样很多，在这里我们以图示的方式介绍餐巾花的具体折叠方法，见图 2—2 至图 2—33。

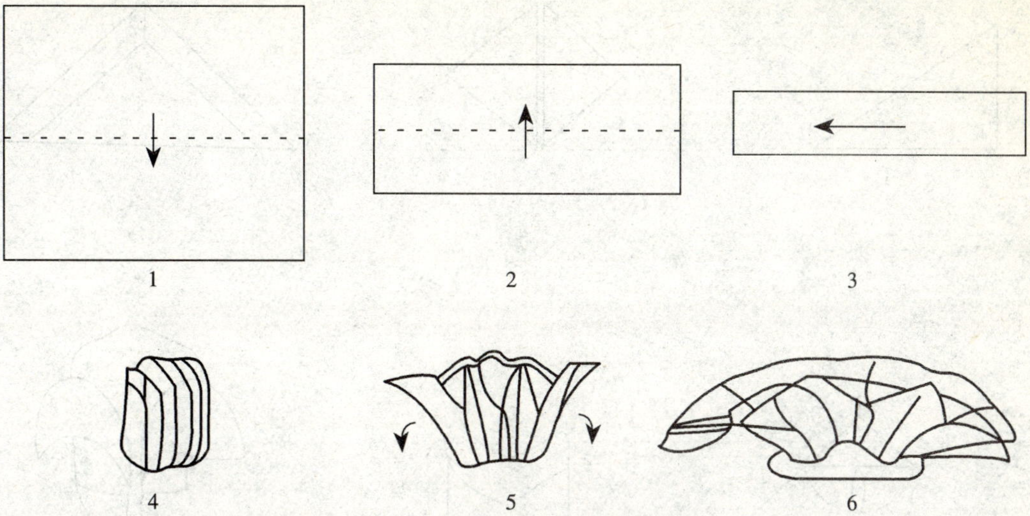

1　2　3

4　5　6

图 2—2　扇面

1　2　3

4　5

6　7

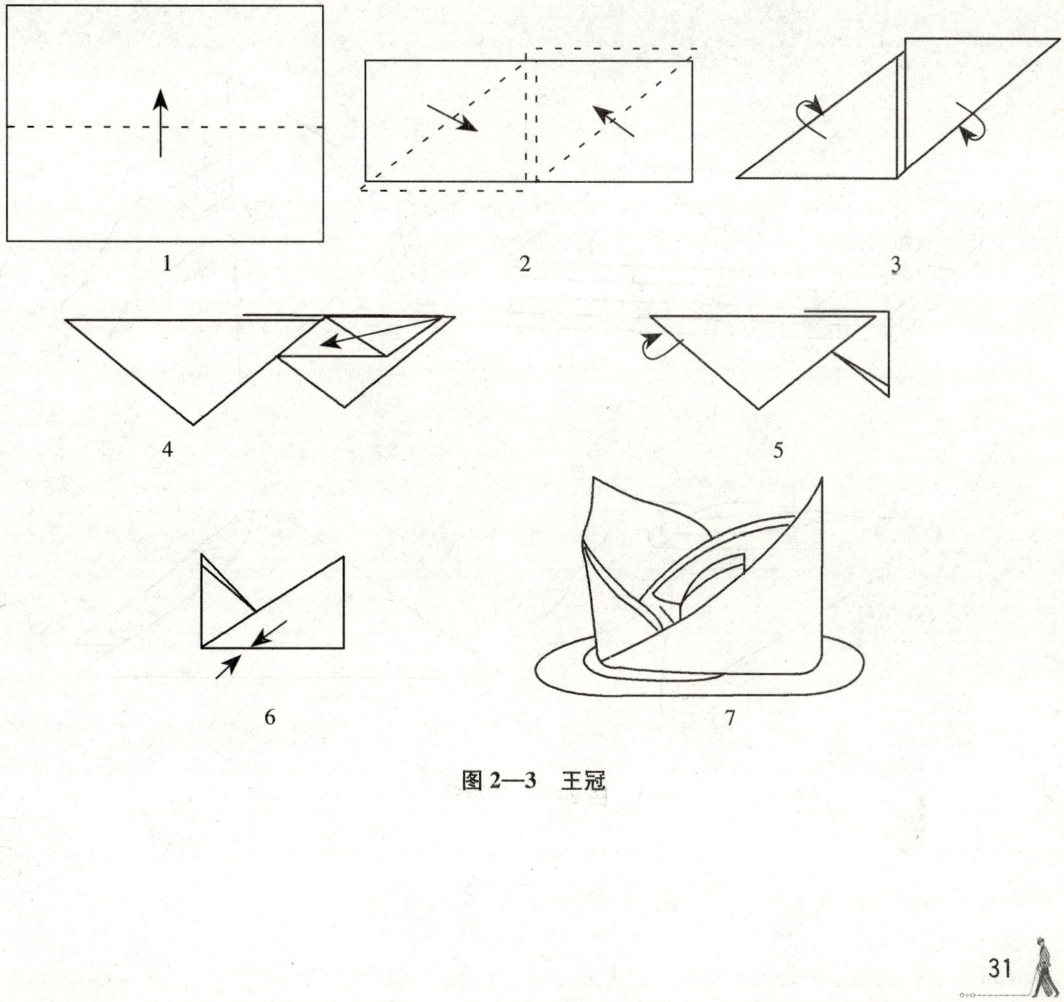

图 2—3　王冠

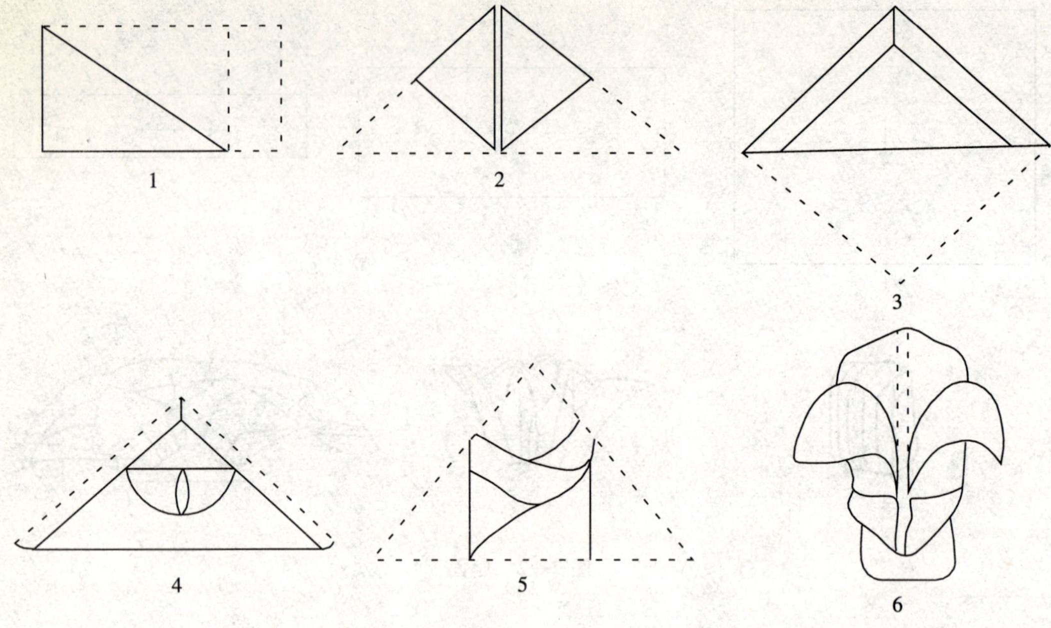

图 2—4 香蕉

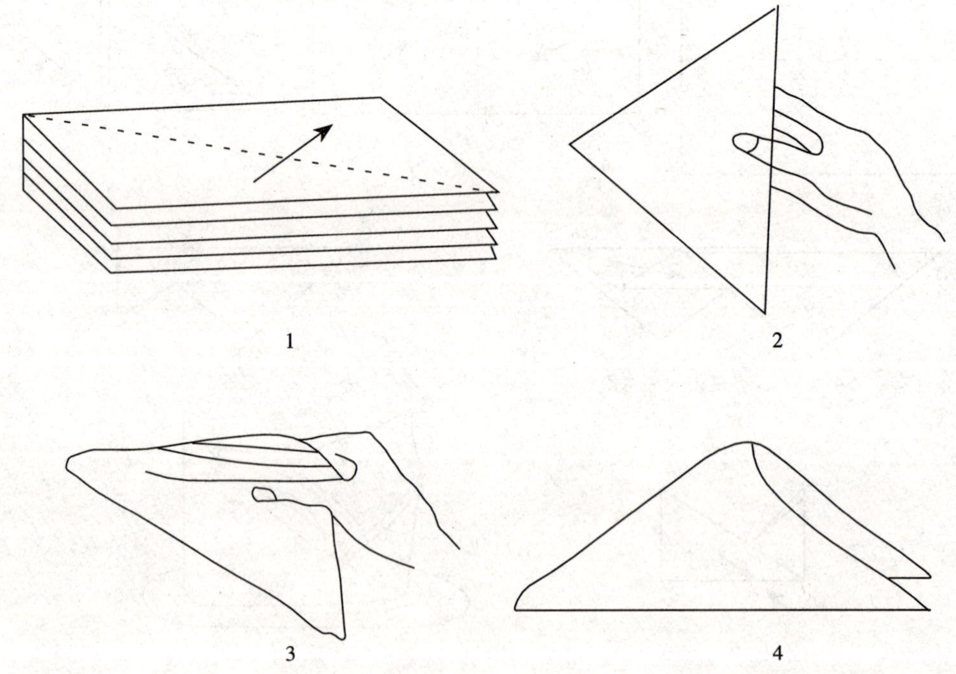

图 2—5 三角篷

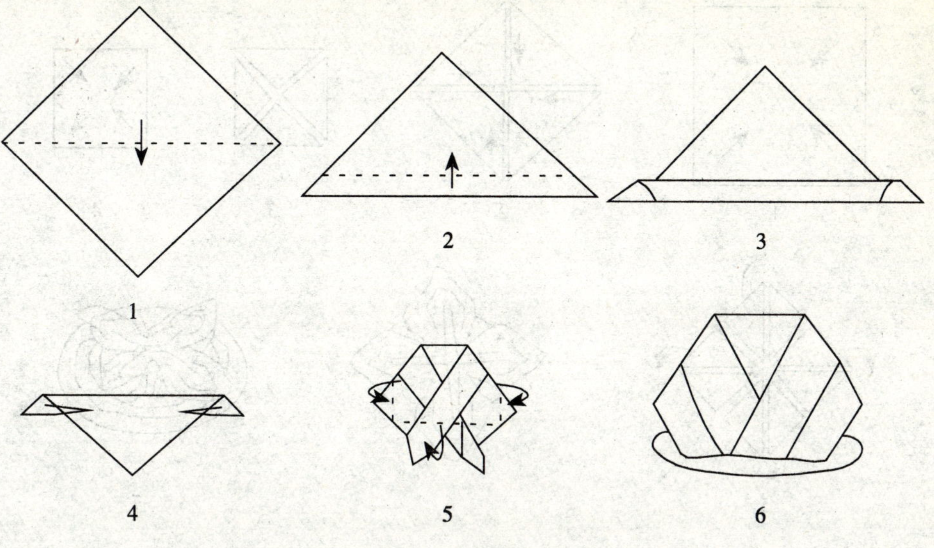

图 2—6　和服归箱

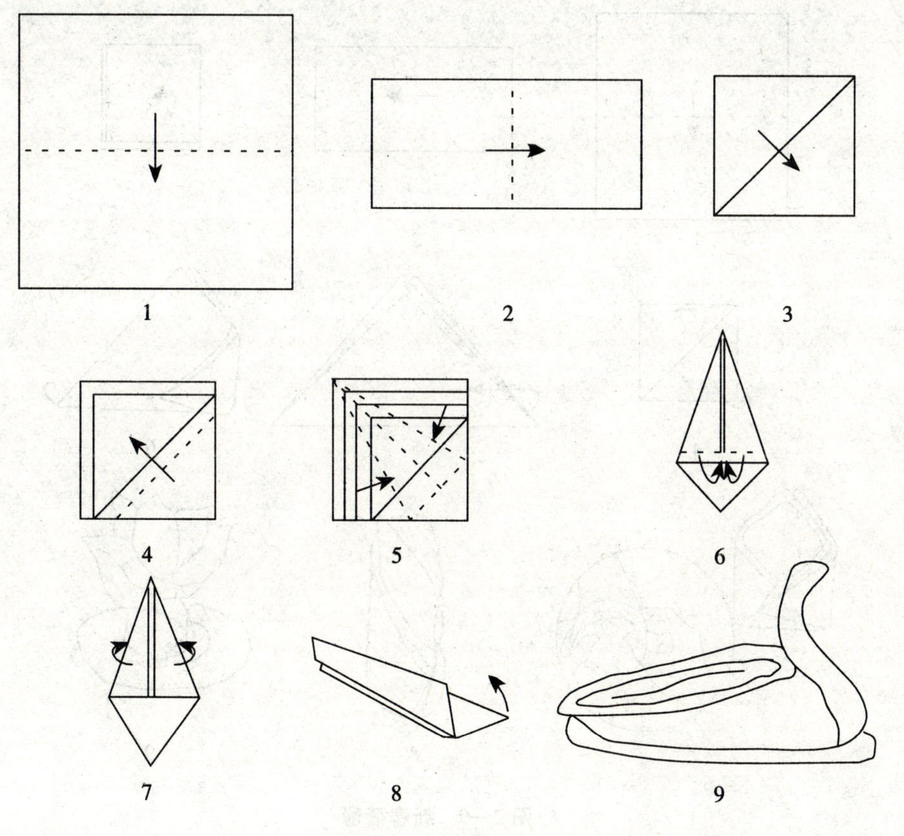

图 2—7　池中填鸭

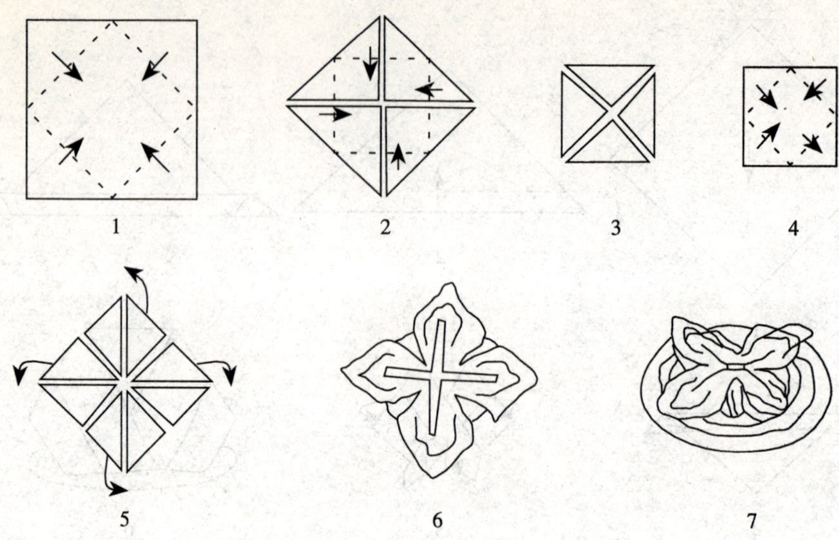

图 2—8　出水芙蓉

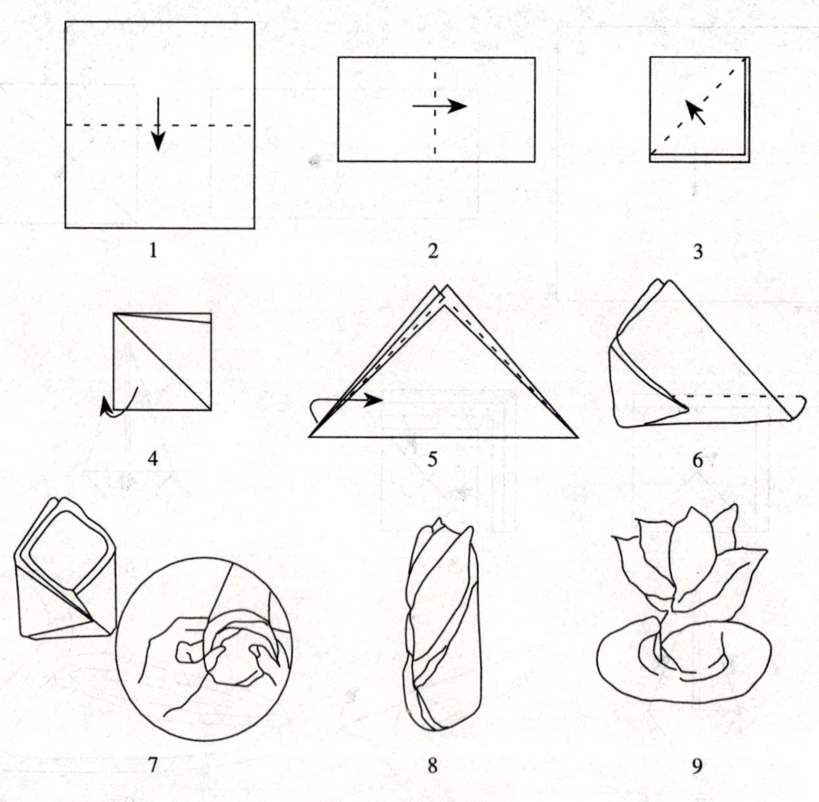

图 2—9　新春蓓蕾

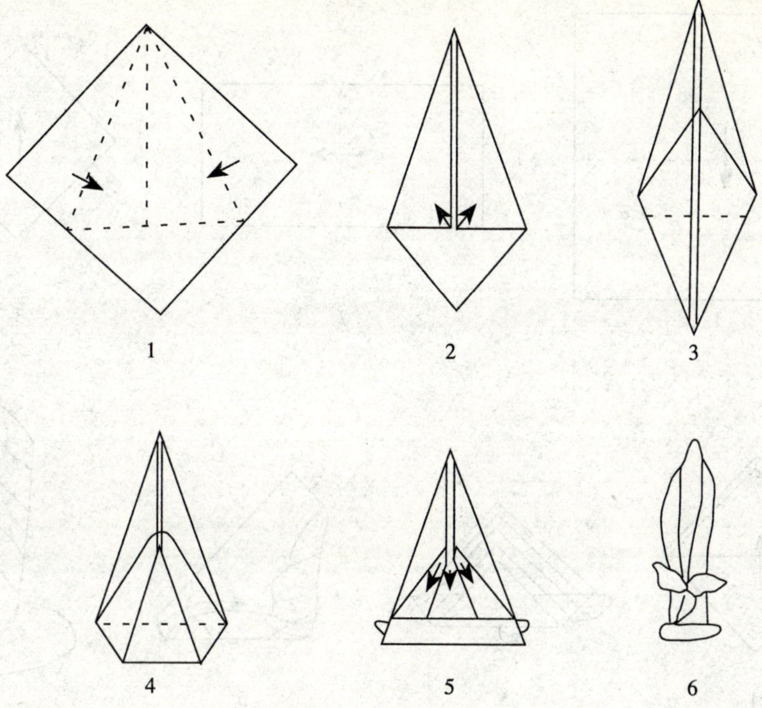

图 2—10　梅花玉树

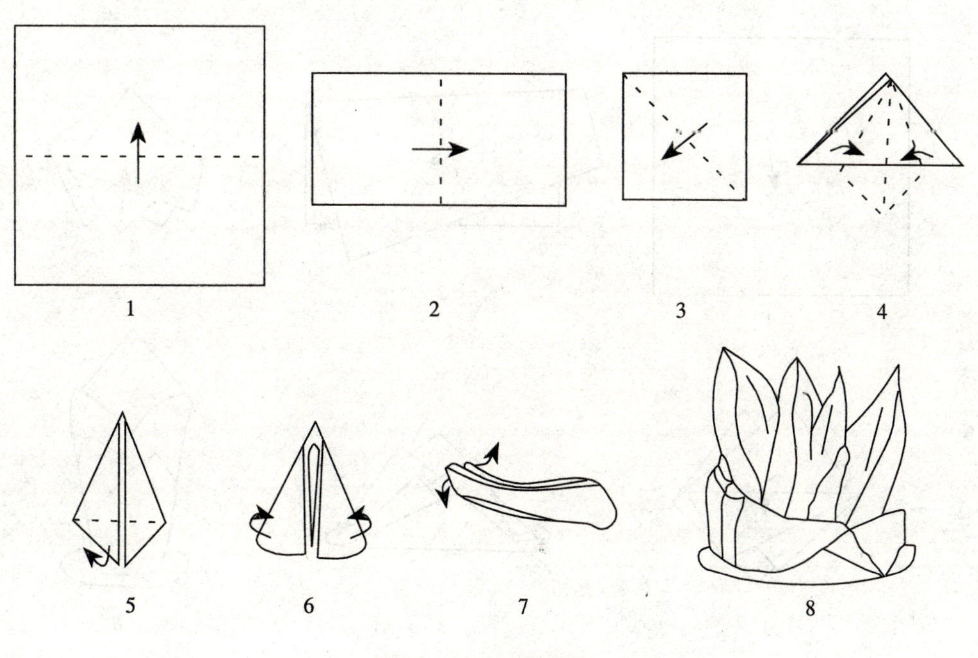

图 2—11　令箭荷花

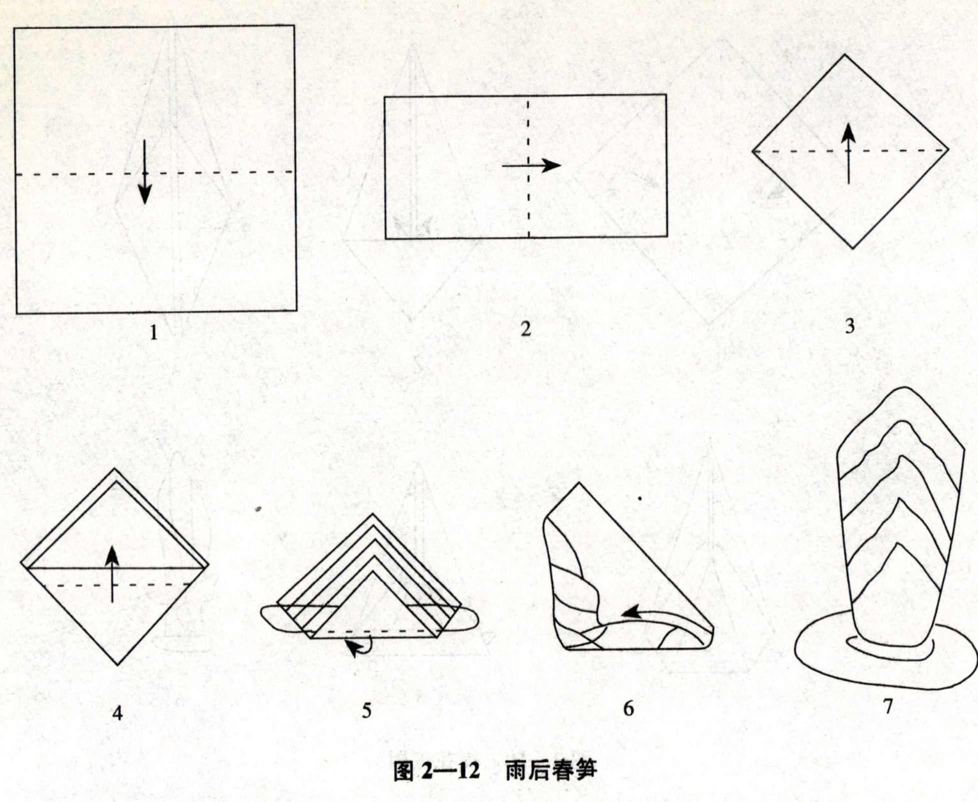

图 2—12 雨后春笋

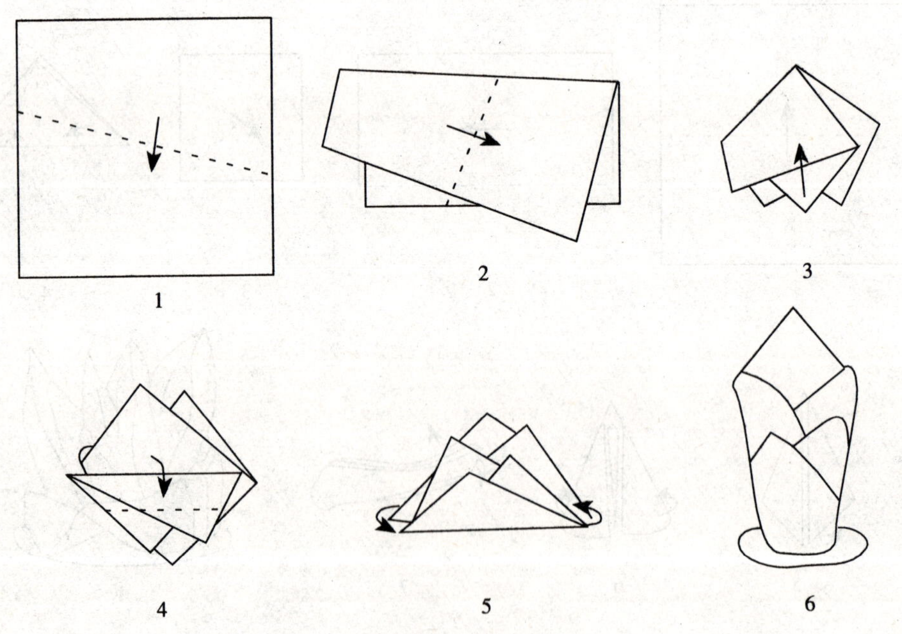

图 2—13 寒冬冬笋

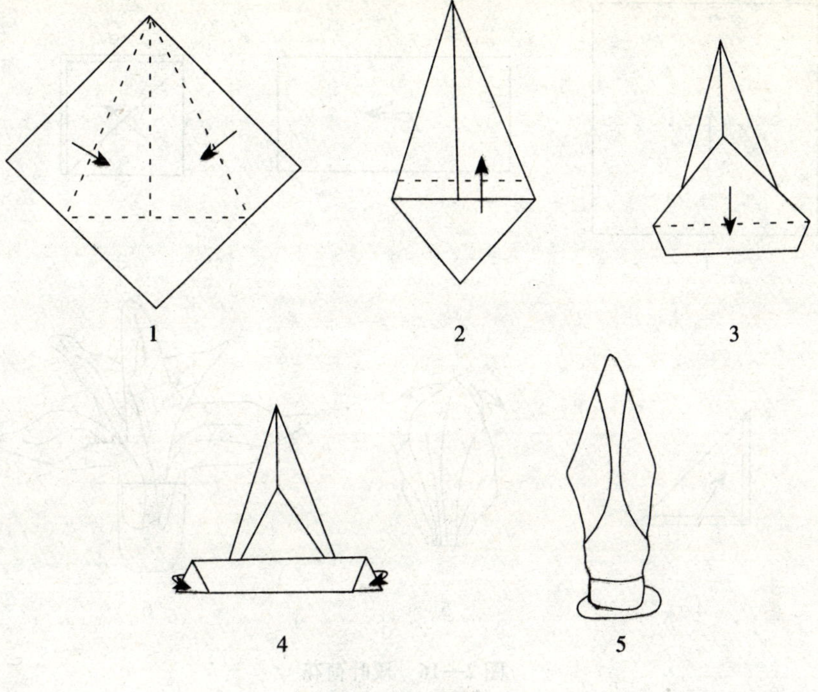

图 2—14　烟叶

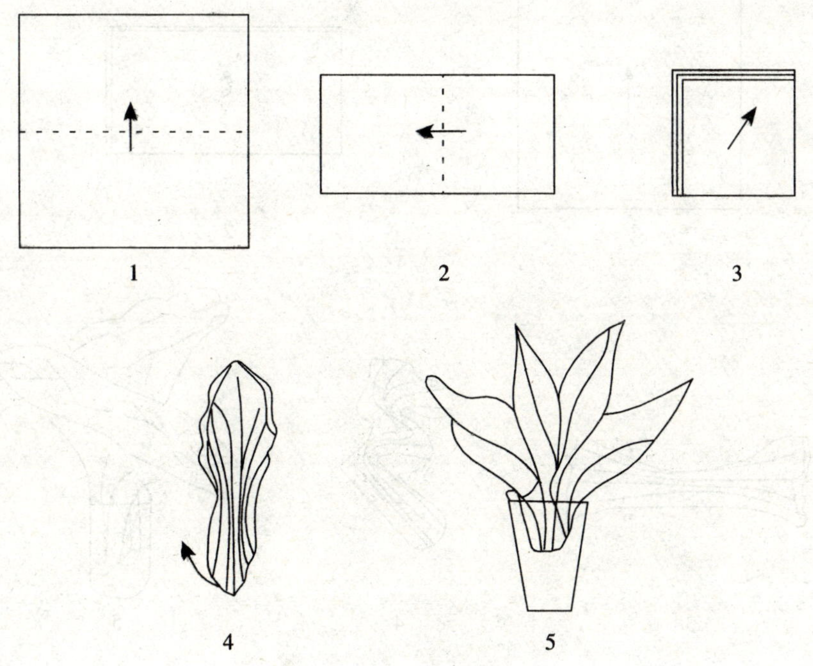

图 2—15　单叶荷花

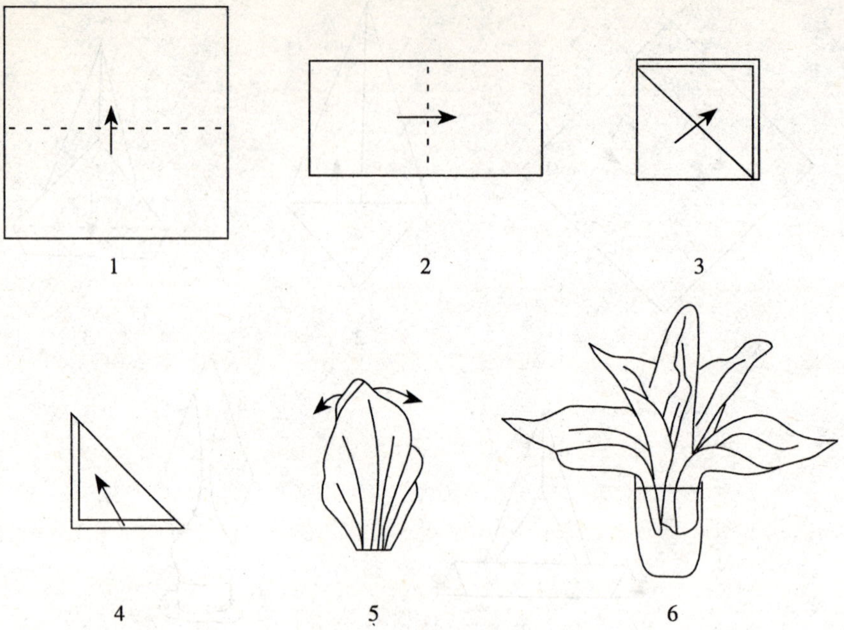

1 2 3

4 5 6

图 2—16 双叶荷花

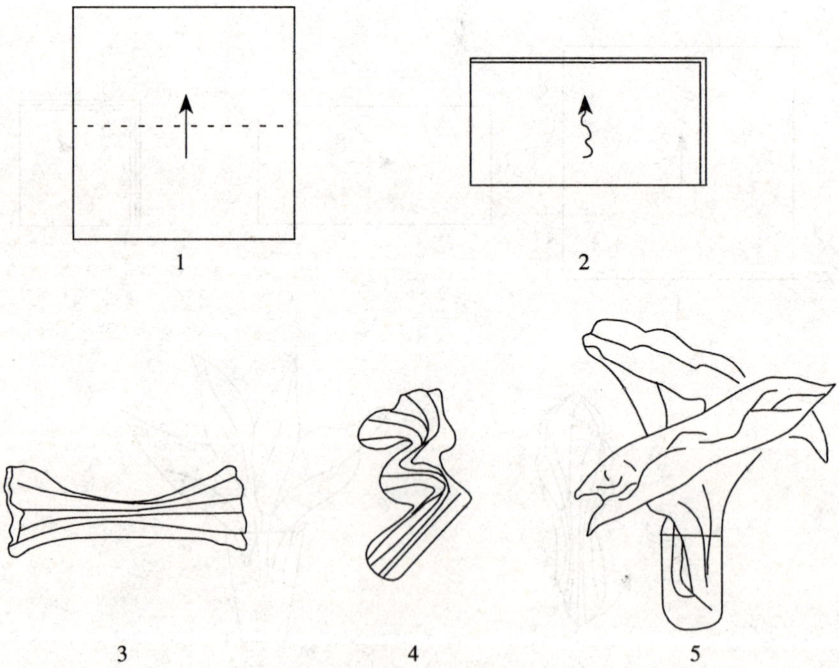

1 2

3 4 5

图 2—17 慈姑叶

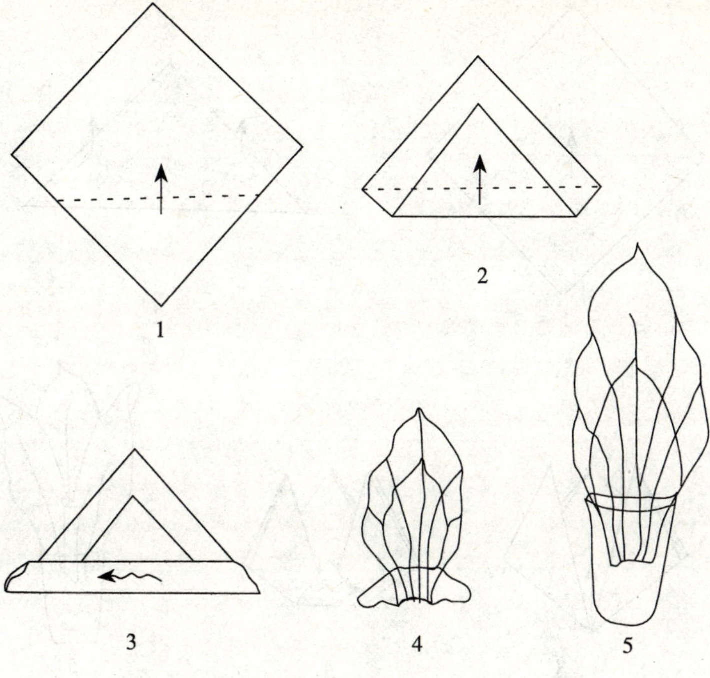

图 2—18　一片叶

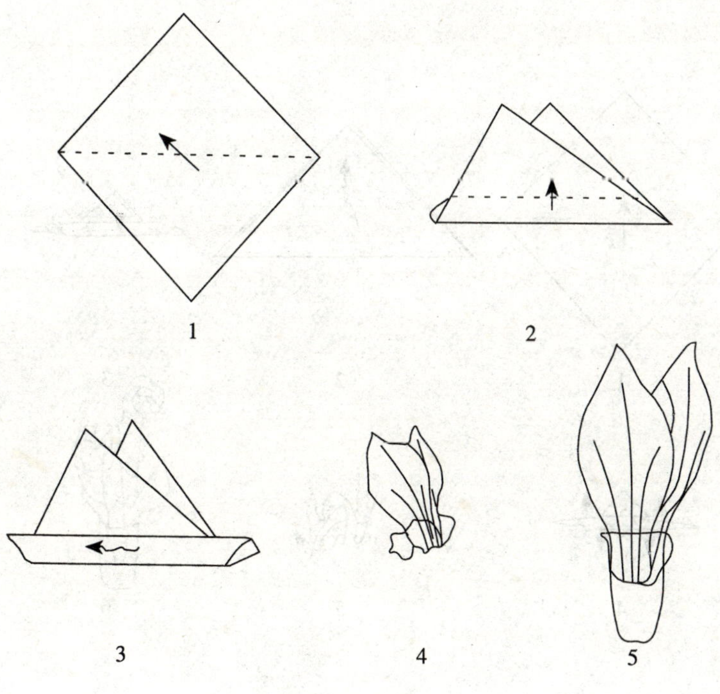

图 2—19　双叶

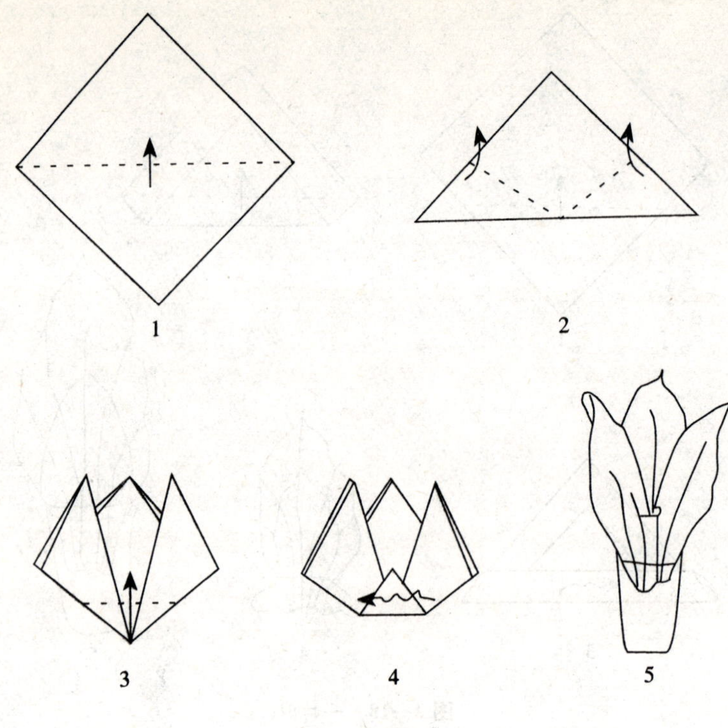

图 2—20　三叶

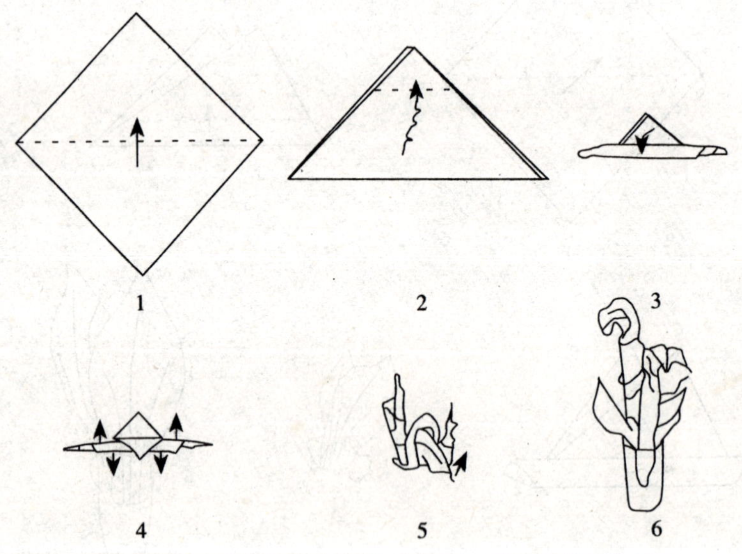

图 2—21　马蹄莲

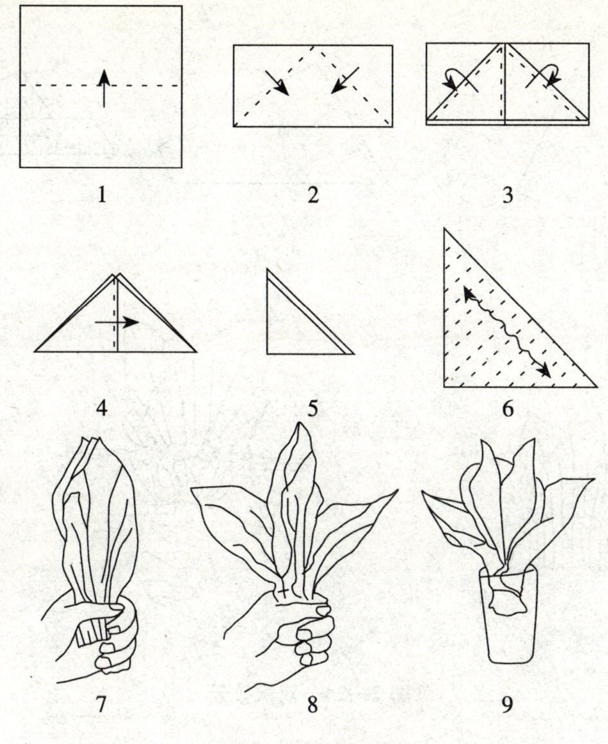

图 2—22 双芯花

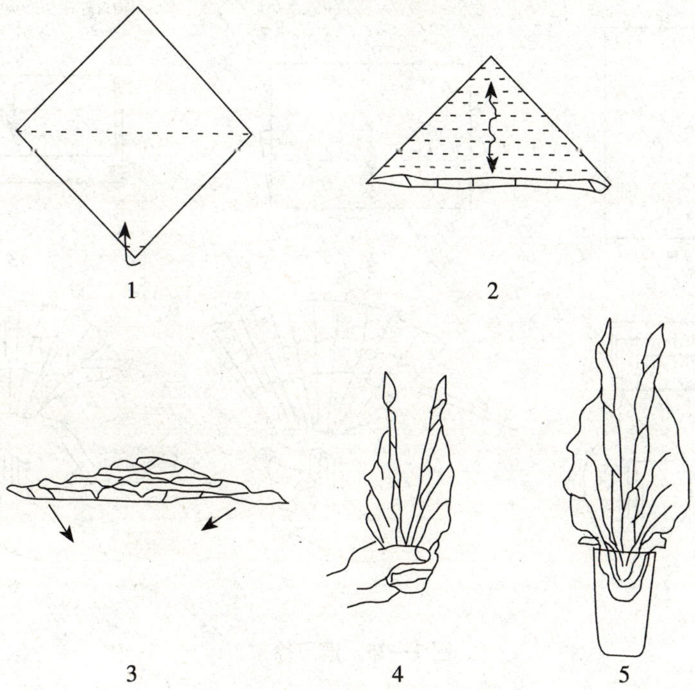

图 2—23 芭蕉叶

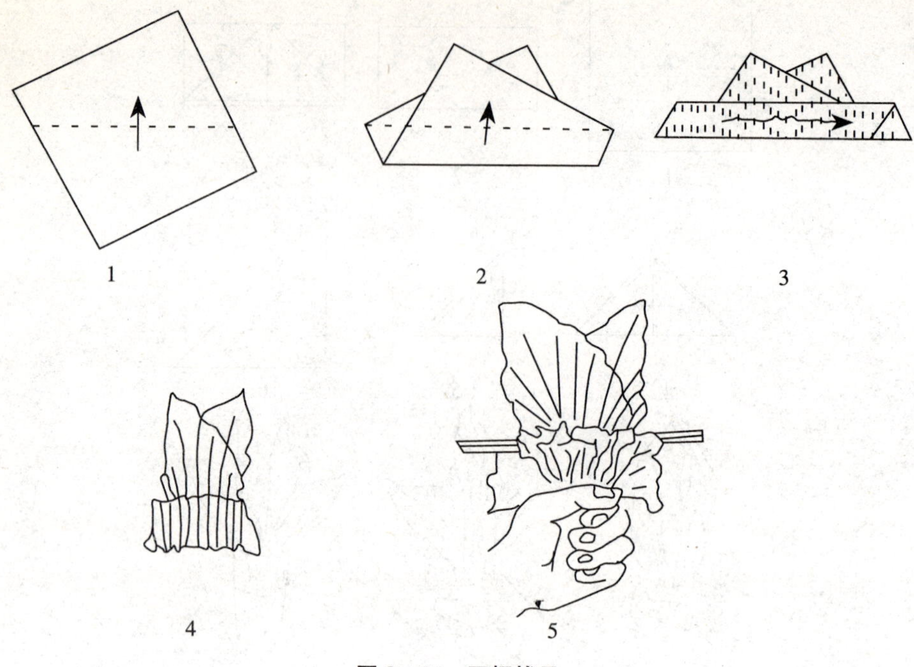

图 2—24　双枫拔云

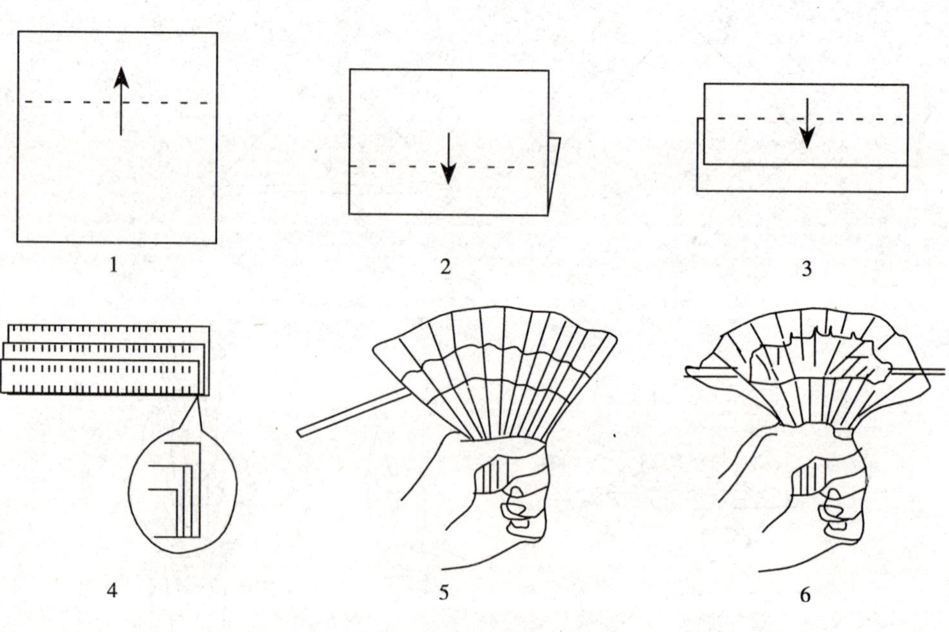

图 2—25　清风徐来

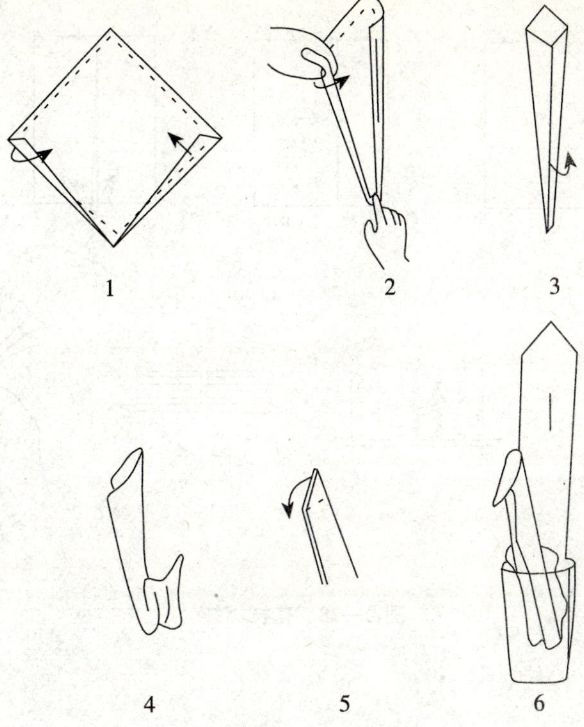

图 2—26　白鹤

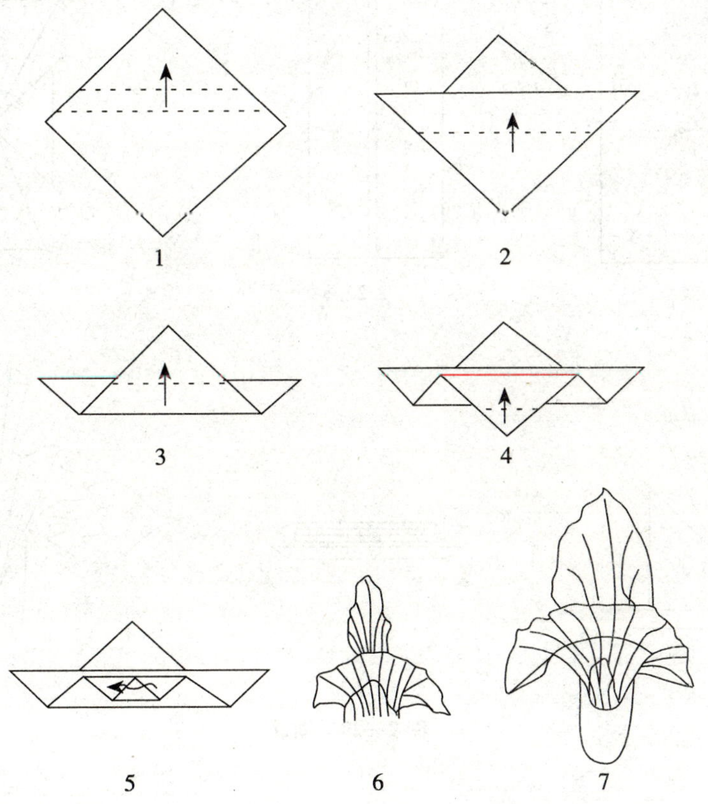

图 2—27　孔雀

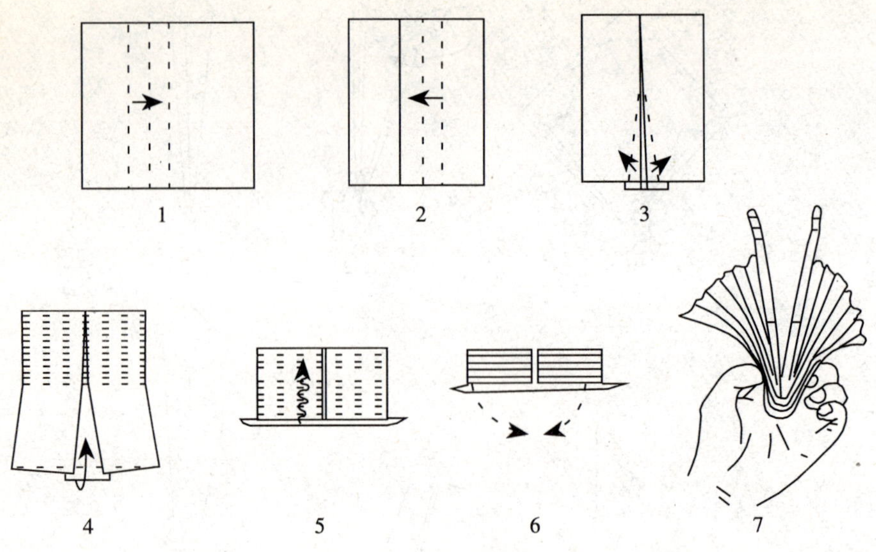

图 2—28 花枝蝴蝶

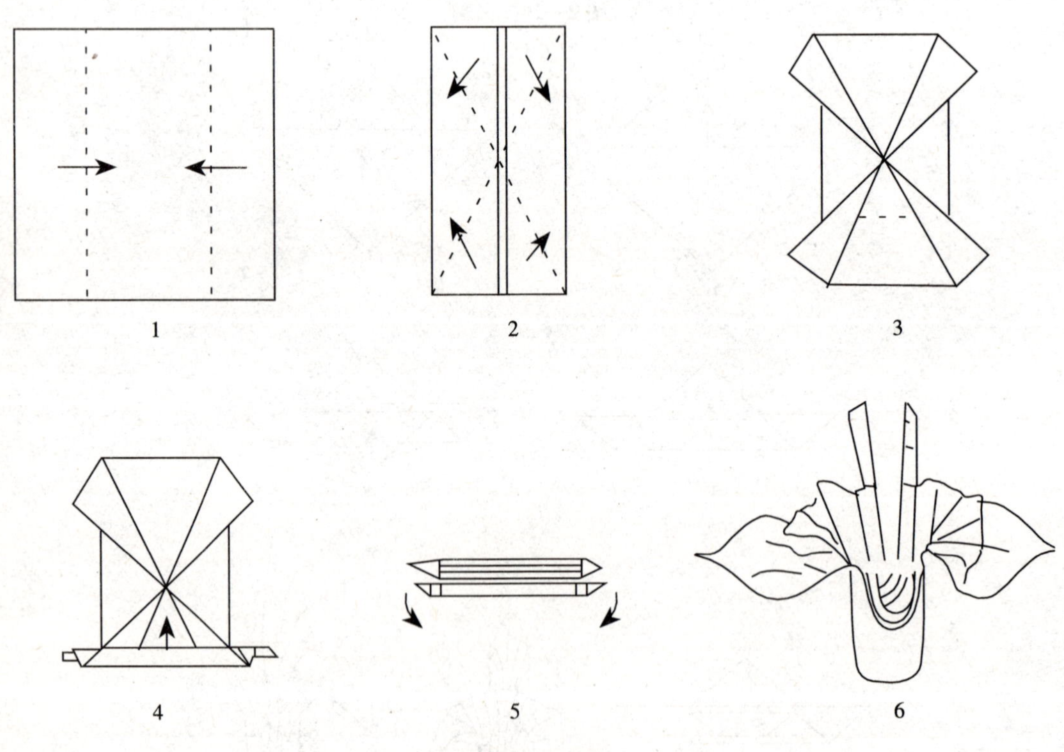

图 2—29 蝴蝶

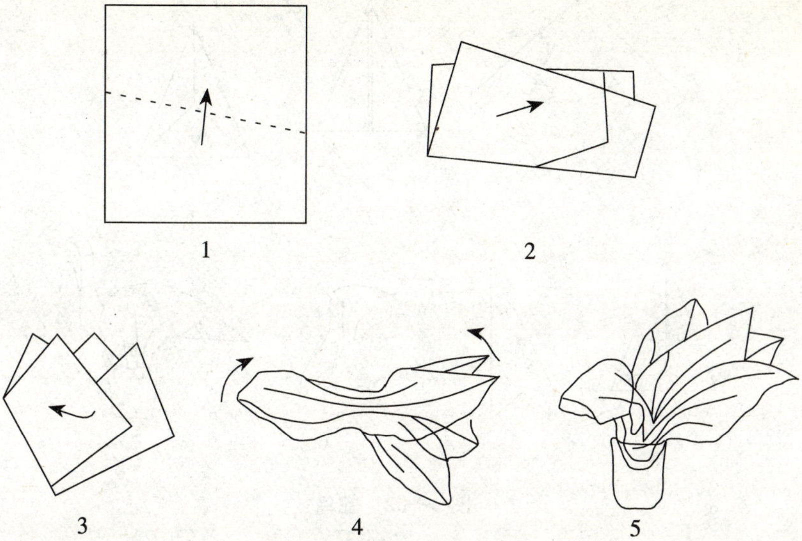

1　2　3　4　5

图 2—30　金鱼

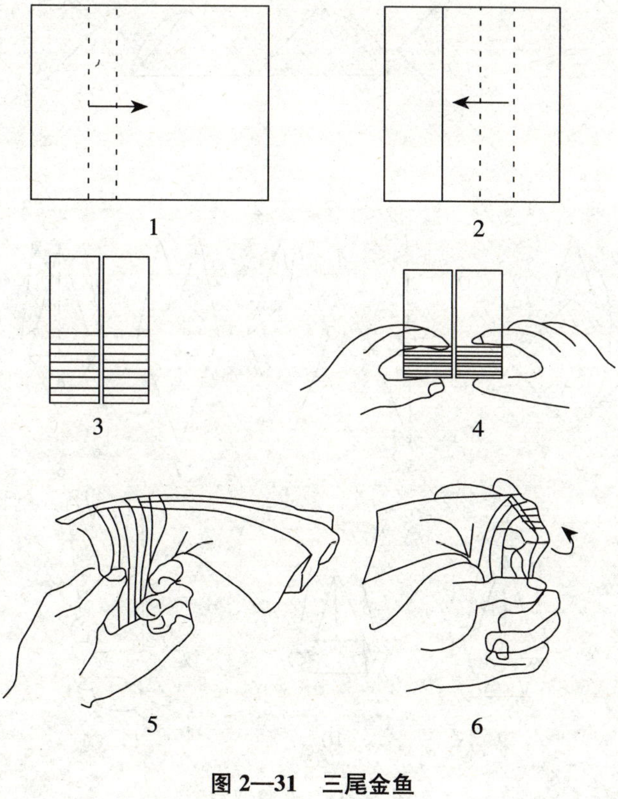

1　2　3　4　5　6

图 2—31　三尾金鱼

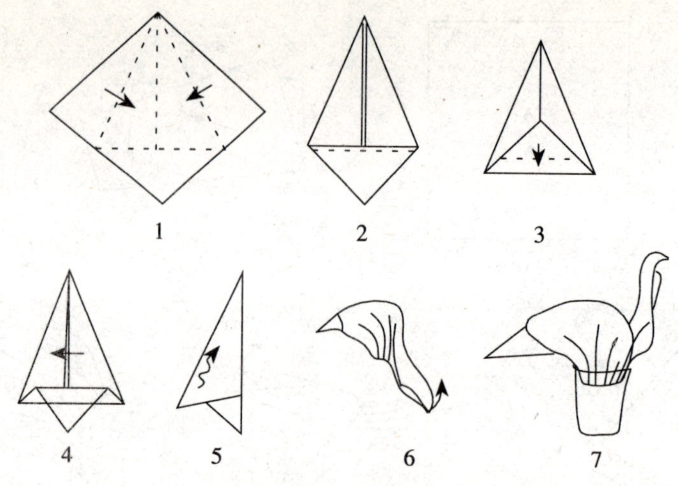

图 2—32　鸵鸟

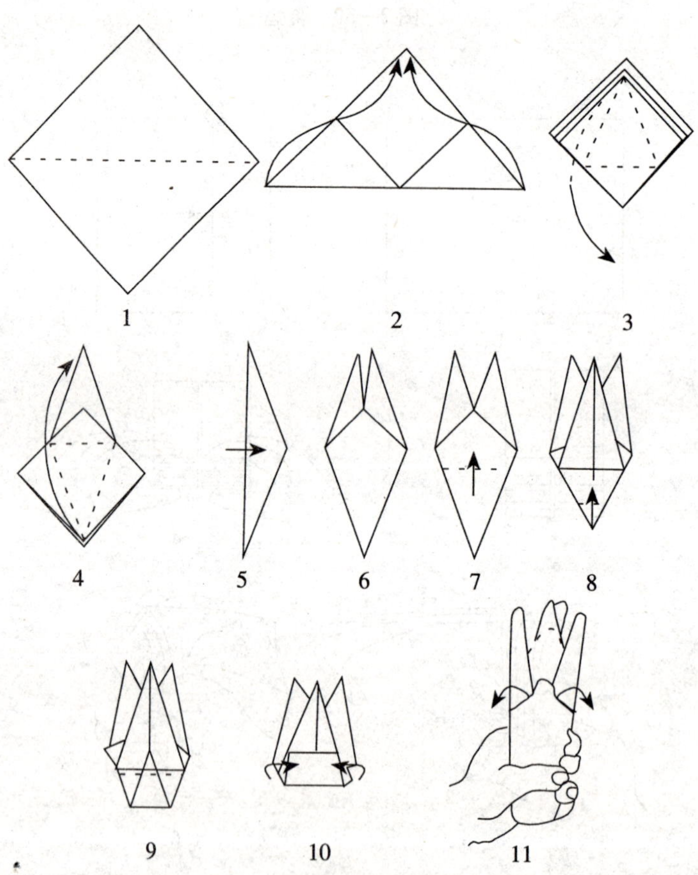

图 2—33　企鹅迎宾

第四节　摆台

摆台是把各种餐具按要求摆放在餐桌上，它是餐厅配餐工作中的一项重要内容。摆台是一门技术，摆台的好坏直接影响到餐厅的面貌。

摆台主要涉及餐台、席位的安排和台面的摆设。摆台技术是餐厅服务员必须掌握的一项基本技能，也是宴会设计的重要内容。摆设出一席好的台面，能为客人提供一个舒适的就餐环境，给客人带来赏心悦目的艺术享受，给宴会增添喜庆隆重的气氛。摆台的基本要求是：餐具图案对正，距离匀称，整齐美观，清洁大方；为客人提供一个舒适的就餐位置和一套合适的就餐用具。

台面按饮食习惯可分为中餐台面、西餐台面和中餐西吃台面三大类。由于中国与西方国家的传统习俗不同，饮食习惯也不同，餐桌、餐具、酒具也不同，所以摆设出来的台面形式各具特色。下面具体介绍中餐摆台和西餐摆台的方法。

一、中餐摆台

（一）散座摆台

1. 铺台布

由于餐桌的形状不同，台布的铺法也有所不同。台布的铺法主要有以下几种：方桌正方形铺台布方法见图 2—34(a)；方桌斜方形铺台布方法见图 2—34(b)；圆桌铺台布方法见图 2—34(c)。

铺台布的要领是：十字中心点落在桌子的圆心上，四角下垂相等，布面平整。

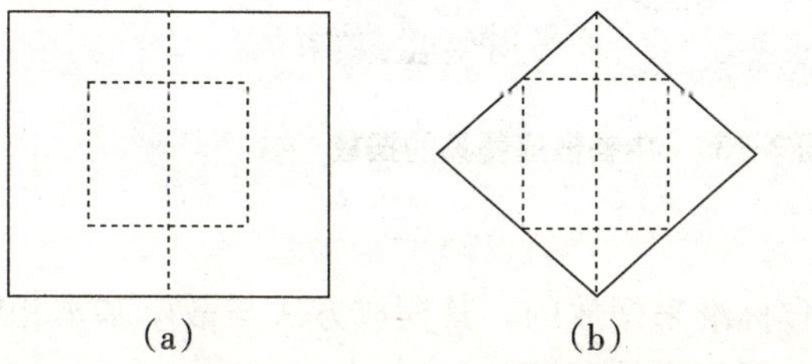
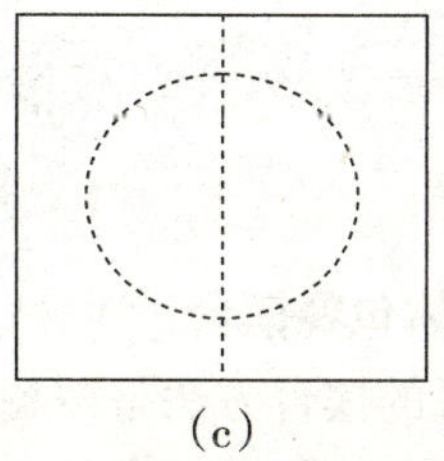

(a)　(b)　(c)

图 2—34　餐桌铺台布的方法

铺台布有三种操作方法，即推拉式、抖铺式和撒网式。这三种铺台布的方式具体要求见表 2—1。

表 2—1　铺台布的操作方法

操作方法	要　求	备　注
推拉式	用双手将台布打开，平行打折，左右手分别捏住台布的一边，两手距台布中缝线距离均等，其他台布分别夹在其余四指内，把台布向前推出去再拉回来，使台布中缝线对准正主人位和副主人位，十字中心点落在餐台圆心上，台布四角下垂均匀。	这种铺台方法多用于零点餐厅或较小的餐厅。

续前表

操作方法	要　求	备　注
抖铺式	双手将台布打开，平行打折后将台布提起，用手臂和手腕的力量将台布抛向餐台前方，一次抖开铺在台面上，台布四角下垂均匀。	这种铺台方法适合于较宽敞的餐厅或在周围没有客人就座的情况下进行。
撒网式	用双手将台布打开，平行打折，右脚在前、左脚在后，两手从左到右，动作自然潇洒，用力将台布斜着向前抛撒，如同撒渔网一样。	这种铺台方法多用于宽大场地或技术比赛场所。

2. 摆餐具

散座客人席位的餐具摆放应当根据餐厅的档次来决定摆放餐具的件数。摆小件餐具应使用托盘，把所用的餐具整齐地码放在托盘内，左手托盘，右手摆餐具。

摆餐具的顺序是：先摆上骨碟，放在座位正前方，离桌边约 1.5 厘米；汤碗摆在骨碟左前方，离骨碟的距离约为 2 厘米，汤匙放在汤碗内，匙把朝向左方；水杯放在骨碟右前方，离骨碟的距离约为 4 厘米，距离汤碗约为 2 厘米；骨碟与水杯的右侧放筷架，离骨碟 2 厘米，筷子摆在筷架上，筷末端距桌边约 1.5 厘米，筷套字样正面朝向客人。摆好的餐具应如图 2—35 所示。

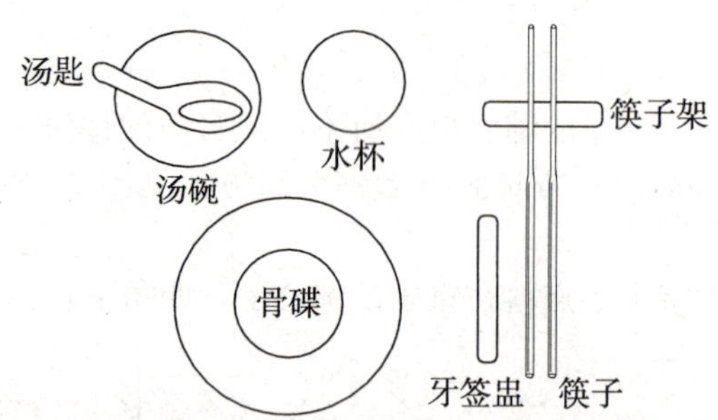

图 2—35　中餐散座餐具的摆放

（二）团体包餐摆台

团体包餐的摆台方法是按餐食标准来摆放的，其摆放方法与散座基本相同。但团体包餐一般不饮酒，除特殊要求外，一般不摆放酒杯。

团体包餐一般用大圆桌进行集体就餐，所以在餐桌中央应放置转台。转台上应对称摆放两套公用餐具和调味品，整个台面的摆设要求匀称、和谐、美观，方便用餐。

（三）宴会摆台

1. 宴会摆台的标准与要求

中餐宴会摆台通常以 10 人为标准，选用直径 1.8 米或 2 米的圆台，台布规格通常为 220 厘米见方或 240 厘米见方。台面布置的一般次序是：中心第一、先左后右、近高远低。

在为宴会摆台时，要先铺好台布，确定好座位，按顺时针方向依台面形状摆放餐具、酒具、餐台用品以及餐巾。做到台面摆放合理，安置有序，符合传统习惯；小件餐具齐全、整齐一致，具有艺术性，图案对称，距离均等，便于使用。

2. 宴会摆台的程序

中餐宴会的摆台程序包括铺台布、摆骨碟、摆汤碗和汤匙，摆放筷架、筷子、长柄汤匙、牙签，摆放酒具，摆放公用餐具和调味品。其具体标准见表 2—2。

表 2—2　中餐宴会摆台程序与标准

序号	程　序	标　准
1	铺台布	在操作前，应根据餐厅的装饰、布局确定席位。将选好的台布放在餐台上，站在副主人座位处，距桌边约 40 厘米处，将台布打开，整理好台布向主人方向抛去，做到用力得当，动作潇洒自然、熟练，一次到位，台布中心十字折纹居中，台布正面的股缝朝上，中线正对正副主人席位，四角下垂均匀，台面平整、无皱褶。
2	摆骨碟	将餐具码放在托盘内，左手托盘，右手摆放。从主人席位开始，按顺时针方向绕台依次进行。要求定位距离均匀、准确，花纹、桌面、店徽正面朝向客人位，且协调一致，骨碟放在距桌边约 1.5 厘米处，两两相对，整齐一致。
3	摆汤碗和汤匙	汤碗摆在骨碟的左侧的位置，汤碗边缘与骨碟边缘相距 3 厘米，汤匙放在汤碗内，匙把朝向左侧或右侧，方向一致即可。
4	摆放筷架、筷子、长柄汤匙、牙签	先将筷架置于骨碟和酒具的右侧，如果筷架为勺托与筷架两用的，筷架左边放长柄汤匙，右边放筷子，中间放牙签，筷子的尖端处距筷架 5 厘米，末端距桌边 1.5 厘米，筷子末端中心距骨碟中心 18.5 厘米，牙签与筷子末端齐平。
5	摆放酒具	先放红酒杯，摆在骨碟的正上方，红酒杯距骨碟 3 厘米。再将白酒杯摆放在红酒杯的右侧，红酒杯与白酒杯之间相距 1 厘米。然后放水杯，将事先折叠好的餐巾花插在水杯中，把水杯摆放在红酒杯的左侧，与红酒杯之间的距离为 1.5 厘米，三个杯的中心点成一条直线。
6	摆放公用餐具和调味品	在正主人和副主人前方各放公用筷架、公匙（餐具）一套，距红酒杯 5 厘米。调味品放在台布中缝线的左右两侧，与公筷、公匙呈十字形摆放。四个烟缸分别放于公筷和调味品之间，使公用餐具、调味品和烟缸呈圆形。菜单放在主人和副主人的左侧。花瓶（花插）放在餐台的正中位置，台号放在花瓶的前方，正面朝向门口。席位签放在汤碗的下边。最后摆放好餐椅，椅背中心正对骨碟中心，餐椅前面内沿与台布垂直，餐椅之间距离均等。

摆台的总体要求是：摆放餐具要相对集中，餐具及酒具配套齐全、合理，图案、花纹要对正，符合规范标准，整齐美观，科学卫生，既方便客人用餐又便于服务员席间操作。摆台的标准示例见图 2—36。

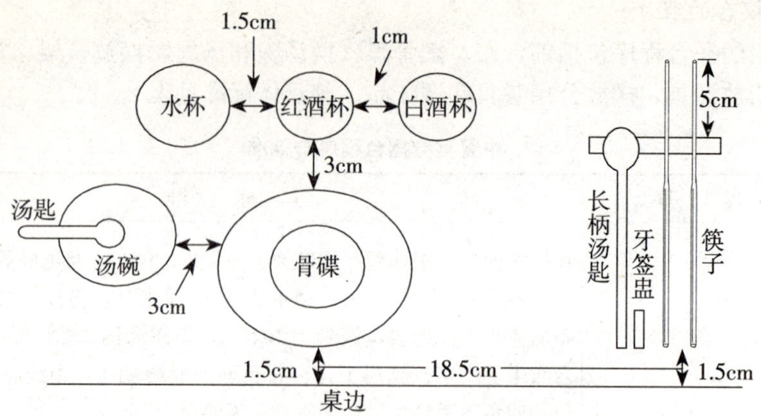

图 2—36　中餐宴会餐具的摆放

（四）广式和京式摆台

由于地域和饮食文化的差异，我国南北方的餐厅摆台也不尽相同，主要差异体现在餐具的摆放上，其中南方以广东为代表，北方则以北京为代表。

1. 广式餐具的摆放

骨碟放在座位的正前方，距桌沿 1.5 厘米；水杯、红酒杯、白酒杯从左到右呈一字形排列在骨碟的正前方，红酒杯离骨碟 1 厘米，三个酒杯之间的间距为 1 厘米；汤碗放在骨碟左前方，距骨碟约 1 厘米，距啤酒杯约 1 厘米，汤匙放在汤碗内，匙把指向左方；骨碟右前侧放筷架，筷子放在筷架上，筷子前端离筷架 5 厘米，筷子末端距离桌沿约 1.5 厘米，筷子与碟之间的距离为 1 厘米；茶托放在筷子右侧，距桌沿 1.5 厘米，距筷子 2 厘米，茶托上合扣茶盅。标准示例见图 2—37。

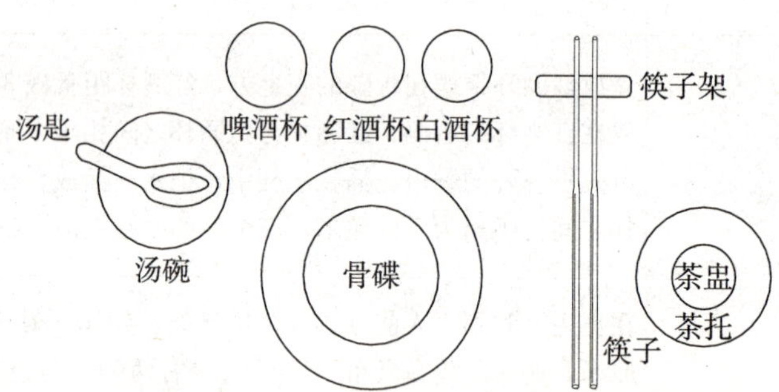

图 2—37　广式餐具的摆放

2. 京式餐具的摆放

骨碟放在座位的正前方，距桌沿 1.5 厘米；骨碟正前方摆放匙托，匙托距骨碟 0.5 厘米，匙托上面放汤匙，匙把指向右方；啤酒杯、红酒杯、白酒杯按从左到右的顺序呈一字形排列在匙托的正前方，红酒杯距匙托 2 厘米，三个酒杯之间的距离为 1.5 厘米；骨碟右前方放筷架，筷架上面搁筷子，筷子前端距筷架 5 厘米，筷子末端离桌沿 1.5 厘米，筷身离骨碟 1 厘米，筷套字样正面朝向客人。标准示例见图 2—38。

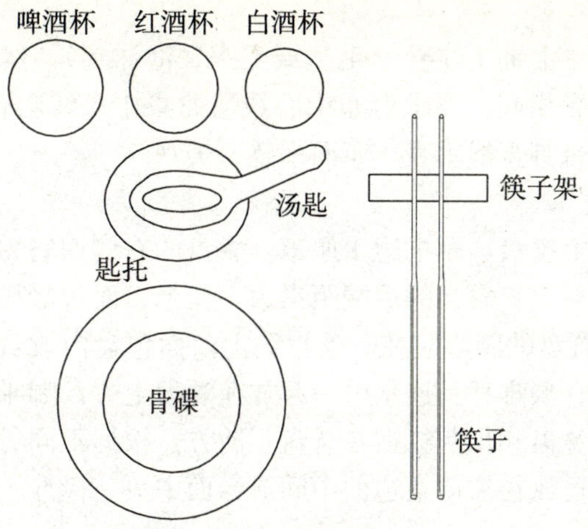

图 2—38　京式餐具的摆放

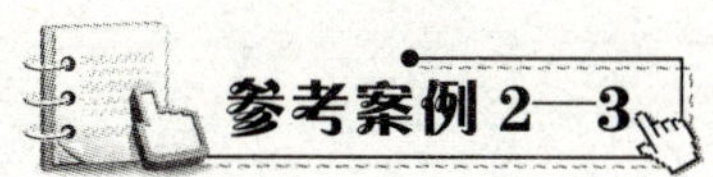

为第一夫人用中餐备妥刀叉

2001 年 6 月，我国国家领导人与中亚五国首脑在上海会面。俄罗斯总统普京的夫人忙里偷闲，赴上海老饭店品尝上海菜。服务人员担心普京夫人不会用筷子，特地放置了一副西餐刀叉。谁知普京夫人为表示友好，几乎自始至终都努力地学习使用筷子，只是在品尝干烧明虾时用了一次刀叉。那么，在接待国外用餐者时，如何摆台才合适呢？

资料来源：李勇平编著：《餐饮服务与管理》，大连，东北财经大学出版社，2002。

二、西餐摆台

西餐摆台用具大多是金属用具，其中餐刀、餐叉和汤匙三类餐具的用途较广。西餐的餐式不同，食用方式各异，所以，餐具的形状和大小就各不相同。按大小规格来分，主餐刀、主餐叉最大，鱼刀、鱼叉次之，咖啡匙、黄油刀、奶油刀和甜点匙是最小的金属餐具。

西餐餐桌形状一般为正方形、长方形、门字形、山字形、口字形、椭圆形等，餐桌规格根据人数和宴请形式、宴请规格来确定。

西餐摆台的基本要求是：餐盘摆在正中位置，左叉，右刀，叉尖朝上，刀刃朝盘，先外后里，餐具在左上方，饮具在右上方，各种餐具横竖摆成一条直线，餐具与菜肴配套，餐具齐全，整齐统一，美观实用。西餐摆台可分为便餐摆台和宴会摆台两种。

（一）西餐便餐摆台

西餐便餐包括集体用餐和个人用餐。一般选用方台、长台和圆台。吃什么菜用什么餐具，喝什么饮料用什么饮具，座位无主次之分。西餐便餐的摆台程序如下所述：

1. 铺台布

铺台布前应先在餐桌上铺上桌垫（毛毡或毛呢、泡沫垫），然后在桌垫上铺台布，铺台布的方法基本上与中餐相同。要求台布中心线与餐桌中心线吻合，台布四边下垂均等，长短一致，台布四角与台脚直线垂直，布面平整、美观。

2. 摆餐具

在席位的正前方摆上餐盘，距桌边1厘米；餐盘的右侧摆餐刀，刀刃向左；餐盘的左侧摆餐叉，叉尖朝上，餐刀、餐叉的后端距桌边1厘米；面包盘摆在餐叉左上方，距餐叉1厘米，面包盘中心和餐盘的圆心应在一条直线上，面包盘内放黄油刀，刀刃向左，位于面包盘右侧三分之一处；咖啡杯具连垫碟一起放在餐刀上方，咖啡匙放于垫碟内，杯把和匙把向左；调味架、牙签盅和烟灰缸摆在餐盘正前方。根据不同餐式要求，决定是否在餐具上方摆置水杯；花瓶可放在靠墙桌边的中间或台面中央。标准示例见图2—39。

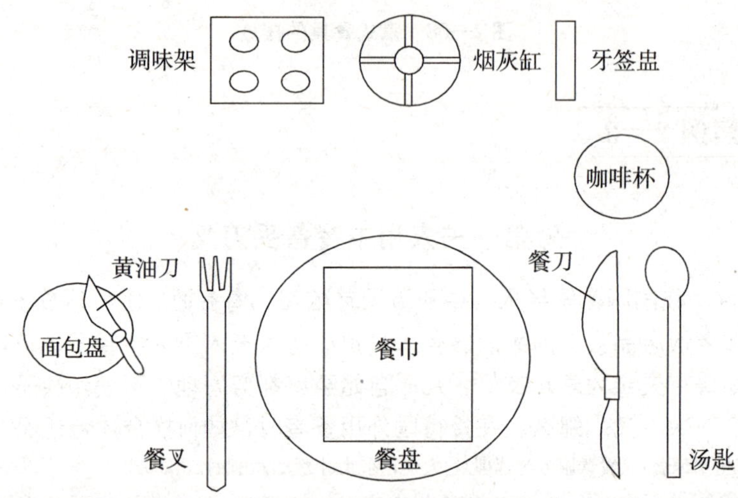

图2—39　西餐便餐摆台

(二) 西餐宴会摆台

西餐宴会多采用正方形餐台或长方形餐台，台型的设计根据餐厅的格局和宴会的规模来布置，以满足不同客人的需求。西餐宴会一般要求餐台摆放合理、餐具配套齐全、规格整齐一致，既方便客人用餐、有利于席间服务，又具有美感。西餐宴会摆台如图2—40所示。

1. 西餐宴会摆台程序

(1) 铺台布。铺台布前应先铺台垫。如果是大长台，需用多个台布拼铺时，应从餐厅的里侧向外铺，让每个台布的接缝朝里，以使客人进入餐厅时看不见接缝为原则，要求台布中线相连成一条直线，台布四边下垂的部分均匀。

(2) 摆餐盘（又称垫盘、装饰盘）。用左手托盘，从主人席位开始用右手在每个席位正中摆放一个餐盘，盘上端花纹图案要摆正，盘与盘之间的距离要相等，盘边距桌边2厘米。

(3) 摆刀叉。在餐盘的右侧从左到右依次摆放主餐刀、鱼刀、汤匙、头盘刀，刀刃一律朝向餐盘，刀把距桌边约2厘米。有些餐厅将鱼刀位置突出于其他餐具约1厘米。在餐

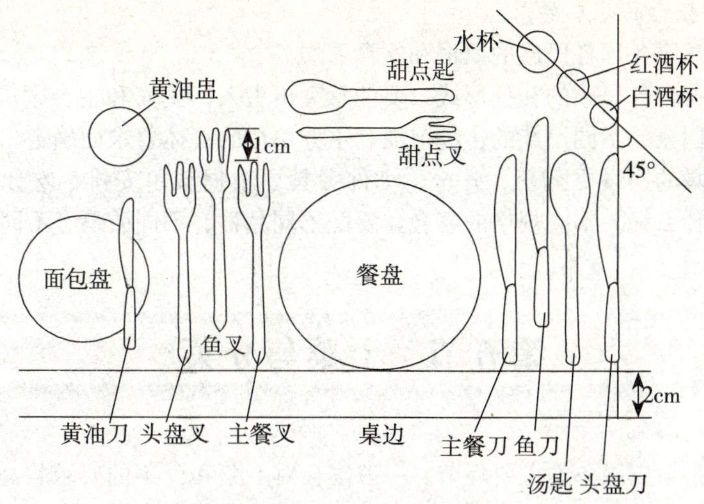

图 2—40　西餐宴会摆台

盘的左侧，从右向左依次摆放主餐叉、鱼叉、头盘叉，叉齿一律向上，叉把距桌边约 2 厘米。

(4) 摆面包盘。在餐叉左侧摆面包盘，面包盘中心与餐盘中心在一条直线上，距离餐叉 1 厘米。

(5) 摆黄油刀。黄油刀置于面包盘靠右侧三分之一处，刀刃朝向面包盘中心。

(6) 摆甜点叉和甜点匙。在餐盘的正上方平行横向摆甜点叉，叉尖朝上，叉把朝左，叉上方摆甜点匙，匙把朝右；叉与匙之间距离为 0.5 厘米。

(7) 摆黄油盅。在面包盘的右上方摆黄油盅，距面包盘 1 厘米左右。

(8) 摆酒具。摆放酒杯时，只能用右手拿着酒杯的颈摆放，禁止拿杯口或将手指伸入杯内摆放，以免污染酒具。酒具一律摆在餐刀上方的位置，在餐刀上方 3 厘米处，从最高的水杯摆起，从左到右依次摆放水杯、红酒杯、白酒杯，与台面成 45°角。如果宴会中需用四套杯，则在三套杯的基础上，将白酒杯向下移 1～2 厘米，在其上方放置香槟酒杯，使四个酒杯呈菱形图案，各酒杯之间的距离约 1 厘米，以能伸进手指取杯为宜。丰盛的西餐宴会可能会用七八种酒，酒杯的具体排列顺序可根据酒杯数量自行设计、排列。

(9) 摆餐巾花。将叠好的盘花摆在餐盘正中，注意把不同式样，不同高度的餐巾花搭配摆放，同时还要注意突出主人和主宾。

(10) 摆花瓶或花篮。一般摆在餐台的中心位置，如有两个则应等距离摆在餐台两个半区的中心上。花的高度以不影响客人的视线为宜。

(11) 摆蜡烛台。蜡烛台应摆在与鲜花对称的位置，距花约 20 厘米。

(12) 摆烟灰缸、调味架、牙签盅。按 4 人用套的标准摆放在餐台的中心线上，两端对称，距蜡烛台约 10 厘米处。

(13) 放置菜单。西餐宴会的菜单一般每人一份，如仅摆放两份菜单时，应分别放在主人席和副主人席位的左侧。

(14) 摆放餐椅。餐椅正中位置应正对餐盘中心，距桌边约 1 厘米。

2. 西餐宴会摆台的基本要求

（1）摆台要尊重各国各民族的风俗和饮食习惯。

（2）摆台要符合各民族的礼仪形式，要注意突出主人、主宾和主台席位，宾主席位的安排要根据不同国家、不同民族的传统习惯和主办单位的具体要求而确定。

（3）小件餐具的摆设要配套、齐全。小件餐具要根据菜单安排，吃什么菜配什么餐具，喝什么酒用什么杯。不同规格的宴会，要配不同品种、不同质量、不同数量的餐具。

第五节　上菜与分菜

上菜与分菜是菜点服务的主要环节。一般宴会对上菜和分菜的要求较高，对于上菜程序、上菜位置、服务节奏、菜肴台面图案等均有讲究，分菜也是一项技术性较高的工作。因此，餐厅服务要求服务员要熟练掌握上菜与分菜的技巧。

一、上菜

（一）中餐上菜

1. 中餐上菜的基本要求

（1）上菜原则：先冷后热，先咸后甜，先菜后点，先浓后淡，先优质后一般。

（2）上菜位置：中餐宴会上菜一般选择在副主人的右侧进行，这样有利于副主人向客人介绍菜肴，也可选择在翻译和陪同之间进行。但严禁从主人和主宾之间上菜。

（3）上菜时机：中餐宴会上菜，一般是在宴会开始前5分钟先把冷盘摆好，客人到齐后，服务员应先征求主人意见，再通知厨房出菜。当冷菜吃完2/3时，可上第一道热菜，上菜的速度，应根据宴会就餐的情况而定；上新菜时，要及时更换盘碟，台面上的空菜盘应及时撤下；最后一道菜上桌时，应低声告诉副主人菜已上齐。

2. 菜肴摆放的要求

（1）造型美观，富有艺术性和观赏性。菜肴的摆放方法可根据宴会的性质、特点、目的来决定，也可按照客人的饮食习惯及喜好来安排。

（2）上菜的位置要居中。中餐酒席摆菜，一般从餐桌中间向四周摆放，要求“一中心、二平放、三三角、四四方、五梅花”。

（3）宴席中头菜的看面要对正主位，菜肴的看面就是宜于观赏的一面和食用价值高的一面。

（4）各种菜肴要对称摆放，主要在菜肴的原料、色彩、形状、盛器等几个方面讲究对称。

3. 特殊菜肴上法

（1）易变形的菜肴，一出锅应立即端上餐桌，上菜时要轻稳，以保持菜肴的形状和风味。

（2）对于有响声的菜，如锅巴海参、锅巴鱿鱼、锅巴肉片等，一出锅就要以最快的速度端上餐台，立即把汤汁浇在锅巴上，使之发出响声，以达到烘托宴席气氛的目的。

(3) 上拔丝菜肴，如拔丝苹果、拔丝山药、拔丝土豆、拔丝鱼条等，应先上凉开水，再上拔丝菜。

(4) 上带有作料的菜肴，作料应跟菜肴一起上桌，如清蒸鱼附带姜汁醋，北京烤鸭附带葱段、甜面酱等，在上菜时可略作说明。

(5) 上原盅炖菜，如冬瓜盅、西瓜盅、原盅鸡等，上桌后要当着客人的面揭盖，让炖品的原汁香味在餐台上散发。揭盖时要翻转移开，以免把盖上的蒸汽水滴洒在客人身上。

(6) 上泥包菜、纸包菜、荷叶包菜，如叫化鸡、纸包鸡、荷香鸡等。要先让客人观赏后，再拿到操作台上当着客人的面打破或撕开包皮，用刀叉切开装盘，并按顺序分给每个客人，这样可保持菜肴的香味和温度，显示出独具一格的风味。

(二) 西餐上菜

西餐用餐一般实行分食制，有的菜肴在厨房内已经分好，只需托送上桌，有的直接在餐桌上进行分菜。

西餐上菜顺序为：先上面包、黄油、果酱；再上冷盘或海味；接着上清汤或浓汤；然后上鱼或虾等类菜肴；接下来上副菜、主菜、甜点、水果、干酪；最后上咖啡或红茶。

西餐上菜时，服务员应站在来宾的左边，左手托盘，右手拿叉匙分派。为宾客上菜的次序是女主宾、男主宾、主人和一般来宾。

西餐的上菜方式和中餐是有区别的，它大致有以下几种方式：

(1) 厨师将菜装在一个专用的分菜盘内，由服务员分给客人。

(2) 厨师将主菜和色拉装入盘内，由服务员端出送上。

(3) 由服务员将大盘菜送至餐桌中央，由客人自行取用。

(三) 上菜前的注意事项

无论是中餐还是西餐，在上菜前都应注意以下几个问题：

(1) 观察菜肴色泽、新鲜程度，注意有无异常气味。

(2) 检查菜肴有无灰尘、飞虫等不洁之物。

(3) 检查菜肴卫生时，严禁用手翻动或用嘴吹除，如必须翻动，要用消毒过的器具。

(4) 对凉菜尤其要注意其新鲜程度，不能上变质、变味和发黏等不符合食品卫生安全标准的。

二、分菜

分菜是一项技术性很强的工作，要想熟练地掌握就必须对各种菜肴的烹制方法、菜肴成型后的特点和质地有很好的了解，从而在实际工作中运用自如。

(一) 中餐分菜

中餐筵席一般是由主人或副主人向客人敬菜，以示热情好客。高级筵席或宴会要由服务员代为分菜，一是可减轻主人的负担；二是可体现服务员的热情和高超的技艺，以显示宴会服务的规格。

1. 分菜工具的使用

中餐宴会分菜使用的工具主要有服务叉、服务匙、一双公用筷、一个长把汤勺和另备的一个盘子。

服务叉和服务匙的使用手法有三种：第一种是将匙面向上，用右手中指、无名指和小手指稍加弯曲夹住匙柄部，靠近掌心下端，再用食指和拇指夹住叉的中心部位，让叉柄和匙柄平行重叠并用中指、无名指和小手指稍加弯曲夹住，让食指垫于匙、叉之间，如图2—41(a) 所示。第二种方法是拇指与食指捏住叉柄，无名指向前，中指与小指向后，把匙柄夹在中间，如图 2—41(b) 所示。这是初学者的拿法。第三种方法是拇指与食指夹住叉柄，其余的三个指头要裹住匙柄，如图 2—41(c) 所示，这是欧美人习惯的一种拿法。

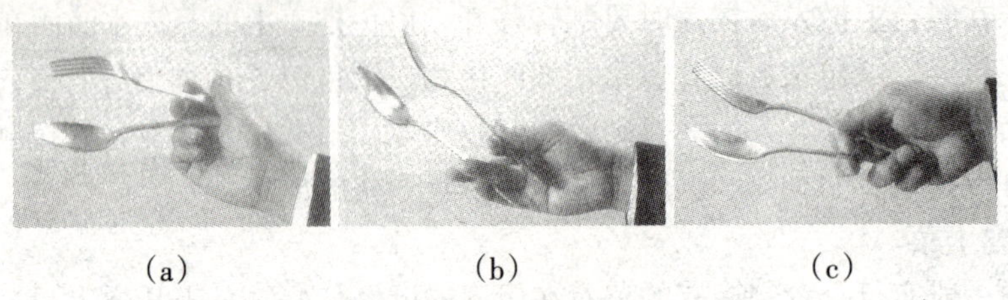
(a)　　(b)　　(c)

图 2—41　服务叉和服务匙的使用方法

2. 分菜方式

在餐饮服务中，不同规格的宴会有不同的分菜方式。一般分菜有三种方式：桌上分让式、二人合作式、旁桌分让式。无论何种方式，在分菜前服务员都要把菜送上桌，让客人观赏后再开始分菜。三种分菜方式的标准见表 2—3。

表 2—3　分菜的方法与标准

方　法	标　准
桌上分让式	将菜肴送上餐桌展示后，服务员站在客人左侧操作；分菜时，服务员的呼吸要保持均匀，边分边向客人介绍菜点的名称及风味特点；讲话时头部不要距离宾客和菜盘太近；给每位客人分让菜肴的数量要适当，色彩要搭配均匀。
二人合作式	分菜时由两名服务员配合操作，将菜一一分到每位客人的餐碟内。
旁桌分让式	旁桌分让式多用于宴会服务。每道菜从厨房取来后，服务员应先将菜放在餐台上向客人展示，介绍名称、特色，然后移至备餐台上分菜；服务员在备餐台将菜均匀、快速地分到餐碟中，然后用盘托送，依次从宾客右侧将菜碟送到每位客人面前。

3. 分菜顺序

分菜顺序有以下几种：

(1) 先主宾、副主宾，再主人，然后按顺时针方向依次分菜。

(2) 从主宾开始分，然后按顺时针方向依次分菜。

(3) 先分主宾、副主宾，再分其他来宾，最后分给主人和副主人。

4. 几种中餐菜肴的分法

(1) 清蒸鱼：用分菜勺压住鱼头，右手用餐刀从鱼中骨处由鱼头顺切至鱼尾，将鱼肉顺鱼分向两侧，剔去鱼骨。然后将鱼肉切成若干等份，并用餐叉、餐勺将鱼肉分别盛于餐碟中送与客人。

(2) 冬瓜盅：冬瓜盅为夏令佳肴，不同菜系有不同的做法。由于冬瓜盅较高，应做两次分让，在分菜时应先将盅内上半部的菜肴分光，然后用餐刀将已空的冬瓜盅部分切掉拿下，再继续分下半部分的菜肴。

(3) 拔丝菜：分拔丝类甜菜前，必须上凉开水。分菜时用公筷将甜味菜夹起，迅速放入凉开水中浸一下，然后送入客人碗中，分让的动作要连贯、快速，做到即拔、即浸、即上。

(二) 西餐分菜

1. 分菜方式

西餐分菜方式有英式服务、美式服务、俄式服务、法式服务和自助餐服务等。

西餐中的美式服务和英式服务不要求服务员掌握分菜技术，服务员只提供上菜服务和其他基本技能就可以了；俄式服务和法式服务则要求较高的分菜技术和切割技术。

2. 分菜顺序

西餐分菜的顺序是先宾后主，先女后男，即按主宾、主人和其他来宾的顺序分菜，或按女主宾、主人、男主宾，然后其他来宾的顺序进行。

3. 几种西式菜肴的分法

(1) 牛排：把牛排最大的一端放在平盘上，先用叉插入上面二根肋骨间，再从肥的一面开始，用刀横切到肋骨。用刀尖沿肋骨把肉切下来，切时必须紧沿肋骨，用刀把肉切下，用叉稳定，挑起肉片放入客人的主盘的一侧，从客人右边为客人送上，并立即服务各种调味品。

(2) 奶酪：切配前应先向客人展示奶酪盘，以供选择，并说明各奶酪的名称。然后左手拿叉，右手拿刀进行分切，奶酪应分成三角形。配盘时，每盘奶酪为 3～4 块，另配水果、蔬菜条和饼干。配盘完成后，要询问顾客是否需要面包或红葡萄酒佐餐。

(三) 分菜的注意事项

(1) 分菜过程就是一个服务员向客人做操作表演的过程，分菜时，姿势一定要优雅、大方。

(2) 分菜时要心中有数，掌握菜点数量，是每位宾客都能均匀分到一份。

(3) 要将菜肴最优质部分让给重要客人。

(4) 分带有头、尾、骨头的菜肴不要分给宾客。

(5) 分有带卤汁的菜肴时，注意不要让卤汁溢出盘外或滴到客人身上。

(6) 分菜时，叉、勺等餐具不要在盘上刮出响声。

(7) 分菜动作要干净利落、准确，保证质量，快速度完成分菜工作，确保菜肴的热度。

第六节　撤换餐具

服务人员在为客人提供就餐服务的过程中，撤换餐具是一道必不可少的工序。服务人员要注意撤换时机、次数、需求、方式等，这些都是餐厅服务员必须掌握的技能。一般情况下，较高级的酒席、宴会，往往有多种菜品和饮料，这就需要服务人员及时地更换餐具和酒具，并注意服务礼节，以显示宴会的规格和服务员的技艺。

一、中餐撤换餐具

（一）撤换烟灰缸

在客人就餐时，服务员要经常巡视服务区域，做到烟灰缸内有烟蒂就及时撤换，让餐台上的烟灰缸内始终保持清洁。撤换烟灰缸时，应用托盘托上干净的烟灰缸，用右手将干净的烟灰缸覆盖在已经用过的烟灰缸上，将两只烟灰缸同时撤下放入托盘中，然后将干净的烟灰缸放回餐桌上。这样，可防止烟灰飞扬，以免污染环境和落到客人身上。撤台时撤烟灰缸，应先做防火安全检查，看是否有未熄灭的烟蒂，如有，应进行灭火处理。

（二）撤换骨碟、汤碗

在为客人撤换骨碟、汤碗时，服务员要把干净的餐具放在托盘的一侧，左手托盘，右手为客人撤换餐具。从主宾位开始，先把用过的餐具撤换下来放在托盘的另一侧，然后为客人摆放上干净的餐具，按顺时针方向依次进行。在撤换时应注意，用过的餐具和干净的餐具要严格分开，防止交叉污染。如遇有个别客人前一道菜还未用完，而新菜又上来了，这时可以在客人面前先放上干净餐具，等客人用完后再撤下用过的餐具。

客人在就餐过程中，遇有下列情况之一时，就需要更换餐具：吃过冷菜再换吃热菜；餐具装过有鱼腥味和膻味的食物；吃带骨、带壳食物后，再吃其他类型菜肴；吃甜菜、甜点、甜汤之前；食用特殊风味，或者调味特别的菜肴；食用过芡汁各异、味道有别的菜肴；餐具被茶水、饮料污染；餐具中骨渣较多；客人在就餐中餐具落地。

（三）撤换菜盘

在中餐宴会中一定要保持餐桌清洁。客人就餐时，服务员要注意观察台面，每当客人用完一道菜后，服务员就应将空盘撤下。在高档宴会上，一般上新菜，就要撤旧菜，桌面上不超过两道菜。一般宴会台面上不超过5道菜。如果超过一定数量，就会影响整个台面的清洁美观。所以，一般在服务员分好菜，客人品尝完毕，下道菜上桌时，就把前一道菜撤下。撤前道菜时服务员应征求客人意见，得到客人肯定答复后，才能撤下。撤菜盘时要使用托盘，站在上菜的位置，左手托盘，右手撤菜盘。注意不能将托盘放在餐台上收餐具，并且动作要轻、平稳，防止餐具因碰撞而发生响声，还要防止菜汁、卤汁滴在客人身上。

二、西餐撤换餐具

在西餐的服务中，撤换烟灰缸与中餐的方法基本相同，在此不再详述。

（一）撤换餐具

西餐每吃一道菜就要换一副刀叉，因此，客人每吃完一道菜，服务员就应撤去一副刀叉，到正餐或宴会快结束时，餐台上要无多余物品。待到客人用甜点时，服务员即可将胡椒瓶、盐盅、调味架一并收拾撤下。

撤盘前要注意观察客人的刀叉摆法，当客人将刀、叉并排放在盘上时，就表示不再吃了，在同桌的大多数客人都这样表示后，便可以准备撤盘。如果刀、叉搭放在餐盘两侧，则说明客人还将继续食用，这时不可贸然撤去。

撤换餐具时，应首先向客人礼貌地示意，然后站在客人的右侧，左手托盘，右手操作，先撤下刀、叉，然后撤餐盘，餐刀、餐叉要分开放入托盘内，并按顺时针的方向依次

进行。

在西餐的服务过程中，如客人将汤匙底部朝上，或将匙把正对自己心窝处，服务员应马上征询客人意见，弄清情况后再作处理。客人若将汤匙放在汤盘或垫盘边上，通常表示还未吃完，此时不宜撤盘。在客人未离开餐桌前，桌上的酒杯、水杯不能撤去，但饮料杯可在征求客人意见后撤去。

（二）撤换酒具

为客人换酒具时，应先根据客人所订酒水，准备好相应数量的、干净的酒杯，将酒杯的杯口向上整齐地码放在铺有洁净餐巾的托盘上。换酒具时，应从客人的右侧按顺时针的方向进行，要遵循女士优先的原则，将酒具放在正确的位置上。操作时，不允许酒杯相互碰撞。

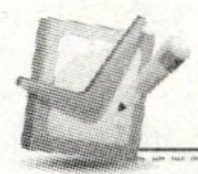

本章小结

餐饮服务是饭店餐饮服务人员为就餐客人提供食品、饮料等一系列有形产品及无形服务的总和。餐饮服务人员必须具有丰富的服务知识和娴熟的服务技能，才能达到最佳的服务效果。

本章主要介绍了餐饮服务过程中所需要的基本技能：托盘、餐巾折花、斟酒、摆台、上菜及分菜、撤换餐具等。这些基本技能是进行餐饮服务的基础，是从事餐饮服务工作的人员必须具备的技能。

要点提示

1. 托盘：种类、用途、轻托、重托、托盘行走。

2. 斟酒：饮用温度、示瓶、开瓶方法、斟酒方法、斟酒顺序。

3. 餐巾折花：餐巾的作用、餐巾的种类、餐巾花的分类和选择、餐巾花的折叠技法和要领、餐巾花的摆放要求、餐巾花图例。

4. 摆台：中餐摆台、西餐摆台。

5. 上菜和分菜：中餐上菜、西餐上菜；中餐分菜、西餐分菜。

6. 撤换餐具：中餐撤换餐具、西餐撤换餐具。

思考讨论

1. 中餐宴会摆台的趋势是什么？

2. 中餐服务技能在服务中有哪些改革？

3. 如何将中餐摆台与西餐摆台巧妙融合？

任务训练

● 任务名称

商务宴会台面设计

● 任务目的

1. 掌握宴会台面餐具、用具的种类。

2. 掌握宴会台面设计的基本内容。

● 任务训练要求

1. 设计一个六人台面的商务宴会摆台。

2. 任务结果以 PPT 的方式展现出来。

3. 每组派一名代表陈述任务工作结果。

● 任务训练方法

1. 小组训练法。将学生分成若干小组，每组成员 5～6 人。每组设组长一名，任务由组长协调组员共同完成。

2. 调研法。

● 任务评价

项目	标准	满分	得分
主题	主题突出，创意新颖，整体符合台面设计的基本要求	40	
台面设计	符合客人的就餐习惯，符合菜单要求，设计精巧	30	
花台设计	突出主题，层次感强，有创意	20	
席位安排	符合礼仪要求，空间利用合理	10	
合计	100		

第三章

餐饮服务程序

学习目标

学完本章，你应该掌握：

1. 餐饮服务的基本流程；
2. 中餐零点服务程序及方法；
3. 中餐团体餐服务程序及方法；
4. 中餐宴会服务程序及方法；
5. 西餐正餐服务程序及方法。

导入案例

某饭店中餐厅门口，迎宾员小余正焦急地等待一个旅游团的到来。他们已经迟到一个半小时了。正在这时，另一个导游带着另一批客人来到餐厅门口。导游说："我们团队没有预订，由于飞机延误，想在你们餐厅就餐。"小余一听，马上与餐厅经理联系，取得餐厅经理的同意后，将他们安排到原来预订的旅游团的餐位上。他们刚刚开始用餐，原来预订的旅游团就赶到了。

小余忙上前向导游解释道："实在对不起，先生。由于你们已经超过预订时间很久了，所以您原来预订的餐位已经被人占用。大家先在休息室休息一下好吗？我们马上为你们安排。"同时，小余请服务员为客人们端来茶水，并指明卫生间的位置。然后小余赶回餐厅，告诉经理马上准备。在这期间，小余又两次到休息室照顾客人，告知餐厅的准备情况。15分钟后，餐厅准备好了，客人们高兴地开始就餐。

在这个案例中，迎宾员小余在处理紧急情况时，哪些方面做得好？

资料来源：程新造编著：《星级饭店餐饮服务案例选析》，39页，北京，旅游教育出版社，2000。

现代饭店业的鼻祖斯塔特勒先生曾经说过："饭店的根本宗旨也是为了使宾客得到舒适和便利。"作为现代饭店的主要部门——餐饮部，除了为客人提供美味佳肴外，更重要的是提供精神享受。不仅要提供优质服务，还要提供个性化服务、针对性服务、超值服务。这就要求服务人员首先要做到提供标准化、规范化和程序化的服务。所以，餐饮部服务与管理的第一步就是要使所有的员工都能按服务规范和服务程序工作，以便能方便、快捷地为客人服务。同时还应该注重从人性化服务及人本管理出发，发挥程序的能动作用，使程序"活"起来，只有这样，才能在动态的程序中创造性地为客人提供服务，使每一位客人都感受到与众不同的饭店服务，这样才能留住更多的回头客，提高饭店的知名度、美誉度，创造更多的利润。

第一节　餐饮服务基本流程

饭店餐饮部服务员基本上是在相应的服务标准、服务规范指导下工作的。这些服务程序是按照客人就餐的习惯制定的，在通常情况下，服务员应按服务程序来操作，但在特殊情况下应该灵活处理，这样才能既方便客人，又为餐厅带来更高的利润。所以，高效的工作业绩需要设计合理的服务流程来保证。餐饮服务基本流程见图3—1。

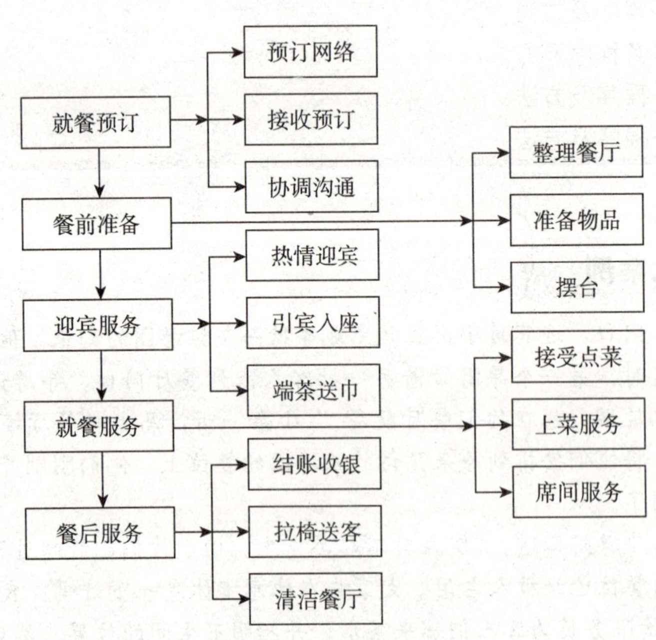

图3—1　餐饮服务基本流程

一、就餐预订

（一）通讯联系

客人在就餐前往往会通过各种各样的方式与餐厅取得联系，以便能最大限度地保证自己的就餐质量。就餐预订环节是餐厅与客人接触的第一个环节，所以餐厅的预订员对客人的态度、表现出来的专业素质和技能水平就显得非常重要了。

预订的方式有直接预订与间接预订两种，具体有来店预订、通讯预订、指令性预订、上门预订、委托预订。有的饭店还会将经常预订餐位的客人的通讯方式记录下来，特别是餐厅的 VIP 客户，更要注意收集他们的联络方式，有利于今后开展推销工作。

（二）接收预订

在接到客人的预订请求后，预订员要根据餐厅的接待能力与时间安排，决定是否接受预订。在接收预订的过程中应注意以下两点：

（1）记录客人预订的内容。预订的内容有用餐标准、菜单、酒单、服务规格、服务项目、用餐时间等。

（2）如餐厅接受客人的预订有困难，应礼貌地告知客人，并请客人下次有机会来饭店就餐。

（三）协调沟通

餐厅在确认客人的预订后，应向各餐厅与宴会厅及时下达通知单，特别是宴会预订，一定要与客人确认好人数、用餐标准等内容。同时要与客人保持联系。

二、餐前准备

餐厅的预订员与客人确认预订后，服务人员就要针对客人的预订要求整理餐厅、准备物品，并摆好餐具。具体的准备事宜如下：

（1）整理餐厅。主要包括清洁餐厅，装点修饰；调节餐厅内的温度；调适餐厅内的灯光、音响设施。

（2）准备物品。根据用餐人数和用餐标准准备餐台、台布、鲜花、餐巾、餐具及酒具；准备酒水和菜单。

参考案例 3—1

一位翻译带着几位德国客人来到了某四星级饭店的中餐厅，客人们点完菜后，很快菜就上齐了。突然，一位德国客人发出了诧异的声音，翻译一看，原来这位客人的餐碟边有一个小缺口。翻译马上叫来服务员：“你看，餐具出现了这样的问题，会影响客人的情绪呀！”翻译征求了德国客人的意见，要求换一个餐厅。服务员马上与饭店经理联系，经理把客人安排在小宴会厅就餐。看着餐桌上精美的餐具，客人们放心地开始就餐了。

资料来源：程新造编著：《星级饭店餐饮服务案例选析》，39 页，北京，旅游教育出版社，2000。

（3）摆台。根据餐会的形式不同，可以分为零点摆台与宴会摆台。后者的摆台方式要比前者复杂。根据宴会的规格不同，又可分为商务宴会摆台和一般宴会摆台等。宴会摆台可以按就餐标准摆台，也可以按南北菜式摆台。

餐前准备工作程序具体可参看表 3—1。

表 3—1　　餐前准备工作程序与标准

程　序	标　准
餐厅卫生工作	符合卫生要求。
检查台面摆放	桌椅横竖对齐，餐具按摆台标准摆放，并且清洁、无破损，花草要求新鲜、无枯萎。
布置工作台	餐具、物品摆放整齐。
准备用品	品种、数量齐全，用品清洁卫生，摆放整齐，在开餐前 30 分钟布置好。
检查台面调味品	瓶口（或壶口）无污渍，分量符合规定要求，盐、胡椒不结团。
检查灯光、餐厅温度、背景音乐	灯光正常，无坏灯；餐厅温度符合要求，一般夏季 22℃～26℃，冬季 18℃～24℃；背景音乐适中，不影响客人交谈。

三、迎宾服务

在餐厅的入口处，通常有一位或两位身着艳丽服装的服务人员，她们就是餐厅的迎宾员，又被称为“咨客”。迎宾员是餐厅的“门面”，她们工作质量的好坏是客人评价这个餐厅服务质量的依据。

（一）热情迎宾

（1）迎宾员服装整洁，在重大活动时应身着彩带。

（2）当客人走近餐厅门口约 2 米的位置，迎宾员应主动上前，面带微笑，主动问候客人，同时询问客人是否预订。

（3）遇到餐厅客满的情况，应尽量挽留前来的客人，帮客人安排休息室，并进行大衣存放，以及提供茶水、饮料等细致的服务。

（4）餐厅其他服务员应准确站位，适时欢迎客人光临。

（二）引宾入座

（1）迎宾员应站在客人左前方约 1 米远的位置，注意使用敬语。

（2）有的餐厅设有吸烟区和非吸烟区。迎宾员应礼貌地询问客人是坐在吸烟区还是非吸烟区。

（3）根据客人的情况，安排客人就座或询问客人的意愿。如尽量将客人安排在靠窗的位置；情侣安排在角落的位置；人多时可将客人安排在餐厅的中央。如果客人不满意，应尽量为其调整。

（4）当客人到达餐桌时，为客人依次拉椅让座，拉椅时用左膝顶住椅背，双手扶住椅背上部，平稳地将椅拉出，并伸手示意客人就座。

（三）端茶送巾

（1）客人入座后，迎宾员为客人递上菜单、酒单，并打开第一页，礼貌地请客人阅读。

（2）值台员应为客人上茶，同时为客人送上香巾。冬天送上热毛巾，夏天送上凉毛巾。

聪明的迎宾员

一天中午，某酒店的中餐厅客人很少，12点10分左右，中餐厅来了一位40岁左右的中年男子，迎宾员立即上前问好："欢迎光临，蔡先生，中午好！就您一个人?"这位被称做蔡先生的中年男子微笑着对迎宾员说："小王好啊，就我一个人，今天，给我准备了什么好吃的?"迎宾员小王立刻回答："蔡先生，今天中午有您最爱吃的烙馍卷田螺肉，我们知道您的胃不好，特地为您做了您最喜欢喝的萝卜养胃羹。"蔡先生一听特别高兴："好啊，谢谢您了！"用完午饭后，小王将蔡先生送到电梯口，并礼貌地问蔡先生到几楼，蔡先生告之住在三楼。小王为蔡先生按下楼层按钮后，微笑着将蔡先生送进电梯，向蔡先生道别后，又回到了紧张的工作岗位。但这时小王心里却惦记着一件事：蔡先生很少住客房的，一般都是用完餐就走的，这两年在酒店餐饮消费差不多有十几万元，对于这样一位客人，酒店提供的应是VIP服务，而他现在住的是酒店最普通的楼层——三楼，这应该是我们酒店工作上的失误。小王立刻通过主管打电话给营销部，经查实，酒店总服务台并没有该客人的客史档案，加之这几天住宿比较紧张，就将客人安排到了普通楼层。小王又打电话征求蔡先生的意见，蔡先生表示感谢，他在电话中说就不给酒店添麻烦了，住到明天上午就要走了。但小王并没有放弃努力，经请示后，她将一盘新鲜的水果送到了蔡先生所住的房间，并再次询问蔡先生第二天的饮食安排。这使蔡先生非常感动，蔡先生后来一直入住这家酒店。而迎宾员小王在蔡先生离开酒店后，立即将自己整理的蔡先生的客史档案，交到了总台，由总台通知酒吧和其他部门，让酒店从门童到内勤人员都知道蔡先生——这位从对酒店满意发展到对酒店忠诚的顾客。

资料来源：http://www.veryeast.cn。

四、就餐服务

（一）点菜服务

客人落座后，餐厅的迎宾员或者值台员就要主动上前为客人点菜。有的饭店还专门配有点菜员为客人提供点菜服务。点菜服务的程序如下：

（1）将菜单呈给客人。

（2）服务员手持点菜单站在客人的右后侧接受点菜。

（3）适时推销菜肴，如本店的特色菜、本店厨师的拿手菜、本店新推出的菜肴等。

（4）适时告知客人所点菜肴已足够。这样做在为客人着想的同时，也为餐厅留住了回头客。

（二）上菜服务

（1）值台员应根据点菜单上的内容上菜，如有不符，应立即与传菜员、厨房联系。

（2）上菜时注意顺序。

（三）席间服务

（1）在客人进餐的过程中，服务员应站立在餐桌旁边服务。如客人指示服务员不需在旁服务，服务员可退出包房或站在离客人稍远一点的位置。

（2）注意观察客人的进餐情况，适时添加饮料、食品，及时撤换烟灰缸、餐碟。

五、餐后工作

客人用餐完毕后，并不代表餐厅为客人提供的服务已经终止。服务人员要注重这一阶段的服务工作，以保证客人乘兴而来，满意而归；同时也为迎接新的客人和下次开餐做好准备。

（一）结账收银

（1）客人点菜单上的菜肴全部上齐后，应询问客人是否需要加菜。如不需要，应清点好客人的所有账单，等待客人结账。

（2）当客人提出结账要求时，应及时将账单送上，并告诉客人应付的金额。

（3）当客人使用信用卡、支票等方式付款时，应注意各种收款方式的不同方法。

（4）结账要求快捷妥当、准确无误。

（5）客人结账完毕，应对客人表示感谢。有的餐厅还会送上宾客意见表征询客人的意见，以便餐厅在菜肴和服务上持续改进。

（二）拉椅送客

（1）客人起身离座时，应为其拉椅，并向客人道别。注意根据实际情况使用不同的告别语。

（2）送客人至餐厅门口或目送客人离去。

（三）清洁餐厅

（1）客人离去后，立即检查桌面是否有客人的遗留物品，如有应及时交还客人。

（2）将餐桌上的餐具分类收拾好，使用过的餐具应撤下。

（3）重新摆好清洁的餐具，准备再次迎接客人。

（4）每次用过的餐具都要进行消毒，同时做好餐厅的清洁工作。

处理客人询问的服务程序

处理客人询问的服务程序如表3—2所示。

表3—2　处理客人询问的服务程序

服务程序	工作步骤
倾　听	1. 礼貌、及时地对客人的询问做出反应。 2. 上身稍倾斜，眼睛正视前方；仔细听清客人的询问要求，在证实已正确理解客人意图后再回答客人的询问。

续前表

服务程序	工作步骤
答　复	1. 服务员不能立即答复客人的提问或帮助要求时，应及时与前台经理或其他部门联系以便协助客人解决问题。 2. 每当客人提出要求或询问时，服务员应立即采取行动以充分表示出对客人的尊重，让客人知道餐厅已在采取行动，绝不能一开始就拒绝客人。

第二节　中餐服务基本程序和方法

在饭店服务的黄金质量标准中有一条是：凡是提供给客人使用的必须是安全有效的。服务程序本身就是为了保障每一位客人有一个安全、有效的就餐环境而制定的。下面我们介绍中餐零点餐厅服务、团体餐服务、中餐宴会服务，以及鸡尾酒会、冷餐酒会、茶话会的服务程序和标准。

一、中餐零点餐厅服务

星级饭店的零点餐厅是饭店餐饮部的一个组成部分，它不仅要为入住饭店的客人提供餐饮服务，还要为其他客人提供各种餐饮预订服务，同时也为那些临时到餐厅就餐的客人提供快捷、准确的服务。

（一）中餐零点餐厅的特点

（1）宾客多少不定，需求标准不一，需求菜品种类分散，就餐时间交错，需要餐厅为客人提供更专业化、个性化的服务。

（2）营业时间长，服务工作量大。

（3）服务要突出快捷、周到、体贴的特点。

（4）要求每个服务人员都是饭店服务能手，能面对各种突发事件。

（二）中餐零点餐厅服务的程序与标准

表 3—3、表 3—4、表 3—5 分别是中餐零点餐厅早餐服务程序与标准、早餐茶水服务程序与标准、午餐和晚餐的服务程序与标准。

表 3—3　　中餐零点餐厅早餐服务的程序与标准

服务程序	标　　准
迎接客人并引座	1. 客人到达餐厅，迎宾员应上前热情问候，询问是否有预订以及用餐人数，然后引领客人到适当的座位，并为客人拉椅，请客人就座。 2. 在点心卡上填写桌号及用餐人数。 3. 通知值台服务员前来服务。
上茶水	1. 客人入座后，服务员立即上前问候，送上小毛巾，为客人除去筷套。 2. 向客人推荐餐厅供应的茶叶，接受客人点菜，然后根据客人人数开茶并为客人斟茶。

续前表

服务程序	标　准
推销点心	1. 负责推销点心的服务员把点心保温车推到客人餐桌旁，向客人推销点心。 2. 将客人点要的点心送至桌面，然后在“点心卡”上记录数量。
餐间服务	在客人进餐过程中，服务员须勤为客人斟茶、更换茶叶、点烟，及时收点心笼屉，撤换餐具，更换小毛巾及烟灰缸等。
结账	客人用餐完毕要求结账，服务员应立即根据结账服务程序为客人结账并致谢。
送客	当客人起身准备离开时，为客人拉开椅子。将客人送出餐厅门外，道别并欢迎其再次光临。
整理餐桌	迅速撤桌并摆桌，以保证餐位有效运转。

表 3—4　　中餐早餐茶水服务的程序与标准

服务程序	标　准
点茶	1. 向客人推荐本餐厅提供的茶叶品种，请客人点茶。 2. 接受客人所点的茶叶品种后，立即为客人冲茶，6 位以下的客人冲一壶茶，7 位以上的客人冲两壶茶，冲茶的水必须滚烫。
斟茶	1. 茶泡好后，要为客人斟茶。斟茶时，注意先宾后主，女士优先。 2. 一手端壶把，一手按壶盖，茶水倒入 4/5 量为好。 3. 斟茶时，要注意茶杯把偏右，壶嘴朝外，不要对着客人。 4. 礼貌地请客人用茶，然后将茶壶对称摆放在餐桌上。
加水	1. 当茶壶内的水只剩下 1/3 时，要为客人添加开水。 2. 如发现茶水淡了，要主动询问客人是否需要更换茶叶，如同意更换，应尽快满足客人要求。

表 3—5　　中餐午餐和晚餐的服务程序与标准

服务程序	标　准
问候客人并为其拉椅	1. 根据不同时间使用敬语问候。 2. 双手抓椅背，退后半步，将椅前移至令客人舒适的位置，请客人入座。
迎宾员呈递菜单	把菜单打开至第一页，双手拿着，从客人的右边递菜单。
上毛巾	使用毛巾托，从客人右侧服务第一道毛巾。
打开餐巾、拆筷套	主宾优先，动作轻巧，抓住餐巾上面两角，打开后将餐巾放于客人双膝上，询问客人是否需要酱油、醋等调味品。
点饮料	询问客人要何种饮料，下单至收款台、酒吧。
上饮料	按斟酒的要求为客人斟倒饮料。
接受点菜	1. 站在客人右侧，距客人半步远，身体前倾。 2. 询问客人是否可以点菜。 3. 问清楚客人的具体要求。 4. 准确填写点菜单，不得涂改。 5. 重复点菜单内容，经客人确认后下单。 6. 点菜单一律下至备餐间，由后台人员控制速度。

续前表

服务程序	标准
上菜	1. 报菜名，介绍菜肴特点，请客人用餐。 2. 主食何时上应征求主人的意见。 3. 及时撤空盘。
巡台服务	1. 及时为客人添酒水，撤脏盘，换烟灰缸。 2. 若碟中有浓汁带骨壳的食物，应及时更换骨碟，并上一道毛巾。通常在两道菜后为客人更换骨碟。 3. 菜上齐后要告诉客人，然后进行第二次推销。 4. 撤下客人不用的、除玻璃杯外的所有餐具。
上茶、水果	为每位客人送上一杯茶，为点水果的客人送上水果及所需的餐具。
准备结账	准备好账单（确认客人不再点菜时）。
递牙签盅	打开牙签盅。
上毛巾	使用毛巾托，征求客人对菜肴和服务质量的意见。
结账	送上账单，并向客人致谢，为客人送上找好的零钱。
送客	拉椅并检查客人有无遗留物品。注意不能催客人，要使用敬语，然后收餐巾。
恢复台面	收玻璃器皿、瓷器、金属餐具，清洁台面，重新摆台，动作要轻巧，不能影响其他就餐客人。

中餐点菜的配分比例

中餐点菜师为客人点菜时，要考虑到客人人数与菜量的搭配，主要的配分比例见表3—6。

表3—6　　中餐点菜的配分比例

人　数	分量标准参考
6位客人以下	推荐4道菜以及一道主食，规格为小盘分量。
6位客人	推荐4～6道菜，主食、甜品、水果各一道，规格为小盘分量。
6～8位客人	推荐6～8道菜，主食、甜品、水果各一道，规格为中盘分量。
9～10位客人	推荐8～10道菜，主食、甜品、水果各一道，规格为大盘分量。如9位客人用餐，部分菜品可改为中盘。
11～12位客人	推荐10～12道菜，主食、甜品、水果各一道，规格为大盘分量。

二、团体餐服务

（一）团体餐概述

团体餐是指按固定标准提供餐食的用餐形式。团体餐的目标市场包括旅游团体、各种

学术会议、交流会、贸易洽谈会、订货会、会展及旅游团队。团体餐一般具有以下特点：有固定的餐食标准；客人较多；进餐集中；要求服务迅速。有时会出现多个团队同时就餐的情形，餐厅应对各个团队合理分配桌次，对每个团队不同的菜肴口味特点做出合理的安排，餐厅对客人的特殊要求也应尽量予以满足，不能因为是团队客人就轻率从事。

（二）团体餐服务的程序与标准

团体餐服务的程序与标准见表3—7。

表3—7　　团体餐服务程序与标准

程　序	标　　准
餐前准备	1. 安排桌位。根据团队人数和用餐标准设置餐桌；如有几个团队同时在餐厅用餐，要恰当安排，放好桌卡，以免引起误会；每个团队用餐时都要安排迎宾员领位；了解团队中特殊客人的需要，如果老年人在团队中所占比例较大，就要注意准备柔软的食物。 2. 摆台。根据人数、桌数、不同的餐别摆好餐具。 3. 准备酒水。根据约定的用餐标准，准备好饮料、酒水；准备相关酒具；如餐费中不包括酒水的费用，也应适当准备充足的酒水，以备客人点单。 4. 摆冷菜。在开餐前将用餐标准中规定的冷菜摆好。 5. 准备主食。在客人用餐将近结束时，将各种主食用相应的器皿装好，并分桌上齐。
迎宾	1. 客人到达餐厅时，迎宾员应主动热情地上前问候。 2. 引领客人到相应的餐桌。 3. 如有几个团队同时在餐厅就餐，应注意询问客人的身份，以免错位。
席间服务	1. 客人到达后，及时通知后厨，准备上菜。 2. 上菜时，应介绍菜肴的名称，以便外地客人了解、品尝。 3. 在客人就餐过程中，应注意斟倒饮料，及时更换烟灰缸和餐碟，不要等到客人示意后才去操作。 4. 要告知客人菜已上齐，并询问客人是否有其他需求。
结账	一般团体餐的结账分为两种方式：签单与餐券。 1. 签单。在用餐结束后，旅游团的陪同或领队签账单，最后由旅行社统一结账。另外，现在很多旅行社为了节约成本，国内旅游团一般不配备领队，账单则由当地导游员负责核算，然后按照旅行社之间签订的合同的规定，由组团社统一向地接社转账。 2. 餐券。客人在用餐时，凭借会议组织者发的餐券进入餐厅就餐。
送客人离店	1. 客人离座时应主动为客人拉椅。 2. 提醒客人携带好随身物品。
收台	清理餐台，做好餐厅的卫生工作。

三、中餐宴会服务

中国的宴会俗称“筵席”、“宴席”。中国是“礼仪之邦”，在宴会上，自古就有很多传统礼节。随着我国经济的飞速发展，与各国人民交往的增加，中式宴会在保留原有特点的基础上，汲取了很多西式宴会的长处。现在，我国的宴会以热烈的气氛、高质量的菜肴、有特色的就餐文化，吸引着越来越多的中外客人。

（一）中餐宴会的种类

中餐宴会的种类很多，按照不同的标准可以有不同的分类方法。按规格划分，可分为国宴、正式宴会、便宴；按菜点性质划分，可分为高档宴会、普通宴会、素食宴会、清真宴会等；按进餐形式划分，可分为立式宴会、坐式宴会；按礼仪形式划分，可分为欢迎宴会、答谢宴会、告别宴会等；按餐别划分，可分为中餐宴会、西式宴会、冷餐酒会、鸡尾酒会等；按宴会的特点划分，可分为鱼翅宴、燕窝宴、海参宴、火锅宴、海鲜宴等。

（二）中餐宴会的特点

宴会不同于零点餐厅，对于中餐宴会而言，由于菜肴道数多、参加人员对服务和菜肴的要求不一，这就要求宴会的组织者应对宴会进行精心的设计和安排，以最大限度地满足客人的要求。

中餐宴会的特点是：

（1）餐厅要根据宴会主办人的要求，预先拟订计划，对宴会进行安排。

（2）要对宴会环境进行精心设计，如宴会的花卉、音响等。同时为了突出中餐宴会热烈、隆重、高雅、华丽、舒适、考究的特点，还要考虑宴会环境布置中重点使用的颜色等。

（3）要注意欢迎仪式等相关礼节。

（4）菜肴有规定的数量和质量标准。

（5）一般宴会，特别是高档宴会必须事先预订。

（三）中餐宴会服务程序和标准

具体的中餐宴会服务程序和标准见表3—8。

表3—8　　中餐宴会服务程序和标准

程　序	标　　准
宴会前准备	1. 了解情况。 （1）按照宴会通知单，召开宴会部管理人员和服务人员会议，做到知时间、知台数、知人数、知标准、知菜式品种、知出菜顺序、知主办单位、知收费办法、知邀请对象、知房号、知客人的饮食风俗和禁忌、知国籍、知宗教信仰、知口味特点。 （2）对规格较高的宴会，还要掌握宴会的目的和性质、宴会的正式名称、客人的性别等。 （3）知晓有无席次卡、席次表，有无背景音乐，有无文艺表演，有无主办人的特别要求，有无司机费用或伙食安排。 2. 布置环境。 （1）绿色植物、鲜花、会标等。 （2）台型布置：要根据“以右为上，高进低远”的原则布置台型。 （3）熟悉菜单：服务人员应能熟练地说出每道菜的风味特点，主要的原材料、配菜、调料、制作方法，并能对特殊菜肴予以分菜服务。若菜单有误，要及时与后厨沟通。 3. 准备餐具。 （1）瓷器类：各种餐盘、菜盘、服务盘、点心盘、汤碗、饭碗、鱼翅碗、茶碗、茶碟、咖啡杯、瓷汤勺等。 （2）银器类：水果刀叉。 （3）布巾类：餐台布、餐巾、小毛巾等。

续前表

程序	标准
	（4）玻璃器具：水杯、酒杯等。 （5）其他：筷子架、筷子、调味架、盐和胡椒瓶、烟灰缸、牙签盅、席次牌、烛台、酒篮、面包篮、冰桶、冰桶架、启瓶器等。如果客人超过 10 人应多备 1～2 套餐具。 （6）准备酒水、烟茶、水果等。酒类擦拭干净瓶身；饮料冷藏、白葡萄酒应用冰块；其他按标准操作。 4. 摆台及餐前准备。 （1）摆台前要先洗手，然后铺台布、放好转台，摆台时要使用托盘。 （2）将酒水放于服务桌上，要整齐；茶碗、茶壶、热水准备好；小毛巾准备好。 （3）宴会开始前 10～15 分钟摆好冷菜。 （4）大型宴会开始前 10 分钟，将白酒和红酒斟好。 （5）宴会开始前仔细检查环境；服务员着装整齐。
欢迎宾客	1. 宾客到达时，服务员应先引领客人到休息室，为客人寄存衣帽。 2. VIP 客人的物品应放在比较明显的位置。
席间服务	1. 值台员协助迎宾员引领客人并拉椅让座。 2. 为客人铺餐巾；斟倒酒水、饮料（要先斟饮料后斟啤酒，先斟红酒后斟白酒，注意斟酒方法）。 3. 宾主讲话时，服务员要站立在桌旁服务，有的大型宴会服务员还要列队欢迎。 4. 及时为敬酒的主宾、主人斟酒。 5. 按顺序上菜，并分菜。 6. 席间撤换服务，包括撤换餐盘、烟灰缸及餐台清理等，吃水果之前要将除杯具外的所有餐具撤走。 7. 递送香巾（喝完汤一次，吃完海鲜一次，吃完水果一次，注意方法）。 8. 餐台上的水果用完后，代表宴会将要结束，服务员可将水果刀叉撤掉，表示宴会结束。
宴会结束服务	1. 拉椅送客，提醒客人带好随身物品。 2. 及时取出客人的衣帽。 3. 收拾餐台，发现客人的遗留物品交给餐厅前台。 4. 收拾餐具的顺序为：餐巾、香巾、玻璃器具、漆器、瓷器。 5. 检查地面有无未熄灭的烟头。 6. 清理场地，桌椅摆放整齐，关掉电灯，关好门窗。

（四）中餐宴会的席位安排

举办中餐宴会一般用圆桌，每张餐桌上位次有主次尊卑之分。宴会的主人应坐在主桌上，面对正门就座；同一张桌上位次的尊卑，根据距离主人的远近而定，以近为上，以远为下；同一张桌上距离主人相同的位次，排列顺序讲究以右为尊，以左为卑。图 3—2 是每张桌上有两个主位的排列方法。

在举行多桌宴会时，各桌都应有一位主桌主人的代表，作为各桌的主人，其一般应与主桌主人同向就座，有时也可以面向主桌主人就座。在举办多桌宴会时，就出现了桌次的排列问题。两桌组成的小型宴会，餐桌可以横排，也可以竖排。两桌横排时，桌次以右为尊，以左为卑。左与右的方位确定是以面对正门的位置为准，见图 3—3。两桌竖排时，桌次以距离正门远的位置为上，见图 3—4。

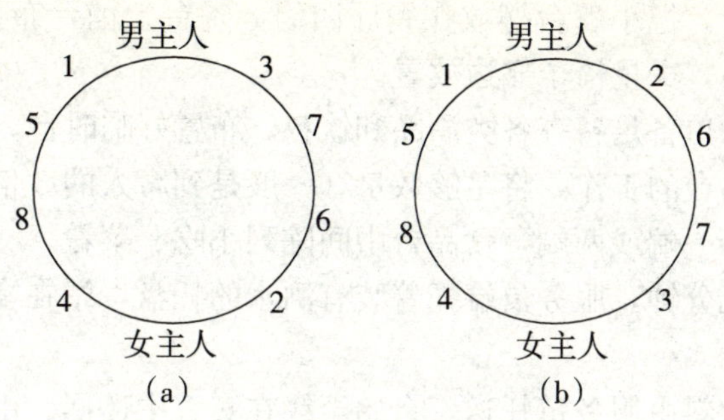

图 3—2 中餐宴会的席位安排

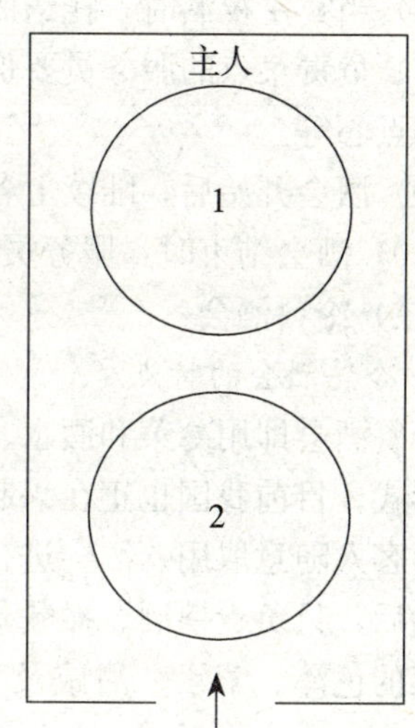

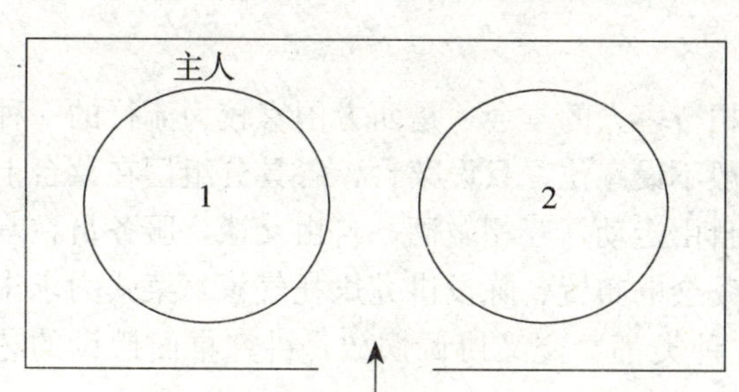

图 3—3 两桌横排时的桌次安排

图 3—4 两桌竖排时的桌次排列

四、鸡尾酒会、冷餐酒会、茶话会服务

在餐饮服务中，除了上面我们提到的零点餐和团体餐以外，由于客人宴请的目的不同，还有一些较为灵活的就餐形式，这些形式广泛应用于各种商务活动。下面我们重点介绍鸡尾酒会、冷餐酒会、茶话会。

（一）鸡尾酒会

1. 鸡尾酒会的特点

鸡尾酒会是西方上层人士和社会名流交往的一种传统形式。举行鸡尾酒会有一定的时间，一般在下午 2 点半到 5 点半（或者 2 点到 5 点）。鸡尾酒会采取立食的形式，出席者可自由走动、交谈，自行选取食物和饮料。一个丰盛的鸡尾酒会应包括几十种不同滋味的酒和饮料，下酒的食品往往有乳酪、馅饼、炸土豆条等，一般以成品食品为主。整个酒会气氛和谐、欢愉、轻松。鸡尾酒会多为庆祝各种节日、欢迎代表团访问以及各种开幕、闭幕典礼等社交活动所采用。

2. 鸡尾酒会的服务程序

（1）根据主办人的要求做好设计、布景工作。

（2）准备好小餐台，把小餐台摆放在餐厅四周，餐台上铺台布，放置花瓶、餐巾纸、烟灰缸、牙签盅等物品，少量椅子靠边放置。

（3）根据酒会通知单备足备齐各类酒品和饮料，布置好临时台。

（4）做好布置食品台的工作。将足够数量（一般是到席人的3倍数量）的甜品碟、餐叉、小匙放在食品台的一端或两端，食品台中间陈列小吃、菜肴。

（5）酒会开始前几分钟，服务员端托着装有酒水的托盘，站在宴会厅入口处，准备欢迎宾客并送上迎宾酒。

（6）各种酒品、饮料由服务员托送，自始至终在宾客中巡回。由宾客自己选择托盘上的酒水或另外点订其他酒水。

（7）当宾主祝酒时，托送酒水要及时。

（8）负责菜点的服务员要保证有足够数量的餐碟、餐叉、匙，帮助老年宾客取食，及时添加点心等。

（9）酒会开始后，陆续上各种热菜热点，要随时注意撤回空碟。

（10）酒会结束时，服务员应热情礼貌地欢送宾客，并欢迎宾客再次光临。

（二）冷餐酒会

1. 冷餐酒会的特点

冷餐酒会即用冷菜和酒水、点心、水果招待客人的宴会，是西方国家较为流行的一种宴会形式。目前我国也正在兴起。冷餐会一般不设座位，只设菜台，餐具分组摆在菜台上面，由客人随意取用。酒会进行中，宾主可自由走动，互相敬酒，自由交谈，服务员在宴会开始后，只负责斟酒、撤餐具和酒具。冷餐会的布置、陈设讲究烘托气氛，菜式力求丰盛，菜的色泽、荤素、甜咸及菜盘的颜色、种类都要交叉协调摆放，讲究桌面摆设的艺术性。

2. 冷餐酒会的准备工作

（1）按照要求摆设食品台、酒台、点心台及服务台，铺好台布，围好台裙。

（2）根据菜单备足各类餐具、用具。

（3）冷餐会开始前20～30分钟将冷菜、热菜、甜品、水果酒、饮品等分类上台摆放好，热菜要注意保温。

（4）各种菜肴摆放好，要注意荤、素搭配摆好，盘与盘距离均等，并备足公用匙、叉等。

（5）服务员做好上述工作后，站在服务位置上，准备迎接宾客。

3. 冷餐酒会的服务程序

（1）客人抵达餐厅时，迎宾员要站在餐厅门口迎接客人。

（2）酒水服务员要迅速给客人送酒或饮品。

（3）调酒员要迅速调好鸡尾酒，当客人到酒吧取酒或其他饮品时，要礼貌地询问客人的需要。

（4）服务员要在餐厅里勤巡视，主动为客人服务。若客人互相祝酒，要主动为客人送酒。

（5）客人取食品时，要给客人送餐碟。食品台要有专人服务，随时添加菜肴，并检查食品温度。

(6) 在宾客进餐过程中，服务员除了给宾客送酒、饮品外，还要负责收拾空杯碟，注意食品台、餐台的整洁。

(7) 冷餐会即将结束时，要清点客人所用的酒水及餐费等，累计总数，为结账做好准备。

(8) 冷餐会结束后，厨师负责将余下的菜点全部撤回厨房，服务员及时清理餐台、食品台，将用过的餐具、物品送洗涤间。

(9) 搞好清洁卫生，恢复餐厅原有的陈设和布局。

(三) 茶话会

茶话会是一种简便的招待形式，多为社会团体或单位举行纪念或庆祝活动所采用。茶话会主要以品茶、尝点为主，不排座次，但在入座时则有意识地将主宾和主人安排在一起，其他人则随意入座，客人来去自由，可在会客厅、餐厅进行。

中国宴会发展的十大趋势

1. 营养化。人们喜欢食用既有吸引力，又富有营养、低胆固醇、低脂肪、低盐的食物。

2. 卫生化。分餐制成为一种科学的进食方式。

3. 节俭化。现代宴会菜点设计要去除传统的弊端，力戒追求排场，转而讲究实惠，本着去繁就简、节约时间、量少精作几条原则来设计制作宴会菜点。

4. 精致化。新式宴会设计越来越注重菜肴口味与质地的精益求精，重视筵席气氛。

5. 特色化。宴会菜单，既安排有乡土菜，又穿插有西式菜肴或东南亚风味；既有传统菜，又有改良菜。不同风格的菜肴组合成一桌宴会。

6. 多样化。即宴会的形式会因人、因时、因地而宜，显现需求的多样化。如外卖宴会。

7. 美境化。主要是指宴会厅的选用、场面气氛的控制、时间节奏的掌握、空间布局的安排、餐桌的摆放、台面的布置、花台的设计、环境的装点、服务员的服饰、餐具的配套、菜肴的搭配等都要紧紧围绕宴会主题来进行。

8. 食趣化。现代的宴会在进食时播放音乐、观看舞蹈表演或跳舞已成为常事，盛大宴会上有时还边吃喝边看歌舞表演节目。

9. 快速化。通过控制和掌握宴会的时间，使宴会不冗长拖沓，做到内容丰富、节奏紧凑、中心突出，大力推行食品适量、品种适可、时间适当的宴会安排。

10. 国际化。烹饪文化的国际交流会给中国烹饪文化的发展带来新的活力。

资料来源：http://www.ctnews.com.cn。

第三节　西餐服务基本程序和方法

服务程序贯穿了从客人到达至离开餐厅的每个服务环节，服务程序也因每个餐厅要求的不同而存在着很多区别。服务的连贯性决定了服务员应注意工作中的每一项细节，以保证服务工作的顺畅，从而更好地满足每个客人的不同需求。

一、西餐服务概述

西餐服务的程序涉及很多细节，如冰水是否不需要客人叫就自动上桌；是否提供热、冷毛巾；食品服务及饮料服务如何衔接（红酒可由专门服务员负责），等等。

如果有几桌客人同时进餐厅用餐而这时又只有一位服务员在区域服务，那就必须很小心地区别每桌客人的需求，灵活调整服务程序，以保证整个服务过程的顺畅。

任何一种服务都是以顾客满意为目标。但相对于中餐服务来讲，西餐服务在服务的过程中更体现了服务与食物产品间的紧密联系。在西餐服务中，服务人员大多是半个厨师，而且西餐厨师往往会走到前台为客人提供更为专业化的服务。

（一）西餐服务类别

1. 餐桌式服务

餐桌式服务是传统的西餐服务形式，即顾客坐在餐桌旁，等待服务员到餐桌进行点菜、上菜、斟酒等服务。这种服务方式适合于传统的西餐厅和咖啡厅。

对于顾客而言，顾客享受餐桌式服务必须有充足的时间，同时顾客要付相应的服务费。餐桌式服务的目标顾客群体包括：政府及商业机构的答谢、欢迎和欢送会；个人和家庭的宴请，等等。

2. 自助式服务

自助式服务是服务员和厨师把准备好的和制作好的菜肴摆在餐台上，顾客到餐台前自己动手选择符合自己口味的菜点，然后拿到餐桌上用餐的服务方式。

对于服务人员而言，餐前的准备工作很重要，在客人用餐的过程中，撤换餐具的工作很频繁。自助式服务适用于大型宴会。

（二）西餐服务方式

1. 美式服务

美式服务（American service）又称盘式服务方式（plate service）。美式服务方式是将客人的菜点在厨房拼好盘，放在一个中号餐盘内，然后用托盘送到客人餐桌。服务员将菜点和主食用其左手从客人的左侧送上，而酒水饮料要用右手从客人右侧送上。

美式服务的优点是：

（1）菜点质量标准以主厨指导为准，易控制。

（2）服务是连贯的，其原因是主厨和一位服务员控制菜点质量和服务。

（3）快捷、方便。

美式服务的缺点是：

（1）美式服务不像其他服务方式那样显得壮观、富有宴席气氛。

（2）美式服务很难满足客人要求的具体菜量、菜码。

2. 法式服务

法式服务（French service）又称餐车服务（cart service）。一般来讲，法式餐厅为高级豪华餐厅，四星及五星级饭店通常会设法式餐厅，法式服务是非常高级的西餐服务方式。其具体服务方式是服务员将菜点、主菜用右手从客人右侧送上；面包、奶油或是沙拉要用左手从客人左侧送上，并要放在客人餐桌左边。

法式服务通常具有以下特点：

（1）法式餐厅要求豪华、宽敞，一般在450平方米以上；餐厅席位少于150个通常不使用法式服务。

（2）法式服务要使用豪华银具、银盘，同时至少有两位服务人员为一个餐桌的客人提供服务。

（3）客人可以直观点菜，餐厅服务人员也可以在餐桌旁直接销售和服务。

（4）法式服务是由主厨负责为客人点菜、烹饪、收银结账，半成品是在厨房内制成。主厨会在餐桌旁进行烹饪。

3. 俄式服务

俄式服务（Russian service）又称银盘式服务（platter service）。许多国际饭店餐厅都使用俄式服务，特别是宴会常使用豪华的俄式服务。俄式服务是服务员用左手控制好平衡，然后用右手紧握叉和勺为客人分菜，通常是以逆时针方向进行。

俄式服务的特点：

（1）以团队服务为主，一位服务员传递主菜，另一位服务员专门传递素锦菜；他们分别站在厨房成两行，然后各自服务菜点并跑菜送到餐厅。

（2）菜点到桌后要负责为客人分菜，一般分菜要循环两次。

（3）俄式服务方式多用于宴会，以显示壮观、豪华。

4. 英式服务

英式服务（English service）又称家庭式服务（family service）。英式服务中宾客的一切点菜、餐食均服务到桌，然后客人自行分享。相对来讲，服务员不需要具备在法式服务中的高超服务技巧，但是服务员要及时清桌和快速重新摆台。英式服务为家庭服务方式，方便客人，具有聚餐的气氛。

英式服务的优点：

（1）英式服务不受饭店餐厅规模的限制，任何餐厅均可采用英式服务。

（2）餐厅经营翻台相对较快，这样有利于提高饭店的餐饮收入。

（3）英式服务具有家庭节日聚餐气氛，因此颇受宾客欢迎。

英式服务方式的不足之处是，不容易控制菜的分量，这样会影响菜点质量，进而影响餐厅的经济效益。

5. 自助餐服务

自助餐服务（buffets service）是指，宾客的一切菜点，如牛排、火腿、鱼类等均放在一个长形餐台上或方桌上，由客人自选就餐的服务方式。

自助餐服务的特点：

（1）自助餐服务多数场合下都用于大型团队，时间短，就餐快；有时节日庆祝活动及大型宴会也使用自助餐服务方式，这种形式非常受客人欢迎。

（2）餐厅采用自助餐服务方式，费用较高，但是它的边际贡献率也高，即其营业收入减去食品成本总费用所获得的利润高于其他服务方式。

（3）一般是 75 人使用一个长形餐台，180 人要使用两个长形餐台，这样做会方便客人。

（4）在自助餐服务中，菜点摆放顺序是：沙拉→凉食→热菜→菜点（肉食类）→鸡鸭菜肴→鱼类及海鲜→其他主菜。每类菜点所需的调味品或佐料均放在每个菜点的旁边。

自助餐服务的程序：

（1）按自助餐要求，摆放好自助餐的食品台和餐台，并按照菜单准备好各类餐具和用具。

（2）食品台要用台裙围边，台面上放置各种装饰用鲜花、各种雕刻或其他艺术品，准备好各种盛放热菜的保温锅等。

（3）按照从冷到热、从素到荤或从淡色到浓色的原则将菜肴分类摆放，并在食品台前端的位置摆放餐碟及其他就餐用具。

（4）向客人推荐食品并帮客人拿取、分送食品。

（5）客人取一轮食品后，要及时增补食品或整理好盘里零乱的食品，保持食品的外形美观。

（6）客人到食品台取食物时要给客人递碟，热诚地为宾客服务。餐台上的空碟、饮料杯要及时撤走。

（7）在客人用餐过程中，要勤巡视，细心观察，如客人要吸烟，要为客人点火，烟灰缸里有两个烟头就要撤换，保持台面的清洁。

（8）客人用餐完毕要求结账时，要尽快为客人结账。

（9）营业结束后要收拾好食品台、酒吧及餐台上的餐具，搞好清洁卫生，保持餐厅的整洁美观，待主管或领班检查后方可离开。

（10）检查客人有无遗留物品，烟火是否都已熄灭，关闭电源，关好门窗。

6. 送餐服务

送餐服务（room service）是指客人在自己的客房内点菜用餐。一般要求服务要快捷、礼貌；热点、凉菜以及饮料均保持适宜的温度。

送餐服务人员及其服务流程：

（1）送餐服务订餐员：负责接受客人的电话订餐，将客人订的菜单送至厨房，并负责结账事宜。

（2）送餐服务员：负责将客人预订的食物从厨房用餐车送到客人所下榻的客房，保证客人按时用餐。

（3）送餐服务清桌员：客人用餐后，负责将客人的客房内用餐餐车及需要洗涤的餐具送回厨房洗涤间。

（4）送餐服务部的领班或主管：负责协调送餐服务和 VIP 的客房用餐。

二、西餐早餐服务

表 3—9 为西餐早餐摆台服务程序与标准；表 3—10 为西餐早餐服务程序与标准。

表 3—9　西餐早餐摆台服务程序与标准

程　序	标　　准
铺台布	1. 先将餐椅围着餐桌摆好，椅的前沿刚好与台布的下垂面接触。 2. 摆在同一边的椅子成一条直线，椅子间的距离均等。
摆餐巾花	将餐巾折成统一的花型，摆放在席位正中。
摆餐具	1. 先在垫盘的右侧摆上餐刀，刀刃向左。 2. 在垫盘的右侧摆上餐叉，叉齿朝上。
其他	将烛台或者花瓶、台号、糖盅、胡椒粉等集中摆放在餐桌的中心线上。

表 3—10　西餐早餐服务程序与标准

程　序	标　　准
迎宾	迎宾员站立于餐厅门口，面带微笑。见到客人主动问候，并询问客人人数。
引领	在客人左前方约 1 米处，引领客人到达其喜欢的餐桌。
确认	走到餐台前要确认客人是否喜欢你为他选择的位置。如客人有异议，可让其自选。
拉椅	迎宾员负责为客人拉椅让座，并为客人打开餐巾。这时值台员应主动上前协助。
斟倒咖啡或茶	1. 询问客人需要咖啡还是红茶。 2. 迅速将鲜奶油摆好，并站在客人右侧斟倒咖啡或茶。 3. 咖啡斟倒以八分满为宜。
点菜	1. 服务员为客人点菜，应站在客人的右边，先女士后男士。 2. 客人点菜时，服务员要细心倾听，要记录下客人所点的所有菜肴，不清楚的地方，要及时向客人询问。 3. 要重复客人所点的菜肴。
上菜	1. 客人点菜完毕后，要将点菜单迅速送往厨房。 2. 上菜时要注意节奏，不要太快，也不要太慢。
席间服务	1. 及时更换餐具，添咖啡。 2. 询问客人对菜式的意见。 3. 撤换餐具时要注意安全，不要有餐具碰撞的声音。 4. 及时更换烟灰缸。
结账	1. 在客人用餐期间，如发现客人没有其他需要，可将账单准备好。 2. 结账时，要用账单夹或银质托盘。 3. 结账时，要告诉客人找的零钱数。 4. 客人如要签单，则要礼貌询问，以免出现失误。
送别	1. 客人离座时，服务员应主动上前拉椅。 2. 询问客人有无遗留物品。 3. 对客人的光临表示感谢。

三、西餐正餐服务

西餐的正餐一般指午餐和晚餐，而西餐的早餐是不能被称为正餐的。相对于早餐来说，西餐的正餐要求服务更精细，服务标准也更高。

西餐正餐服务程序与标准见表 3—11。

表 3—11　　西餐正餐服务程序与标准

程　序	标　　准
迎宾	迎宾员面带微笑，主动问候客人。
引客人入座	1. 顾客入座后，迎宾员点燃蜡烛。 2. 值台员为客人打开餐巾，斟倒矿泉水，有时水里会放入几片柠檬。 3. 餐厅经理、领班或侍酒员到客人面前推销酒水。
点菜	1. 从顾客的右边递送菜单，并为客人介绍当日特色菜肴。例如：“女士们、先生们，晚上好，耽搁您一会儿时间，为您介绍一些今天的特色菜，相信您会喜欢的。” 2. 客人点菜，服务员应站在客人的右边，先女士后男士。 3. 客人点菜时，服务员要细心倾听，要记录下客人所点的所有菜肴，如有不清楚的，要及时向顾客询问。 4. 最后要重复客人所点的菜肴。 5. 离开客人的桌位时，要说“谢谢您”。 6. 将菜单分送至厨房、备餐间、收银处。
餐前服务	1. 侍酒员在顾客右手边上饮品，并介绍饮品的名称。 2. 值台员从顾客左手边上黄油，放在面包盘的上方，同时将面包篮放在顾客左手边，且比较方便取拿的位置。 3. 值台员根据客人所点菜单的要求，摆好适当的餐具（如：客人点鱼，要放好鱼叉、鱼刀）。 4. 值台员根据需要准备好烹调车、服务用具、调味品等。
酒水服务	1. 侍酒员从客人的右手边递上酒单，并根据客人需要和客人所点菜肴推荐佐餐酒。 2. 如顾客已预订，则在顾客未到前摆放好红酒杯、白酒杯。 3. 最好红酒用酒架或酒篮，白葡萄酒需要用冰桶冷藏，并用餐巾包裹好。 4. 在开瓶前，应示酒，并在开启后，将酒瓶的瓶口擦拭干净。有的西餐厅还将瓶塞递给客人鉴赏。 5. 从客人的右手边斟酒。先为主人斟倒少许酒品尝，待主人认可后，再给其他客人斟酒。 6. 斟酒顺序是：先女士后男士。 7. 斟酒量为 2/3。 8. 斟倒完酒水后，要将酒瓶放于适当位置，商标朝向主人。侍酒员要对客人说：“请您慢用。”
上菜	1. 上菜顺序是：开胃菜、汤、沙拉、主菜、甜菜。 2. 上菜时，重复客人所点菜肴的名称。 3. 上主菜时，应同时将所有菜盘的盖子揭开。
席间服务	1. 注意客人杯里的酒水，及时斟倒；如酒瓶已空，侍酒员应主动推销酒水。 2. 勤向水杯里倒冰水。 3. 注意客人面包盘里的黄油不能少于 1/3。 4. 烟灰缸里不能有两个以上的烟头。 5. 如客人将刀叉合拢平放在餐盘上，即可撤掉该餐具。撤餐具时按顺时针的方向，先女士后男士，从客人左侧撤掉餐具。餐具要一个一个地放在托盘内，不可胡乱摆放。 6. 在撤下主菜上甜品和水果之前，用一块干净的餐巾将桌上的面包屑及其他杂物扫净，保留烛台、水杯、饮料杯、烟灰缸、花瓶、蜡烛。 7. 有时客人点菜往往只点主菜，服务人员应根据情况，主动推销，并配备好餐具。 8. 适当地询问客人对菜肴质量和服务质量的建议。

续前表

程　序	标　准
结账	1. 在客人用餐期间，如发现客人没有其他需要，可将账单准备好。 2. 结账时，要用账单夹或银质托盘。 3. 结账时，要告诉客人找回的零钱数。 4. 顾客如要签单，则要礼貌询问，以免出现失误。
送别	1. 客人离座时，服务员应主动上前拉椅。 2. 询问客人有无遗留物品。 3. 对顾客的光临表示感谢。
收台	1. 按照餐厅撤台标准程序清理台面。 2. 餐椅摆放整齐，更换台布，重新摆台。

四、西餐宴会服务

西餐宴会与中餐宴会大不相同，不仅是菜肴不同，更重要的是由于饮食文化的不同，带来了诸多方面的不同。如席位安排的不同、台面设计的不同、服务方式的不同、酒水使用的不同等。

（一）西餐宴会预订

西餐宴会的预订一般由餐厅经理或销售人员负责。宴会预订的通讯联系与中餐宴会相同。一般预订宴会的客户要预付10%的定金，其余费用要等到宴会结束时再一次性付清。如客户要取消预订应提前 30 天、15 天、7 天或者 1 天通知饭店取消事宜，饭店宴会部的销售人员也应与客户保持联系，以便及时了解客人的需求变化。

（二）西餐宴会准备

（1）掌握宴会的时间、地点、人数、费用、菜肴、酒水、设施、宴会的名称、宴会的布置、宴会预订单位的名称等具体内容。

（2）布置宴会会场。注意要调试好音响等设施，并检查灯具有无损坏。

（3）分派服务人员。根据宴会的规格配备相应的服务人员，规格越高，服务人员的人数应越多。如高档宴会每 10 人配备 2 名值台人员、1 名传菜员。

（4）服务员摆台前应洗手，保持餐具光亮，无破损。注意餐具的拿取方法。

（5）摆台。摆台的顺序是：铺台布，摆餐椅，摆装饰盘、餐刀、餐叉、甜品叉、甜品匙、面包盘、黄油刀、水杯、红酒杯、白酒杯、餐巾花、调味架、牙签盅、花篮、烛台、菜单。

（6）对于大型宴会，在客人到达前 5 分钟应斟好冰水或矿泉水，将黄油和面包放在面包盘上。

（7）对宴会前的准备工作进行一次检查，并检查服务人员的仪表、仪容。

（三）西餐宴会的席位安排

在西餐宴会中，席位的安排非常重要。在大多数情况下，西餐宴会席位的排列主要是位次问题。除了极其盛大的宴会，一般不涉及桌次。下面我们以长桌为例来介绍西餐宴会中席位的排列。

最正规且经常使用的西餐桌是长桌，在长桌上排席位，一般有下列三种情况：

（1）男女主人在长桌的中央相对而坐，如图 3—5 所示。这种安排方法可以使谈话者集中在一个区域，但注意不要把客人安排在末端，最好安排陪同人员坐在末端。

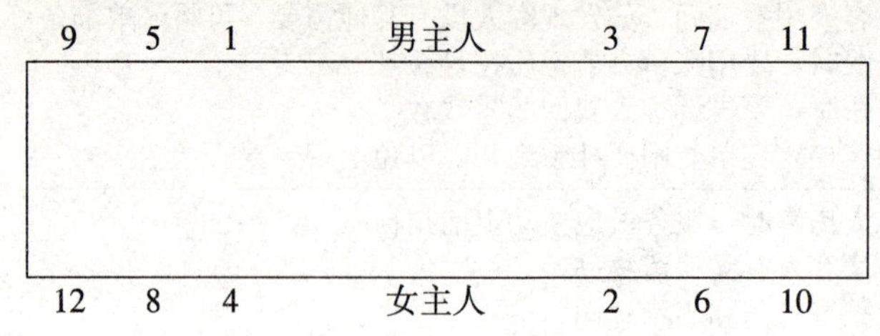

图 3—5 西餐宴会席位安排示例一

（2）男女主人分别坐在长桌的两端，如图 3—6 所示。这种安排方法可避免客人坐在末端，同时也可提供两个谈话中心。

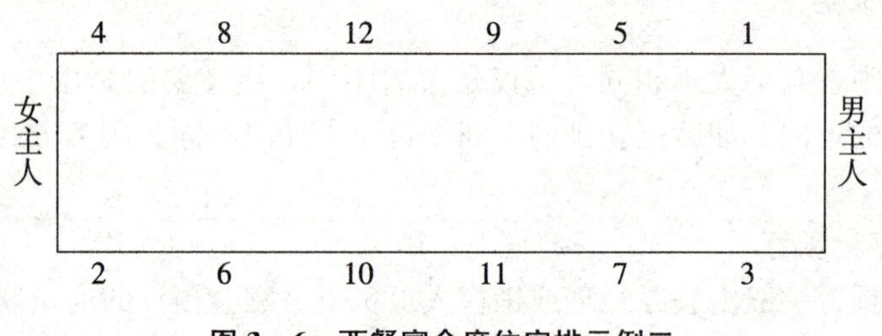

图 3—6 西餐宴会席位安排示例二

（3）用餐人数较多时，可以把长桌拼成不同形状，以使大家能一起用餐，如图 3—7 所示。

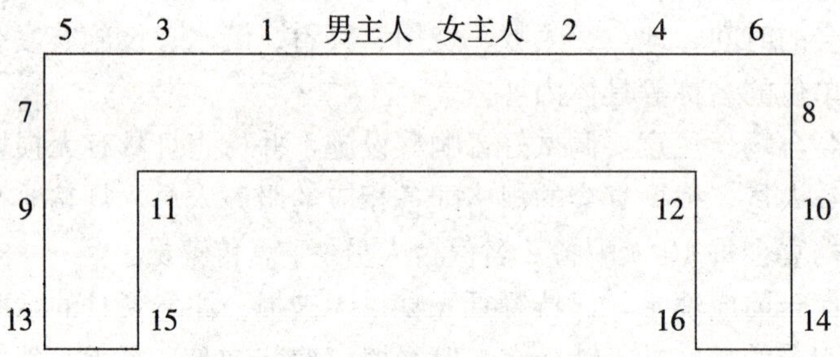

图 3—7 西餐宴会席位安排示例三

（四）西餐宴会的服务程序与标准

西餐宴会服务程序与标准见表 3—12。

表 3—12 西餐宴会服务程序与标准

程 序	标 准
迎宾	1. 客人到达时，服务人员应列队欢迎。 2. 为客人提供寄存衣物的服务。 3. 在大型宴会中，服务员应将客人先引至休息室做短暂休息，并送上饮品。 4. 当主人示意可以入座时，引领客人入席。

续前表

程 序	标 准
引客人入座	1. 为客人拉椅让座，顺序为女士、重要的男士、行动不便的客人，再一般男士。为客人打开餐巾。 2. 用托盘将饮料端托至客人面前，并为客人一一介绍，请客人选择，然后为客人斟倒。
上菜	1. 按上菜顺序上菜。 2. 上开胃菜时，斟倒白葡萄酒，当客人用完开胃菜时可撤盘，从主宾开始或女士的位置开始。 3. 从客人的右边上汤，上汤的顺序是先女宾后男宾，以后各道菜均是如此。 4. 上海鲜类菜肴时，要先将汤盘撤掉，并为客人斟倒白葡萄酒。 5. 上大菜时，要先为客人斟倒红葡萄酒。 6. 吃热点心的餐具一般用点心匙和中叉，水果用茶匙，冰激凌用专用的冰激凌匙。 7. 客人用完每道菜后，应撤去用过的餐具；及时添加冰水、更换烟灰缸。
咖啡	1. 很多西餐宴会是在餐后才用咖啡。如果客人喜欢在用餐时喝咖啡，可根据情况由客人自主决定。 2. 注意观察客人的咖啡杯，随时为客人斟倒咖啡。
宴会结束服务	1. 为客人拉椅，热情欢送并欢迎下次光临。 2. 客人离开后，应检查客人有无遗留物品。 3. 整理餐厅，关好宴会厅的大门，关好灯、空调、电源。

（五）西餐宴会的现场指导

根据宴会的规模和规格，西餐宴会要配备不同人数的现场督导人员。他们负责后厨与前台的沟通和协调，控制上菜的节奏；现场督导服务质量；及时处理客人的意见和建议。

（六）西餐宴会服务的注意事项

（1）熟练掌握什么情况下才可以撤换餐具。撤换餐具时，一次不能过多；不能叠压；不能声音过大；撤下的餐具要马上送洗涤间。

（2）服务员说话声音不能过大，动作不能有声音，注意举止。

（3）背景音乐要柔和，如有歌舞表演，更要注意音响设备。

宴会的来历

在中世纪的大型聚餐活动中，座位安排是很严格的，封建领主和他的夫人坐在房间一端高出的台子上，他们的孩子和亲属坐在可移动长椅上，宴会“Banquet”一词就来源于法语“banc”（长椅）一词。侍者们站在富人夫妇的椅子后面以确保食品没有被投毒。中世纪和罗马时期的宴会上没有足够的勺子，就餐者用他们的手指或者短的、带尖的匕首把食品送入口中。那时也还没有叉子、餐巾和摆台之说。

资料来源：[美] 斯特恩斯著：《餐厅与宴会管理》，北京，高等教育出版社，2005。

本章小结

一个优秀的组织必须是一个运作规范、富有竞争力的组织。在餐饮组织服务与管理过程中，为了实现“一条龙”和“一站式”服务，标准化、规范化、程序化的工作流程是基本的保证。

本章就是从餐厅的各个组织——各式零点餐厅、各式宴会餐厅的服务程序入手，介绍了中餐的零点餐厅及团体餐的服务程序和服务标准，同时也对西餐的早餐服务、正餐服务、宴会服务的程序和标准进行了介绍。

规范的服务程序是为客人提供各种个性化服务的基础，只有在标准化、程序化、规范化上下工夫，才能提供真正令顾客满意的服务。

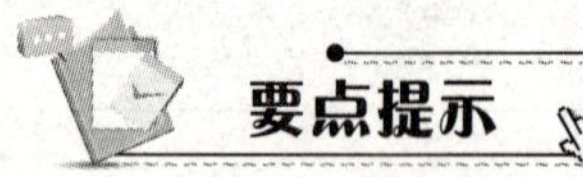

要点提示

1. 餐饮服务基本流程。

2. 中餐服务基本程序和方法：中餐零点餐厅服务、团体餐服务、中餐宴会服务，以及鸡尾酒会、冷餐酒会、茶话会服务。

3. 西餐服务基本流程和方法：西餐服务类别、西餐服务方式、西餐早餐服务、西餐正餐服务、西餐宴会服务。

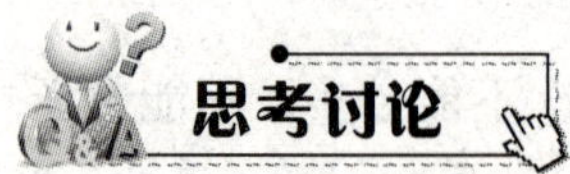

思考讨论

1. 中餐宴会服务流程与中餐零点餐厅服务流程的区别是什么？

2. 中餐服务流程如何实现流程再造？

3. 西餐服务方式对西餐服务流程有哪些影响？

任务训练

● 任务名称

特色餐厅零点服务流程再造

● 任务目的

1. 掌握餐厅服务的基本流程。

2. 了解餐厅服务流程中存在的问题，并能够对不合理的服务流程进行重新设计。

● 任务训练要求

1. 选择本地一家特色餐饮企业或者三星级以上的饭店的特色餐厅作为案例背景调查。

2. 对选取的案例背景的服务流程进行调研，梳理。

3. 针对案例背景的服务流程进行流程再造、修改，设计出新的服务流程图，以小组为单位上交工作结果，工作结果以 PPT 的方式进行展示。

4. 每组派一名代表陈述任务结果。

● 任务训练方法

1. 小组训练法。将学生分成若干小组，每组成员 5～6 人。每组设组长一名，任务由组长协调组员共同完成。

2. 调研法。

● 任务评价

项目	标准	满分	得分
科学性	服务流程设计科学、简洁，不冗长，利于管理，便于沟通	40	
合理性	服务流程设计合理，符合客人就餐的程序	30	
特点突出	与餐厅经营特点和菜肴特色配合得当	30	
合计	100		

第四章

餐饮成本管理

学习目标

学完本章，你应该掌握：

1. 餐饮采购的运作程序和质量控制方法；
2. 采购的方法；
3. 验收操作程序；
4. 库存管理的程序和方法；
5. 餐饮成本构成及管理、控制方法。

导入案例

杭州市区近几年如雨后春笋般冒出了众多中高档大型餐馆，又新开了几十家中高档酒店，使得杭州餐饮市场的竞争异常激烈。杭州城区有一家多年前开业的四星级酒店，一直由一家外国著名管理公司管理，总经理由外方担任，但每位总经理的任期最长也不超过2年。酒店处于黄金地段，地理位置绝佳，开业后生意一直不错，但由于近几年周边新建了多家三星级以上酒店，而且又出现了几家面积达万余平方米、装饰豪华的大型高档餐馆，以及多家面积虽小却很有特色的小餐馆，因而不仅非住店客人到酒店餐厅用餐数量大为减少，而且住店客人也纷纷外出就餐，酒店餐饮经营日渐冷落。为了扭转不利局面，酒店高层领导要求管理人员更新观念，在严格执行原来先进管理规范的基础上，强化成本管理。酒店引入了“零库存”的理念，重新制定了部门考核制度，对餐饮部根据成本、卫生、质量、进度等指标每月进行考核。对连续3个月完不成任务，即使工作勤勤恳恳、加班加

点、任劳任怨，所谓“无功劳有苦劳”者亦要免职。

由于在指标体系上成本排在首位，并且考虑到领班是现场管理者，餐饮部经理把现场降低、控制成本的责任放到领班一级，与领班的考核挂钩。领班们从以下几方面考虑制定了具体方法和措施，并反复向员工强调：

1. 具体、严格地规定了各区域灯的开关时间，及时关闭不需要的灯。水能少用就少用，能重复用就重复用。

2. 严格控制一次性物品的使用量，能延长使用的尽量延长使用。

3. 能再次使用的物品一律回收利用。

这些方法和措施实施后，餐饮部成本确实控制在了允许的范围内，但出乎意料的是，酒店总体成本并未有明显的下降，而客人的投诉却大大增加。如某晚7点多有9人到餐厅包间就餐，想为一位老者庆祝60岁生日。到9点半此包间的客人还没有走的意思，此时其他用餐的客人均已离去，规定的关灯时间到了，为了催促客人，服务员想出了假装停电的招数，结果使客人大为不满，投诉到大堂副理处，酒店只能道歉外加打折、送蛋糕。

这个案例中所反映的是正确的成本管理方法吗？如果不是，问题又出在哪里呢？

餐饮食品采购供应管理是餐饮管理的首要环节。采购供应管理的好坏，直接影响厨房生产、产品质量、餐饮成本消耗和经济效益。本章主要研究餐饮采购、验收、库存管理以及餐饮成本控制的程序和方法。

第一节 采购管理

采购是食品原料成本控制的重点。原料成本的发生和损耗，往往是从原料采购开始的。原料的采购是餐厅为客人提供菜单上各种菜品的重要保证。食品原料的质量好，才能保证客人吃到口味佳美的菜肴。食品原料的采购数量合理、价格优惠，会降低餐饮成本。所以，做好采购的控制工作，是控制原料成本的第一步。

一、采购人员

采购的主要功能是以最合理的价格购买符合具体用途的最好质量的原料。采购人员在整个采购过程中，扮演着决定者、执行者、监督者、管理者等多种角色，他的行为合宜与否直接关系到整个采购系统运作的成败和餐饮成本的高低。表4—1为采购员的工作手册示例。

一个好的采购人员可为餐饮企业节约5%的餐饮成本。采购人员应具备的基本素质如下：

(1) 有强烈的事业心和责任感。

(2) 有丰富的产品知识。善于辨认、鉴别和检验各种食品原料的质量、规格和产地，掌握市场行情，知道什么季节购买什么产品，了解产品的存放时间，这样才能采购价格合

表 4—1　　采购员工作手册

用品种类：

联系人：　　　　地址：　　　　电话：

用品名称				
报　价				
成交价				
其　他				

理、质量优良的食品原材料。

(3) 有较强的社交活动能力。采购人员要经常和各批发商及零售商有业务往来，只有头脑灵活、反应机敏，才能适应客户单位多、货源渠道广泛、采购价格灵活多变、供货方式各不相同的特点，保证适用、适销、适时、适量地做好采购供应工作。

(4) 有一定的政策水平和法律知识。要遵守国家政策，正确执行经济合同，遵守野生动物保护法、食品卫生法，遵守企业有关采购管理的各项规章制度，懂得法律程序和有关规定，这样才能维护企业的经济利益，完成采购任务。

(5) 廉洁奉公，不谋私利。采购工作中，要以公心抵制不正之风，杜绝私收回扣、礼品、小费等现象发生，不因小利而忘义。如发现有舞弊行为的采购员应立即调离岗位，并对其进行教育和处理。

业余兼职物价采集员协助降低采购成本

华东某市一大酒店进行了物资采购制度的改革。随着这项改革的深入发展，在总经理室的提议下，由工会牵头，成立了一支业余兼职物价采集员队伍。这支队伍通过一年多卓有成效的工作，对酒店采购的物资价格实施了有力的监督和指导，有效协助了酒店财务部门控制采购资金的支出，降低了酒店物资采购成本和价格，为酒店降本增效和利润目标的实现发挥了较大的作用。

酒店兼职物价采集员队伍由 10 名员工组成。设有正、副组长各 1 名，组长由工会副主席担任。成员都来自基层，采取自愿报名和聘请方式决定人选。

业余兼职物价采集员的主要任务是对酒店已采购的同规格、同质量的物资的价格进行广泛的市场调查，做出直观类比，鉴别酒店已采购物资价格的高低，达到价格监督和指导的要求。

资料来源：陈觉、何贤满编著：《餐馆管理经典案例及点评》，139 页，沈阳，辽宁科学技术出版社，2003。

二、采购部的组织形式

当前，我国饭店中负责食品采购的组织主要有饭店采购部和餐饮采购部。饭店采购部

是在全店统一设立采购部，属于二级部，通常由饭店财务部领导。其采购制度比较规范，采购成本、采购资金的管理也比较严密，但采购资金周转慢。因此要求餐饮部的有关管理人员必须对食品原料的质量做出规范化要求，对采购运作时间予以明确规定，以保证供需协调一致。这种组织形式多见于独资、合资及规模较大的饭店企业。

餐饮部门采购组织形式为分部管理方式。食品原材料和酒水、饮料的采购、储藏、管理均由餐饮部门负责。其组织形式各有不同，一般规模较小。一些小型饭店和涉外餐馆组织只需 3～5 人即可。

有些饭店采取分头采购的方法，即餐饮部负责鲜活物品的采购，采购部负责可贮存物品的采购。这种采购组织机制比较灵活，国内已有少数饭店运用这种机制进行采购工作。其弊端就是多头采购，给管理、协调带来了不少麻烦。

食品采购采用哪种组织形式，需要根据饭店等级规格、规模大小、采购业务工作量等实际需要确定。

三、采购的特点

（一）多样性

要维持一个大中型餐厅每天正常的运转，每天大约需要上百种原料，包括新鲜的蔬菜、鲜活的海鲜与河鲜、新鲜的肉类禽类、各种调味品、干货、粮油米面等，原料范围非常广泛。少至几十克的香菜，大至万余元的燕窝，诸如此类，不一而足。

（二）多变性

原料来源不同，供应渠道不同，季节不同，质量自然也不相同；菜肴品种质量要求不同，对原料质量的要求也自然不同，同时还要受到天气、供货渠道、销售状况的影响，每天原料的质量和数量也会不同。

（三）时间性

大部分的鲜活原料采购回来都要进行加工预处理，因此存在着原料到位、加工时间与出品要求的协调问题，所以对鲜活原料的采购有明显的时间要求。一般要求在上午 10 点前要完成大部分鲜活原料的采购，如下午需要补货的话，要求在下午 4 点前补回，否则就会影响到出品要求。

（四）技术性

原料千差万别，质量也参差不齐，要在采购中做出正确、客观的判断，没有相关的知识是不行的，这就是原料采购的技术表现。作为一名合格的采购人员，必须对原料有足够的认识，要懂得怎样去判断原料质量的好坏，懂得怎样判断原料的产地和特征，不然的话会制造麻烦，甚至会损害餐厅的经济利益。

（五）突发性

餐厅每天来就餐的顾客数量不定，要求不同，尽管采购人员根据餐厅的实际情况可以预测大部分原料计划的可行性，但毕竟还是存在着不可控因素，还是存在着变数。例如，上午突然有顾客订一席高档宴会，恰好厨房没有某种原料，采购员就必须想办法应急采购。

四、采购的原则

（一）合适的商品

要提供质量始终如一的餐饮成品，就必须使用质量如一的食品原料。制定食品原料采购规格标准，是保证餐饮成品质量的有效措施。采购规格标准是根据饭店的需要，对所要采购的各种原料做出详细具体的规定，如原料产地、等级、性能、大小、个数、色泽、包装要求等，必要时可使用图片或照片。

（二）适当的价格

进货价格的高低，实质上决定了原料成本的高低，是原料成本结构中的一个重要因素。所谓适当的价格，就是指用进货价来协调原料质量、数量、付款方式、采购方式之间的关系，或者使这四者之间达到某种平衡。

（三）最佳的品质

原料品质的好坏直接影响到烹调的成本和出品的质量，这在餐饮行业中已达成共识。所谓最佳的品质有三个含义：一是指原料品质应符合品种质量的设计要求。二是指原料品质应符合烹调过程的要求，相对来说，电气化程度越高，对原料品质的要求也就越高，其原料成本也会随着提高。三是原料品质应符合烹调工艺、流程的要求。

（四）合理的数量

一般来说，进货数量不够，会造成缺货，影响烹调运作；进货数量大，会造成进货成本低，同时也会带来存货成本的增加。所以，合理的数量一方面能够满足烹饪运作对原料的需求，另一方面是符合成本控制的要求。如果提高采购数量可获得的折扣，能够抵消存货增加的成本损耗和费用损耗，就不妨增大进货数量，以减少采购成本；如果价格波动较大，则数量的多少要取决于进价涨或降的幅度，但不要忘记，进货数量不能超出储存的最高货量。

（五）合理的方式

作为采购原则之一，合理的方式包括四个方面的内容：一是要求采购方式和送货时间与烹调运作部门的原料需求相适应。因为烹调原料以鲜活为主，以当天购入、当天使用为主，所以采购方式和送货时间必须配合烹调运作对原料的需求。二是要选择理想的供应商，应考虑供应商的供应规模、信誉、能否按时交货、价格是否合理等因素。三是合理的付款方式，如现金支付、支票支付、转账支付、定期支付等。现在，付款方式实际上已影响到原料的进货价格，因而要特别注意付款方式的选择。四是要符合企业成本控制的要求和有关法律法规的规定，前者如采购程序的实现、成本数据的收集和记录，后者如经济合同法、交易守则等。

五、采购的程序

采购程序是采购工作的核心。原材料采购的运转程序为：递交采购申请单→审核采购申请单→确定供货商→实施采购→处理票据及支付货款→信息反馈。

（一）请购

请购是原料成本控制的开始。属于日常采购和临时采购的原料，由使用部门提出采购申请，填写采购申请单（见表 4—2），并经主管签字。属于储备采购的原料，由使用部门

填写请领单，经主管签字，到仓库领取。仓库人员要认真核查仓库中该种原料或代用原料的数量情况，若数量充足，则直接在仓库领用；若该种原料库存量降至订货店库存定额之下，则由仓库填写采购申请单，申请采购，并由仓库主管签字。

表4—2　　　　**采购申请单**

申购部门：　　　　　　　　　　　　申购日期：

产品编号：		名称：	使用时间：	
标　　准	数　　量	质量要求	最高限价	以往最低价格
合　　计				
建议采购地点： 　　　　　　　　建议人：				

申购人：

（二）报批

属计划内的日常采购，采购申请单直接报财务总监审批之外，还要报总经理或由总经理、财务总监及各业务部门经理组成的采购审定小组审批。

储备采购原料的采购申请单应首先送采购部审核，由采购部主管将其与采购计划相对照，确定申购原料的品种、数量及资金需求量等各方面是否与计划相符。若在规定额度之内，上报财务总监审批即可；若超出了规定额度，还需再上报总经理或餐饮企业采购审定小组审批。

（三）实施

经上述程序批准的采购申请单一式三份，分别送交采购部、验收部和财务部的应付账款处。采购部门根据采购申请单的要求，以采购计划为指导，选择合适的供货商订立合同，或者到市场上直接采购。

物品、原材料采购制度

1. 物品库存量应根据酒店货源渠道的特点，一般以一个季度销售量的一倍库存量为宜。原材料库存量应以两个月的使用量为限，物料及备用品库存量不得超过3个月的用量。

2. 坚持“凡国内能解决的不从国外进口，凡本地区能解决的不到外地采购”的原则。

3. 各项物品、商品、原材料的采购，必须遵守市场管理及外贸管理的规定。

4. 计划外采购或特殊、急用物品的采购，各部门知会财务部并报总经理审批同意后，方可采购。

5. 凡购进物料，尤其是定制品，采购部门应坚持先取样品，征得使用部门同意后，方可进行定制或采购。

6. 高额进货和长期订货，均应签订合同。

7. 从国外购进原材料、物品、商品等，凡动用外汇的，不论金额大小一律必须取得总经理的批准，方予采购，否则财务部拒绝付款。

8. 凡不按上述规定采购者，财务部以及业务部门的财会人员，应一律拒绝支付，并上报总经理。

资料来源：http://www.canyin168.com。

六、采购控制

（一）采购质量控制

制定食品原材料采购的规格标准，是保证餐饮成品质量的有效措施。制定采购规格标准是饭店食品原料采购工作中至关重要的一步，它有助于饭店确保采购的原料都符合质量标准，适合各菜式制作的特殊需要。饭店应根据内部需要的变化和市场情况的改变，随时检查和修订采购规格标准。

饭店根据采购规格标准制定采购规格表，用以指导具体的采购工作。一般采购规格表应包括如下内容：

（1）产品通用名称或常用商业名称；

（2）法律、法规确定的等级、公认的商业等级或当地通用的等级；

（3）商品报价单位或容器；

（4）基本容器的名称和大小；

（5）容器中的单位数或单位大小；

（6）重量范围；

（7）最小或最大切除量；

（8）加工类型和包装；

（9）成熟程度；

（10）防止误解所需的其他信息。

使用“采购规格表”进行采购最大好处，在于明确规范商品细目，有效维持产品的标准化。此外，由于条目清晰，可以减少采购错误、规格不符的现象发生，更可提醒采购人员留心产品的尺寸、重量、数量等不同的要求。若能充分运用表格协助采购，也能减少时间、人力与财力上不必要的浪费。

（二）采购数量控制

原料的采购数量直接影响着资金的占用、仓储费用和人工费用。因此，制定合理的采购数量就显得十分必要，通常影响采购数量的因素有菜肴的销售量、食品原料的特点、储备条件、市场供应情况和标准、库存定量。

1. 每日进货控制

每日进货原料的数量控制，餐厅每天进货的原料是多种多样的，不管何种原料，最好当天能使用完，隔天再进行采购，这样既可以保持食品原料的新鲜度，又减少原料的损耗。采购人员应该进行每天检查一些采购频率较大的食品原料与库存量，预计第二天的原料使用量，然后计算出每种原料需要购买的数量，计算公式为：

原料采购数量＝第二天需用量－原料现存量

2. 鲜活食品控制

鲜活食品原料中，对于一些消耗数量比较稳定的原料可以采用长期订货法进行采购。长期订货法是要求供应商以固定的市场规格，每天或每隔数天向饭店供应规定的食品原料。

3. 干货进货控制

所谓干货类原料，是指可以储存较长时间的食品原料，包括粮食海味干货，香料、调味品和罐头食品以及各种冷冻、储存原料，为减少采购工作的程序和工作量，常常将干货类原料的采购量规定为一周或一个月使用量，将冷冻储存的食品原料的采购量规定为数天或1～2周的使用量。

(三) 采购价格控制

1. 规定采购价格

通过详细的市场价格调查，饭店对厨房所需要的某些原料提出购货限价，规定在一定的范围内，按限价进行市场采购。当然这种限价是饭店派专人负责调查后获得的信息。限价品种一般是采购周期短、随进随用的新鲜物品。

2. 供应商控制

为使价格得以控制，许多饭店规定采购部门只能向那些指定的单位购货，或者只许购置来自规定渠道的原料，因为饭店预先已同这些供应商议定了购货价格。

3. 重点控制

采购控制重点使是对贵重和大宗食品原料的价格是影响餐饮成本的主体。因此，有些饭店规定由餐饮部提供使用情况的报告，采购部提供各供应商的价格，具体向谁购买由饭店决策层确定。

4. 批量采购

大批量采购可以降低购货单价。另外，当某些原料的包装规格有大有小时，如有可能，大批量地购买厨房可以使用的大规格包装的原料，也可降低单位价格。

5. 适时采购

当某些食品原料在市场上供过于求、价格十分低廉而又是厨房大量需要的，只要质量符合标准并有条件贮存，可利用这个机会购进，以减少价格回升时的开支。当原料刚上市，价格日渐下跌，采购量则尽可能减少，只要能满足短期生产即可，等价格稳定时再行采购。

6. 直接采购

绕开不必要的供应商，从批发商、生产商甚至种植者手中直接采购，往往可获得优惠价格。

七、采购控制方法

（一）合约方式

与供应商签订某些产品的数量合约或是期间合约，合约的内容包括一般情形的条件和特殊状况的需求，规格表也可置于其中。

（二）直接市场采购

中小型餐饮企业喜欢直接拿现金到市场交易，此法虽然未必取得价格交易优惠的产品，但库存量可降至最低。

（三）供应商报价

将每日需要的生鲜食品和每周需要的杂货用量，填单交由供应商报价，从中选最佳的厂商来供应。供应商送货时也须自动清点存货，以便有效出货。

（四）产地进货

有些海鲜专卖店会直接到渔港与船主议价，以减少中间商的层层剥削。

无论是用何种方式，都应随时留意市场的变动和评估采购方法，这是帮助采购人员达到采购目标最佳的途径。

第二节　验收管理

尽管饭店花了很多时间和精力制定了完整的采购规程，尽管采购人员有足够的专业知识并且严格遵照各项规定，按质按量并以合理的价格订购了原料物品，但如果缺乏有效的进货验收控制，那么之前所作的种种努力至此便会前功尽弃。因为饭店按质按量并以合理价格所作的订购，并不能保证供货商也按质按量并以合理价格为饭店提供原料物品。例如：供货商的实际送货量可能会超过订购量或短斤缺两；原料的质量可能不符合饭店的要求，超过或低于采购规格标准；原料的价格也可能与原先的报价大有出入。因此，验收控制非常关键。验收控制的主要目的是检查送货的数量是否符合订购的数量，原料的质量是否符合规格标准，价格是否符合原先的报价。

一、合理的验收机制

合理的验收机制包括以下几个方面：

（一）称职的人员

验收人员应受过专门的训练，有丰富的原料知识，掌握采购食品的规格和标准，对食品的质量能做出准确的判断。验收人员应具备优秀的素质，必须聪明、诚实，能秉公验收。验收员是个重要角色，每个餐饮企业必须重视这个角色的作用，因为他对原料的验收在某种程度上决定了一个餐饮机构综合毛利率的多少。

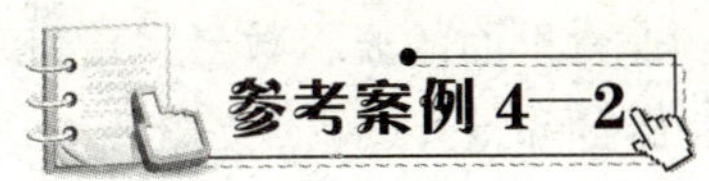

金陵饭店有个“海关”

金陵饭店的验货员一贯坚持原则，不为名、不为利，拒收供货商任何形式的好处。他们不徇私情，得罪了许多人，但他们并不在乎。由于他们的铁面无私，仅是 1995 年 1—8 月，就有 240 余批进货因货物不符合饭店标准而拒收或降价收购，共为饭店挽回损失 28 万多元。

菜肴质量固然与厨师的技术水平有很大关系，然而原材料的质量也是至关重要的。金陵饭店验货组明白，他们把的是饭店质量的第一关，只有优质的原料才有可能变成优质的饭店产品。反之，劣质的原材料则不可能加工成优质的产品。他们坚守质量关，绝不让次货、劣货混进店内，为的是保证饭店的服务质量，维护饭店的声誉。

资料来源：蒋一飒主编：《酒店管理 180 例》，359 页，上海，东方出版中心，1997。

（二）实用的设备

为了使验收人员能有效地开展工作，应当有合适的设备，其中必不可少的是各种不同类型的磅秤，这是验收的重要工具。

（三）科学的程序

每个餐饮机构必须设计出合乎本机构实际情况的验收程序。

（四）良好的习惯

按照既定的验收程序操作，养成良好的验收习惯。

（五）经常的督导

餐饮机构管理人员应不定期检查验收工作，复查各种原料的数量和质量，并设法使验收员明白，管理人员非常关心和重视他们的工作。

二、验收程序

验收程序主要包括核对采购计划，检查原料质量、检查原料数量、检查包装、填写验收单等。

（一）核对采购计划

当采购的原料送来时，验收员要核对原料是否与采购计划的内容相符。首先应核对送货发票上的供货单位的名称，避免错收货或接收未订购的货物；其次是核对送货发票上的价格，是否与订购单、供货单位报价单上的价格一致。

（二）检查原料质量

原料质量应当和采购规格标准相符。多数原料凭感官鉴别，物品已损坏的不收，食品原材料、调味料不新鲜的不收，味道不正的不收，超过保质期的不收。

（三）检查原料数量

根据采购计划检查原料数量，可以采用点数、称量等方法。对鲜活原料的称量要特别注意水分，最好是沥干水分后再称；如果是蔬菜和肉类原料，最好拆掉外包装再称量。对使用密封箱或其他容器的原料，应打开其中一个做抽样调查，查看里面的原料数量、重量是否与容器上标明的一致，然后再计算总和。对高规格的包装需全部打开逐箱点数。

（四）检查包装

检查包装的标准为：一般性货物抽查验，贵重易碎品全部验；包装完整的抽查验，包装损坏的全部验；易受潮贬值的全部验；混装物品仔细验。

（五）填写验收单

验收员确定所验收的食品原料的价格、数量、质量全部符合订购单及食品原料采购规格后，填写验收单（见表4—3）。验收单一式四联：第一联交验收处；第二联交仓库；第三联交成本控制室；第四联交财务部。

表4—3　　验收单

________饭店　　　　编号________

供货单位________　　　　日期________

供货单位地址________

订货单编号________

存货编号	项目及规格	单　位	数　量	单　价	合　计
总　计					

验收员________　　　　送货员________

仓库管理员________

在饭店餐饮部的实际运作中，采购与验收应当分流处理，如果采购与验收是同一个人或部门来操作，就起不到监督控制的作用。

三、验收日报表

验收日报表记载饭店餐饮部每日所购进的原料。它不仅要记载原料的品名、规格、单价和总金额，并且还要注明这些原料的去向，是送至厨房还是交由库房储存。

验收日报表中要将收到的货物分成直接采购原料和库房采购原料两大类，直接采购原料送厨房，其费用计入餐饮成本。库房采购原料送至库房，费用计入流动资金占用的原材料项内。表4—4是某餐厅为验收而制作的食品验收日报表。

在验收饮料时，要对照账单与订货单检查饮料的数量、价格和商标；然后单独填写饮料验收日报表。验收日报表上要填写收到饮料的品名、瓶数、箱数、单价、总金额等。某餐厅的饮料验收日报表见表4—5。

表 4—4

某餐厅食品验收日报表

日期:03/25/2012　　编号:03225

<table>
<tr><th rowspan="3">货品名</th><th rowspan="3">供应商名称</th><th rowspan="3">发票号</th><th rowspan="3">数量</th><th rowspan="3">单价（元）</th><th rowspan="3">金额（元）</th><th colspan="4">直接采购食品</th><th colspan="6">库房采购食品</th></tr>
<tr><th colspan="2">一厨房</th><th colspan="2">二厨房</th><th colspan="2">一号库</th><th colspan="2">二号库</th><th colspan="2">三号库</th></tr>
<tr><th>数量</th><th>金额（元）</th><th>数量</th><th>金额（元）</th><th>数量</th><th>金额（元）</th><th>数量</th><th>金额（元）</th><th>数量</th><th>金额（元）</th></tr>
<tr><td>一级排骨</td><td>冷冻食品批发</td><td>34670</td><td>50kg</td><td>10.00</td><td>500.00</td><td></td><td></td><td></td><td></td><td>50kg</td><td>500.00</td><td></td><td></td><td></td><td></td></tr>
<tr><td>一级小牛肉</td><td>冷冻食品批发</td><td>34670</td><td>35kg</td><td>12.00</td><td>420.00</td><td></td><td></td><td></td><td></td><td>35kg</td><td>420.00</td><td></td><td></td><td></td><td></td></tr>
<tr><td>特级猪里脊</td><td>冷冻食品批发</td><td>34670</td><td>25kg</td><td>11.00</td><td>275.00</td><td></td><td></td><td></td><td></td><td>25kg</td><td>275.00</td><td></td><td></td><td></td><td></td></tr>
<tr><td>3＃西红柿</td><td>东方罐头食品厂</td><td>25681</td><td>5 箱</td><td>35.00</td><td>175.00</td><td></td><td></td><td></td><td></td><td></td><td></td><td>5 箱</td><td>175.00</td><td></td><td></td></tr>
<tr><td>1＃菠萝罐头</td><td>东方罐头食品厂</td><td>25681</td><td>6 箱</td><td>30.00</td><td>180.00</td><td></td><td></td><td></td><td></td><td></td><td></td><td>6 箱</td><td>180.00</td><td></td><td></td></tr>
<tr><td>合计(元)</td><td colspan="15">1 550.00</td></tr>
<tr><td>活鲤鱼</td><td>长春副食品店</td><td>34671</td><td>10kg</td><td>10.00</td><td>100.00</td><td></td><td></td><td>10kg</td><td>100.00</td><td></td><td></td><td></td><td></td><td></td><td></td></tr>
<tr><td>活鲩鱼</td><td>长春副食品店</td><td>34671</td><td>6kg</td><td>12.00</td><td>72.00</td><td></td><td></td><td>6kg</td><td>72.00</td><td></td><td></td><td></td><td></td><td></td><td></td></tr>
<tr><td>鲜猪肉</td><td>长春副食品店</td><td>34671</td><td>10kg</td><td>10.00</td><td>100.00</td><td>3kg</td><td>30.00</td><td>7kg</td><td>70.00</td><td></td><td></td><td></td><td></td><td></td><td></td></tr>
<tr><td>生菜</td><td>蔬菜批发部</td><td>25682</td><td>12kg</td><td>1.60</td><td>19.20</td><td>12kg</td><td>19.20</td><td></td><td></td><td></td><td></td><td></td><td></td><td></td><td></td></tr>
<tr><td>洋葱</td><td>蔬菜批发部</td><td>25682</td><td>5kg</td><td>1.70</td><td>8.50</td><td>4kg</td><td>6.80</td><td>1kg</td><td>1.70</td><td></td><td></td><td></td><td></td><td></td><td></td></tr>
<tr><td>葡萄</td><td>水果批发部</td><td>25684</td><td>10kg</td><td>2.20</td><td>22.00</td><td>6kg</td><td>13.20</td><td>4kg</td><td>8.80</td><td></td><td></td><td></td><td></td><td></td><td></td></tr>
<tr><td>桃</td><td>水果批发部</td><td>25684</td><td>8kg</td><td>1.80</td><td>14.40</td><td>6kg</td><td>10.80</td><td>2kg</td><td>3.60</td><td></td><td></td><td></td><td></td><td></td><td></td></tr>
<tr><td>合计(元)</td><td colspan="15">336.10</td></tr>
<tr><td>总计(元)</td><td colspan="15">1 886.10</td></tr>
</table>

表 4—5　　某餐厅饮料验收日报表

日期：________　编号：________

品名	供应商名称	发票号	箱数	瓶数	每瓶容量	每瓶单价（元）	每箱单价（元）	总金额（元）

第三节　库存管理

一、库存要求

合理的库存规范、有效的安全制度、严格的记账程序是加强库存管理的基本要求。

（一）订货要求

订货是储存工作的前提。食品的采购数量是由仓储能力和实际需求量来决定的。如果仓储的订货量超过了生产的需求量，那么这些食品必然会在库中长期储存，时间延长就会引起食品的变质，发生损耗。因此适当的订货量可防止超量采购和库存，所以订货应严格按照管理层所决定的最高库存量和最低库存量范围执行。这样，既能降低库存，又能减少现金的占用率。

（二）入库要求

（1）及时入库。采购回来的食品有许多都是易腐食品，时间延误会使食品质量降低或变质，所以必须及时入库储存，以免造成损失。此外，食品不及时入库，还有散失的可能。

（2）入库的食品应系上标签，注明入库时间、数量、单位和总价值等。同时还要做好入库账目登记。

（3）在放置时，新入库的食品应放置于存货的下面或后面，以便在发放时实行先储先用的原则。

（三）存放要求

（1）应根据食品的不同性质和不同的储存期存放在不同的温度和湿度的环境中，以保

持食品质量稳定。

(2) 对容易散发气味的食品与易吸收气味的食品，应隔开存放，避免相互串味而降低使用价值。

(3) 所有食品库房均应避免阳光的直射。库房的玻璃窗应使用毛玻璃。在选用人工照明时，应尽可能挑选冷光灯，以免由于电灯光热，使库房的室内温度升高。

(四) 清洁要求

(1) 始终保持储存区域的清洁，是保证原料质量和延长储存时间的重要措施，食品储存在干净的仓库中，可有效防止各种污染。

(2) 要随时清洁货架，定期对整个仓库区域进行常规性的清扫是十分必要的。

(五) 安全要求

食品仓库好似银行保险库，存放在货架上的食品就是现金。因此必须确保食品安全，必须加强储存中的安全控制。防范要求有：

(1) 储存区域配备专用锁，在规定的开放时间内才打开，只要人离开都应当上锁。

(2) 限制仓库进出人员。

(3) 定期盘点。

(4) 剩余食品应及时回收入库。

(5) 加强监控。

(六) 账目要求

食品储存应有明确的登记制度，要能反映食品在入库、发放、存货三个方面的时间、数量、价格和价值等情况。这有利于控制存货量、决定订货量、计算发货量、确定成本。

仓库安全管理制度

1. 酒店仓库除仓库管理人员和因业务、工作需要的有关人员外，任何人未经批准，不得进入仓库。

2. 因工作需要需进入仓库的人员，在进入仓库时，必须先办理入仓登记手续，并要有仓库管理人员陪同，严禁独自进仓。进仓人员工作完毕后，出仓时应主动请仓库管理人员检查。

3. 仓库内不准会客，不准带人到仓库范围参观。

4. 仓库不准代人保管物品，也不得擅自答应未经领导同意的其他单位或部门的物品存仓。

5. 任何人员，除验收时所需外，不准试用仓库的商品。

6. 仓库范围内不准生火，也不准堆放易燃易爆物品。

7. 一切进仓人员不得携带火种进仓。

8. 仓库应定期检查防火设施的使用实效，并做好防火工作。

资料来源：http://www.canyin168.com。

二、库房的设置与要求

（一）库房类型

库房的类型很多，按地点分类，可分为中心库房、各经营点的分库房；按物品的用途分类，可分为食品库房、酒水库房、物料库房；按储存条件分类，可分为干藏库房、冷藏库房、冻藏库房。

（二）库房的位置与面积

1. 库房的位置

库房的位置最好设在验收处和厨房之间，与两者越接近越好。库房中应有可以让货车自如通行的合适的通道，减少原料搬动距离，确保货物的储存和发料方便、迅速。库房的门要随时上锁，确保储存安全。

在库房中，库存区位置的具体要求是：

（1）确保储存、发料迅速；

（2）减小劳动强度；

（3）确保安全。

2. 库房的面积

库房的面积应适当，容量应充裕。库房的具体面积，应根据餐饮企业的类型、货源地的远近、采购的间隔天数、菜单的类别和营业量的大小等因素来决定。

一般的干货库房，应至少有储备两周原料的储存面积。库房的平均高度为 2.2 米～2.5 米。库房内除去走廊通道、货架外的实际可用面积比例，一般为 40％～60％。有时按每接待一位宾客，即提供一餐餐饮所需的库房面积计算，一般为 0.03 平方米/人。

（三）库房的温度和湿度要求

不同的原料在储存时对温度和湿度的敏感程度不一样。对于不同的原料，存放于不同的储存库房中，并给予不同的温度、湿度和光线，才能保证最佳的储存质量。餐饮企业常用原料储存的温度和湿度要求见表 4—6。

表 4—6　　常用原料储存的温度和湿度要求

不同库房	原　　料	适用温度	适用湿度
干藏库	干货原料	10℃～22℃	50％～60％
	米面类	10℃～29℃	
	烈酒类	10℃～22℃	
	果　酒	10℃～22℃	
	啤　酒	10℃～22℃	
	矿泉水	10℃～22℃	

续前表

不同库房	原　　料	适用温度	适用湿度
冷藏库	肉　类	0℃～5℃	85%～95%
	水产类	0℃～2℃	
	家　禽	0℃～2℃	
	乳制品	0℃～2℃	
	黄油和鸡蛋	0℃～2℃	
	新鲜水果和蔬菜	2℃～3℃	
	熟　食	2℃	
冷冻库	所有需冷冻储存的原料	－18℃～－24℃	

所有食品库房均应避免阳光的直射。库房的玻璃窗应使用毛玻璃。在选用人工照明时，应尽可能挑选冷光灯，以免由于电灯光热，使库房的温度升高。

库房应保持空气流通。干藏室最好每小时换四次空气；冷藏间和冷冻室的食品不要靠墙存放，也不要直接放在地板上或从地上一直堆放到天棚上，以利于空气流通。

（四）库房的卫生要求

库房在任何时候都应保持清洁卫生，应制定清洁卫生制度，按时打扫。冷藏库每天都应整理整齐，溅出的食物应立即擦净，每天拖地板；干藏库要注意阴暗角落和货架底下的打扫，食品库房绝不可堆放垃圾，同时要做好防虫、防鼠工作，墙上、天棚和地板上的所有洞口都应堵住，窗口应安装纱窗。

另外，库房的地板和墙壁表面应经受得起重压，易于保持清洁，并能防油污、防潮湿。

三、库存管理的程序和方法

食品原材料库存管理的基本过程可分为三个阶段，如图4—1所示。

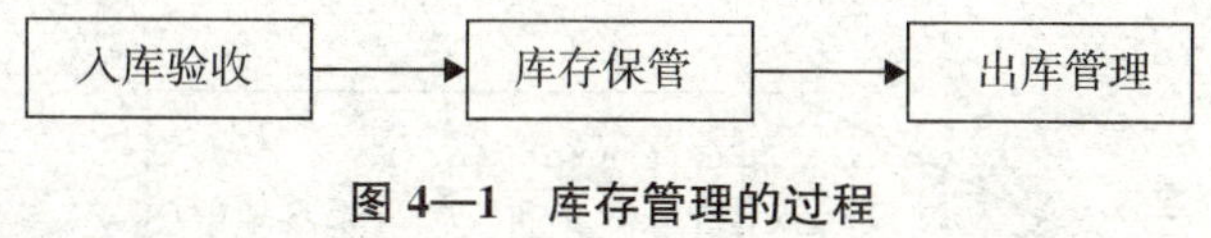

图4—1　库存管理的过程

（一）入库验收

采购部门的验收侧重于对货品数量的点检，库房部门的验收侧重于对物品本身质量的点检。质量检查是以数量检查为前提的。

在食品原材料入库时，必须办理入库验收手续。库房管理员凭采购发票验收，根据货物不同，分别采用点数、过秤、点箱、清盒、数瓶等方法，严格检查，按品种、数量、质量逐项点收。发现有不符情况，应拒绝入库，并立即向采购供应部门递交验收质量报告，请采购部经理处理。

对食品原材料验收后，填写入库验收单，库房据此记账。办理入库手续后，所发生的一切短缺、变质、受潮、霉烂等问题，均有库房管理员负责处理。入库验收单见表4—7。

表 4—7　　入库验收单

库房：＿＿＿＿＿　　采购员：＿＿＿＿＿　　编号：＿＿＿＿＿

供应商	品　名	单　价	规　格	入库量	金　额
合计					

库管员：＿＿＿＿＿　　年　月　日

（二）库存保管

储藏保管是库房管理工作的中心环节。储藏保管的基本要求是：合理存放，精心养护，认真检查。在储藏保管的过程中，应注意以下几点：

1. 分区分类

根据物品的类别，合理规划原料摆放的固定区域。分类划区的粗细程度，应根据企业的具体情况和条件来决定。

2. 四号定位

四号是指库号、架号、层号、位号。四号定位是对四号统一编号，并和账页上的编号对应。

3. 立牌立卡

即对定位、编号后的各类原料填写存货标签和永续盘卡。存货标签格式如图 4—2 所示。

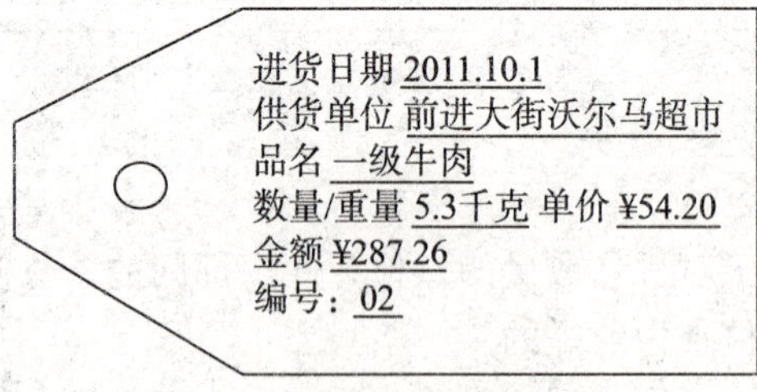

图 4—2　存货标签

4. 五五摆放

就是根据各种原料的性质和形状，以“5”为计量基数堆放，长、宽、高均以“5”为计算单位。这样既能使原料整齐美观，又便于清点发放。

（三）出库管理

出库管理是库存管理的最后一个环节。出库管理的基本要求是：做好准备工作，严格出库审核手续，按库存物品周转规律准确无误地发放物品，并科学、合理地做好相应的原料成本登记工作。出库管理工作的重点是发放物品工作。原料的发放形式主要有无须入仓的直拨原料的发放和库存原料的发放。

库存原料发放的程序：

1. 核审单据

库房管理人员应对领料单进行验证、验印、核对。看看是否是领料部门开出的正式领料凭证；领料单的印鉴、签章是否齐全；领料单上的编号、品名、规格、单位、数量是否错开、漏开，有无涂改痕迹。若发现领料单有误，应由领用部门办理更正手续。

2. 理单

根据领料单所载明的物品货位，将领料单按顺序排列。

3. 核对

在库房中找到领料单所载明的物品后，要以单对卡、以卡对货，即单、卡、货三核对。按单逐项核对，防止漏核。

4. 销卡

核对无误后，应先销卡，后付货。销卡，就是在货卡上记载付货日期、领料单号码、付货数量和结存余量。

5. 点数

仔细清点应付物品的数量，谨防差错。

6. 签单

按领料单付清物品后，要逐笔在出库凭证上签章和批注结存数。

表 4—8 是某食品仓库的发料日报表。

表 4—8　　某食品仓库发料日报表

日期：2012 年 3 月 4 日

货号	品　名	数　量	单价（元）	金额（元）	成本分摊部门	领料单号	备　注
BC—315	黄油	20 块	6.00	120	咖啡厅厨房	3856	
BC—514	鸡蛋	15 千克	6.40	96	中餐厅厨房	3472	

本日发料汇总：发料项目数：__________　总金额：__________　制表人：__________

第四节　餐饮成本控制

一、餐饮成本概述

餐饮成本是指餐饮企业在生产餐饮产品时所占用和耗费的资金。按其性质分类，可分为固定成本、变动成本和半变动成本；从成本管理角度分类，又可分为可控制成本和不可控制成本、标准成本和实际成本。下面我们主要就固定成本、变动成本和半变动成本做简单的介绍。

固定成本（fixed costs）是指在一定的业务范围内，其总量不随产量或销售量的增减而相应变动的成本。也就是说，即使产量为零时也必须支出的费用，如餐厅的折旧费、大修理费、企业管理费等。但固定成本也并不是绝对不随生产量的变化而变化，当生产量增加到超出现有生产能力、需要设置新设备时，某些固定成本也会随产量的增加而变化。固定成本相对于销售量的变化而言只是保持相对不变，而当销售量增加时单位产品所负担的固定成本会相对减少。

变动成本（variable costs）是指总量随产量或销售量的变化而按比例增减的成本，如食品原料、饮料、洗涤、餐巾纸等成本费用。随着产量或销售量的增加，变动成本总额增加，但单位产品的变动成本保持相对不变。

半变动成本（semi-variable costs）是随生产量或销售量的增减而增减的成本，但它的增减量不完全是按比例变化。例如餐具、灶具费用，水、电费等。半变动成本可拆成两部分：一部分是随产量变化而相对不变的固定成本；另一部分是随产量变化而成正比例变化的变动成本。对于全部员工领取固定工资的餐饮企业来说，人工费及相关费用为固定成本，但如果餐厅在营业量较大时雇用临时工的话，则人工费不完全为固定成本而是半变动成本。

在管理上，将成本分为固定成本、变动成本与半变动成本，对餐饮成本预算、价格决策和其他管理决策是有重要作用的。

二、餐饮成本和费用的结构及特点

由于各类餐厅的设施不同，提供的餐饮服务不同，因此所涉及的成本和费用结构也不同。一般来说，其主要的成本和费用是食品、饮料的原料成本及营业费用。

（一）餐饮成本和费用的结构

1. 食品和饮料的原料成本

食品和饮料的原料成本是餐饮部的主要开支，占餐饮支出的比例最大。一般档次越高的餐厅，其原料成本率越低；宴会的原料成本率通常低于普通餐的成本率；饮料原料的成本率低于食品原料的成本率。国际上饭店业的食品、饮料成本率一般为30%～35%，而在我国饭店业中餐饮原料的成本率则要高一些。

2. 营业费用

营业费用包括餐饮部门经营中所耗费的一些费用，如人工费用、经营用品费用、水电燃料费、折旧和维修费用以及其他费用。注意，营业税虽然不属于费用，但它是餐饮部门的一项重要支出，一般占营业收入的5%。

某饭店餐饮部的营业费用明细见表4—9。

表4—9　某饭店餐饮部营业费用

项　　目	金额（元）	占营业费用百分比（%）	占营业收入百分比（%）	备　　注
工资	194 012.92	17.96%	3.88%	
福利费	52 374.34	4.84%	1.04%	
燃料费	81 202.86	7.51%	1.62%	
折旧费	151 200.00	14.00%	3.03%	
大修理费	48 750.00	4.51%	0.97%	
修理费	19 425.45	1.80%	0.39%	
低值易耗品摊销	6 838.02	0.63%	0.14%	
洗涤费	69 818.89	6.47%	1.4%	
旅游公务费	16 500.31	1.53%	0.33%	为其他单位制作
旅游宣传费	2 881.86	0.27%	0.06%	广告、培训获得
旅游教育费	25 890.04	2.40%	0.52%	收益
水电费	111 290.66	10.31%	2.2%	
邮电费	895.51	0.08%	0.02%	
服装及劳保	33 741.07	3.12%	0.67%	
物料消耗	124 181.75	11.50%	2.48%	
工作餐	59 314.80	5.5%	1.18%	
包装及运杂费	8 898.31	0.82%	0.18%	
其他费用	72 670.52	6.73%	1.45%	
总计	1 079 887.31			

（二）餐饮成本和费用的特点

1. 变动成本比例大

餐饮部门的成本和费用中，除食品、饮料的成本以外，在营业费用中还有物料消耗等一部分变动成本。这部分成本和费用随销售数量的增加而增加。这个特点意味着餐饮价格折扣的幅度不能像客房价格那么大。

2. 可控制的成本比例大

除营业费用中的折旧、大修理、维修费等餐饮管理人员不可控制的费用外，其他大部分费用以及食品、饮料原料成本都是餐饮管理人员能控制的费用。这些成本和费用的多少直接与管理人员对成本控制的好坏相关，并且这些成本和费用占营业收入的很大比例。这个特点说明对餐饮成本和费用的控制十分重要。

3. 成本泄漏点多

餐饮成本和费用的大小受经营管理的影响很大。在菜单的计划、食品饮料的成本控制、餐饮的推销和销售控制以及成本核算的过程中涉及许多环节，包括菜单设计、采购、验收、储存、发料、加工切配和烹调、餐饮服务、餐饮推销、销售控制、成本核算。

成本控制的每一个环节都可能成为成本泄漏点。其原因主要是工作效率低和不负责任，从而造成原料的丢失和浪费。比如食品冷藏温度不够低、储存的饮料瓶盖没盖紧等，都会造成原料变质，使成本增加。

三、餐饮成本的管理方法

（一）食物成本的管理

1. 食物成本的相关概念

在介绍食物成本的管理方法之前，有几个与食物成本相关的概念需要加以说明：

（1）食物成本：指食物经过烹调或调理后，成为菜肴提供给顾客享用时所产生的一切费用。

（2）食物成本百分比：指食物成为菜肴后的成本在销售额中所占的百分比。

（3）毛利或厨房毛利：销售额超过成本的部分，通常以百分比表示。

（4）可能的食物成本（或销售额）：指在正常的状况下可能的食物成本（或销售额），通常以百分比表示。

2. 食物成本管理方法

（1）每周及每月食物成本报告。在小型餐厅中，每周或每月的食物成本报告表通常由经理直接处理，内容大都很简单，不提供详细资料。但在大型餐厅中，则由专人负责，内容也比较详细、具体。这种管理方法的优点是简单明了、易于实施；可以显示收支概况或盈亏。其缺点是资料不足，无法预知经营趋势，例如食品的采购价格太高时，无法及时修正；决定每天或当天的采购需求量时，没有足够的资料可供参考，因而可能造成浪费或损失。

（2）每日食物成本报告。这种管理方法适用于中小型餐饮企业，方法很简单，仅需要一张设计好的表格，每天依照表格项目填入金额即可，表格样本见表4—10。此表共有六项，第一项（日期）从月初逐日填写至月底；中间四项均填金额，无须详列食物名称及数量；最后一项（成本）仅填数字，表明其在销售额中所占的百分比。一般一张表格可用一个月，在计算成本时应注意“已调理食物”的金额，因为它不可能全部售出，这便是耗损。

表4—10　　每日食物成本计算表

日　期	库房存款（元）	本日采购（元）	已调理食物（元）	销售额（元）	成本（%）
×年×月1日					
×年×月2日					
……					
×年×月31日					

（3）每日食物成本详细报告。由于上面的每日食物成本报告太简单，无法获得精确的数据，所以规模较大的餐厅往往采用详细报告的形式，也就是在上述表格中增列送入厨房

的饮料成本（包括酒精类及非酒精类）、食物由厨房调理而送到餐厅所需的成本、员工的伙食成本等项目。

（4）可能的食物成本的计算。所谓可能的食物成本是指食物在标准、理想的状况下的成本，这种成本是评估实际成本基本且有效的参考资料。如果可能的成本与实际的成本有差异，而且超过一个百分点时，就应调查研究其发生差异的原因。计算的公式为：

$$可能食物成本百分比=\frac{可能食物成本总额}{可能食物销售总额}=\frac{每道菜的成本\times 售出份数}{实际售出份数\times 菜单上的售价}$$

为了能够做出上述的计算，必须具有下列资料：所有菜肴售出的详细销售额分析表；所有标准食谱的菜肴成本；由标准食谱卡中得出的可能的食物成本总结；制作菜肴的主要材料的平均市价，这可从发票、食品市场报道或者食品成本指数报告中得出。

一般说来，食物的实际成本总是高于可能成本，因为食物本来就是一种易于腐败的货品，其数量上的损耗几乎是难以避免的。但如果实际成本与可能成本之间的差异太大，那就反映出有关人员没有遵守成本管理的标准，或者有盗窃行为，或者制作菜肴过多不能完全售出，造成不必要的浪费。

（二）饮料成本的管理

1. 饮料成本的相关概念

（1）饮料成本：饮料调制成饮用品提供给顾客饮用时所产生的费用。

（2）饮料成本百分比：售出的饮料的成本在饮料的销售额中占有的百分比。

（3）毛利或饮料毛利：销售额高于饮料成本的数额，通常以百分比表示。

（4）可能的饮料成本（或销售额）：完整状况下的饮料成本（或销售额），通常以百分比表示。

2. 饮料成本的管理方法

目前用于管理饮料成本的方法很多，归纳起来大致可以分为下述六个基本类型，也就是所谓的饮料成本六大管理系统：

（1）酒吧成本系统。这种系统类似食物基本报告及食物成本详细报告，可以用于酒吧或者所有的饮料成本管理。其盘存以成本价为标准，如果在营业额方面不能达到预期的毛利，则应核对营业单位的实际业绩并进行评估，当然还有其他问题也要一并予以调查。

（2）定额存货或计瓶管理系统。每个饭店或者酒吧应确定其定额存货，也就是每营业日所需要的饮料瓶数。为了简化管理手续，只把整瓶饮料列入管理，半瓶或不满的瓶均不列入。每天的空瓶数目及其种类应加以记录，以便核对当天的销售业绩。可能的销售额是以售出的饮料的售价为准，并将其与实际的营业收入作比较。如果一天售出的混合饮料很多，则可能销售额与实际销售额将会发生差异，调查时应考虑混合饮料的平均价格，以便日后参考。

（3）可能的（或标准的）销售价格系统。含酒精的饮料的售价可以分为整瓶售价和开瓶后分杯售价。分杯售价的计算一律以杯数乘单位杯售价而得出整瓶的可能销售价格。不含酒精的饮料及矿泉水的销售价格，可分为三种：一是本身单独出售价格；二是与其他酒类混合一起时的售价；三是包含在售出酒类中的售价，如用于鸡尾酒的售价。在分析混合饮料的销售价格时，若发现其售价低于可能的销售价格时，则应详细核算各种混合饮料的实际售价及各种饮料分量分配，以便找出问题的所在。

（4）存货系统。用这种方法来确定饮料销售量最确切。饮料销售与实际销售量之间如有不相符合之处，而且从业者又觉得这种情况不合理时，便可用这种方法核账。但是由于饮料的种类和品牌很多，这种方法的运用相当复杂而困难。

（5）宴会及特殊酒吧系统。如果宴会部门拥有自己的饮料仓库或酒吧区，则其饮料服务作业及管理与其他任何酒吧相同；如没有，则应安排专人管理饮料，每次宴会前都要向总库申请饮料，并在宴会结束后，立即提出销售成果报告，而且退回未售出的饮料。退回的饮料以整瓶为准。如果瓶子已经被打开，不论其中剩下的饮料多少，均以10瓶算作一瓶。每瓶的可能销售，若以杯数计算，则以每瓶的标准杯数乘以每杯的售价为标准。每一次宴会后应将营业收入或销售额算清方可付款。

（6）自动饮料配售系统。即饮料贩卖机，其设计较为复杂，不仅可以自动调配混合饮料，并可以帮助经理部门处理饮料成本管理。这种系统虽然在饮料成本管理上很有效率，但其安装费用相当昂贵，不是一般从业者所能负担的，因而目前并不普遍。

四、餐饮成本控制方法

（一）定期盘点法

目前大型宾馆的餐饮部与独立知名餐厅的餐饮成本计算方式多采用定期盘点法。定期盘点法是在一定的时间内（通常是一个月）定期盘点一次，将月初厨房库存材料加上本月厨房直接进料，再加上本月仓库转入的材料，减去本月底库存材料而得出的本月餐饮材料成本。然后再由本月餐饮销售总额减去餐饮成本总额，可得到每月销售毛利。用餐饮材料成本总额除以销售总额，可计算出成本率。其计算公式如下：

$$每月销售毛利=每月销售总额-每月成本总额$$

$$材料成本率=\frac{餐饮材料成本总额}{销售总额}$$

如果食物的成本为100元，售价为300元，则其成本率为：

$$成本率=\frac{食物成本}{售价}=\frac{100}{300}\approx 33.33\%$$

对每个月材料成本率作长期的统计分析，可求出平均材料成本率。再将每个月的成本率与平均成本率比较，可找出耗用材料是否浪费的问题。大型宾馆内的餐厅较多，应该将每个餐厅分开单独计算成本，才能求出正确的成本。有一些原材料并不是购进就能使用，它必须经过处理，处理后原则上是以每斤原料的基本消耗量计算。

1. 定期盘点的优点

（1）计算简单、方便，只要求出各项总额就可以了解盈亏，不用分析内容。

（2）可以向餐厅人员灌输成本观念，使餐厅的服务人员与厨房的工作人员更加注重成本，进而达成餐厅降低成本、提高利润的目的。

（3）有利于了解实际库存材料的种类及数量，供采购人员参考。

（4）可以及时清理未使用的材料，避免使其在冷藏库存放过久而变质，这样可以减少材料的损失。

（5）有利于保持冷藏库的卫生。因盘点时要将所有的材料搬出库外过磅点数，同时可以清洗冷藏库，保持良好的卫生。

2. 定期盘点的缺点

(1) 一般餐厅销售的餐饮产品种类很多，价格不一，计算时，只能了解一个月的盈亏总数，若成本变高亏损时，无法查明其原因；而且也不能进一步了解各项销售的盈亏情形。

(2) 餐厅成本构成要素有原料、人工、消耗用品、设备折旧等各项费用。定期盘点只能了解原料成本，无法用于整体经营。

(3) 定期盘点通常是一个月进行一次盘点。如果时间隔得太久，发现有问题时，就已过了一个多月了。

虽然定期盘点的方法还有许多缺点，但目前仍为一般餐饮成本的基本计算方法，而且任何方式的餐饮成本控制方法，都要利用这种方法才能求得正确的成本。

(二) 主要材料使用法

主要材料使用法是在厨房所使用的原材料中，选出20种主要的材料，以一个月为期，计算每期各项主要材料使用总额，然后求出各项主要材料占总额的比率，以每个月的同样材料使用比率高低作比较，来控制餐饮成本。

计算正确的餐饮成本，至少应该有销售分析与材料分析两项，但这两项分析工作要消耗很多的时间。如果采用主要材料使用法，则不需要进行销售分析，只要求出各项主要材料与销售总额之比率即可。这样可以把用于销售分析及材料分析的时间，转移到现场管理上，使其营运更加有效率。

采用这种方法，首先一定要把主要材料的内容明确固定下来，如牛肉、猪肉、羊肉、家禽、鱼肉、蔬菜、水果、牛乳、乳酪、蛋、干酪、牛油、酥油、咖啡、茶叶、调味品、面包等。

使用这种方法，可视各餐厅的营业性质及规模，做适当的处理。最主要的是必须将种类区分清楚，并且固定种类，才能得到正确的数字。这个方法适用于自助餐餐厅以及公司、工厂、医院的餐厅，因为这类餐厅一般销售的产品种类不多，菜单也固定，烹调方法简单，很少发生变化。

(三) 标准餐饮成本管理法

标准餐饮成本管理法是将餐饮成品的原料依经营的方针来分析，预定理想成本率，从采购开始至销售等作业过程，朝着理想成本率管理，达到营利目的的计数管理方法。

过去的一般餐饮成本计算法，虽然可以计算出餐饮成本，但都是事后的计算。若成本高时，其中的原因无法很准确地找出来，为了弥补这种缺点，必须分析餐饮的每项作业过程，从采购、验收、储存、发放，到厨房预备材料、烹调、服务等，先预定目标，使其标准化，使作业情形合理，从而提高效率。求出标准作业时的理想成本与实际成本后，将两者进行比较，以此为依据来管理成本。这种成本管理方法，是标准餐饮成本管理法的基本构想。

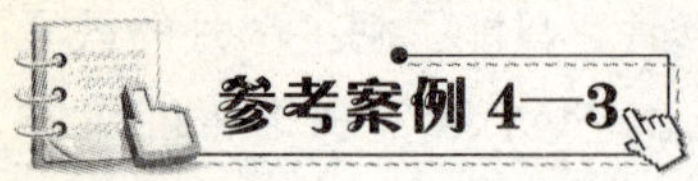

参考案例 4—3

某饭店餐饮标准成控制

某大饭店采用了标准成本法对餐饮部实施成本管理。在精确计算的基础上，对饭店餐饮部的每种菜肴都确定了标准成本。营业期末，再将餐饮实际成本与标准成本相对比并进行分析，找到二者之间的差异及相应的原因，协助餐饮部抓好成本控制。具体做法如下：

1. 餐饮标准成本的确定

饭店首先制作了标准成本卡。这项工作由厨房和财务部的餐饮成本组共同完成。厨房根据菜单确定每个品种菜肴的配方和用量（酒水由餐饮部酒吧组负责），由财务部成本核算会计根据当时原材料价格计算出标准成本的金额。完成的标准成本卡还应配上菜肴或酒水、点心照片。由于餐饮标准成本的确定方法各不相同，饭店采取了不同的办法。对零点、宴会、自助餐、酒水成本都经过严格的成本确定。

2. 标准成本的计算过程

饭店实行了电脑化管理，这为实施标准成本控制带来了方便。餐饮部在实际的经营过程中只需将每一种菜肴、酒水、点心的售价和标准成本价格事先输入收银电脑系统，在任何时候运用酒店电脑系统都可以得出各餐厅各种分类的销售收入、标准成本、标准成本率等指标的报告。

3. 标准成本分析

当月末财务人员将餐饮标准成本计算出来时，其结果与当月饮食部实际耗用成本往往差异比较大，这就需要分析影响实际成本差异的正常因素和不正常因素。

在分析中将正常因素根据饭店内部有关统计单据、报表计算结果逐一剔除出来，然后再与当月实现的营业收入的标准成本进行比较，这个差异结果就是当期实际成本与标准成本的差异。这个差异的小与大完全反映了饭店餐饮成本控制水平的高与低，需要认真分析，找出不正常因素，管理方可据此采取相应的控制管理措施。

资料来源：陈觉、何贤满著：《餐饮管理经典案例及点评》，14 页，沈阳，辽宁科学技术出版社，2003。

本章小结

本章主要介绍了餐饮原料的采购、验收、库存、发放等一系列的程序和环节，以及餐饮成本的核算及控制方法。通过学习本章内容，同学们可以掌握餐饮原料的采购数量控制、质量控制及价格控制的方法；熟悉验收的程序，学会正确运用各种表单管理验收过程；了解不同原料的库存要求，掌握不同库房的管理工作要点；严格遵循发料管理制度，并能正确进行餐饮成本核算与成本控制。

要点提示

1. 采购人员、采购部的组织形式、采购的特点、采购的原则、采购的程序、采购控制、采购控制方法。

2. 合理的验收机制、验收程序、验收日报表。

3. 库存要求、库房的设置与要求、库存管理的程序和方法。

4. 餐饮成本、餐饮成本和费用的结构及特点、餐饮成本的管理方法、餐饮成本控制方法。

思考讨论

1. 餐厅控制成本的方法有哪些？如何使用？

2. 饭店餐饮部如何从源头控制成本？

3. 餐厅如何在人员管理方面控制成本？

任务训练

● 任务名称

为所给婚宴菜单定价

● 任务目的

1. 掌握餐厅食物成本核算的方法。

2. 掌握婚宴菜单成本与零点菜单成本的不同。

● 任务训练要求

1. 根据菜单核算出每道菜的成本。

2. 根据本地饭店和市场的实际情况，为菜单整体定价。

● 任务训练方法

1. 小组训练法。将学生分成若干小组，每组成员 5～6 人。每组设组长一名，任务由组长协调组员共同完成。

2. 计算法。

● 任务评价

项目	标准	满分	得分
成本核算	方法得当，计算准确，符合实际	60	
菜单定价	定价合理，利润空间适合，有竞争力	40	
合计	100		

第五章

餐饮销售管理

学习目标

学完本章，你应该掌握：

1. 餐饮销售的历史演变；
2. 餐饮营销策略；
3. 餐饮产品的构成及餐饮产品策略；
4. 餐饮促销组合策略。

导入案例

某饭店餐厅的预订员接到客人的电话，要预订一桌高标准的宴席，同时特别要求要有龙虾。餐饮部经理接到通知后，立即让采购员去采购。谁知他跑遍了本县的几家菜市场，都没有买到。正当他焦急之时，意外得到了一个信息，邻县的市场上有龙虾。这时已是晚上6点半了，他飞速地奔赴邻县，当他拿着新鲜的龙虾匆匆赶回饭店时，时间已是7点多了，客人就快到了。餐厅服务人员早已做好了各项准备工作，当客人走进餐厅之时，一切都已准备就绪。在客人品尝美味的龙虾时，那位采购员特意走到餐桌旁，向客人征询对龙虾味道的看法，并将下午的采购风波简单地告诉了客人，客人听后很受感动。

以上的案例给了你什么启迪？一位采购人员也可以是一名销售人员吗？

随着现代社会经济竞争的日益加剧，餐饮企业的营销观念也从原来的以自我为中心的产品观念、生产观念和推销观念，逐步发展为以宾客需求为依据的市场营销观念，甚至还出现了从餐饮企业长远发展着眼的“社会营销”、“概念营销”、“绿色营销”等相关理论，即餐饮企业不应只盯着眼前的经济利益，而应同时注重社会效益，注重树立餐饮企业和饭店自身整体形象。作为餐饮经营者的一个重要组成部分，饭店餐饮部也开始采用各种营销手段，营销之战大有愈演愈烈之势。

有销售就要有产品，餐饮“销售之战”也是从“产品之战”打响的。而且餐饮产品不同于其他产品，它是一种动态的服务性产品。消费者评价餐饮产品时，往往是从一种感受、一种经历去判断的，这也涉及消费者的观念意识、心理需求、个人偏好等诸多因素，所以，如何能在竞争激烈的市场中，使自己的餐饮产品与服务独树一帜，吸引消费者的眼球，是至关重要的问题。

第一节 餐饮销售概述

一、餐饮销售的含义、特点和任务

餐饮销售与其他行业的销售比较起来，显得更为重要，因为一个餐厅的菜肴没有被销售出去，在一定时间内，这种商品就会失去价值而无法弥补。

（一）餐饮销售的含义和特点

餐饮销售是餐厅对产品和服务的构思、预测、开发、定价、促销以及售后服务的计划和执行过程。它以消费者为中心，适应餐饮市场变化，实现餐饮产品价值的交换。

餐饮销售具有以下几个特点：

（1）餐饮提供的产品主要是服务。服务本身具有感知性，所以消费者的消费过程和购买的产品在一定程度上是一种体验和切身感受。

（2）在餐饮产品的生产过程中，消费者扮演了举足轻重的角色。因为对餐厅的每个成员来说，顾客也是需要“管理”的。

（3）餐饮产品质量难以控制。由于每个消费者的感受不同，对产品评价的标准就会千差万别。在个性化服务张显的年代，服务不可能被标准化和程序化。

（4）时间因素成为产品销售的重要环节。一次成功的餐饮销售，不仅需要优质的产品，还要注重效率。

（5）餐饮销售是全方位的销售。一个五星级饭店的餐厅是饭店最好的销售窗口。

（二）餐饮销售任务

（1）对市场进行较为详细的调研，了解顾客的各种需求。

（2）设计适销对路的餐饮产品。

（3）采取相应的营销措施将餐饮产品恰当地销售给顾客，从而实现餐饮部门的经营目标。

（4）树立正确观念。观念决定行为，有什么样的观念就有什么样的行动。目前还有相当一部分酒店营销管理还停留在简单的推销或以降价为竞争手段，酒店缺乏正确的营销观念，就很难在竞争激烈的市场中取得胜利。要做好酒店营销工作，就必须把握营销观念的四个要点，也就是要从以下四个方面把握餐饮销售的观念：一是将营销作为饭店的经营哲学和观念，而非仅将它视作一个部门的工作；二是树立“服务即推销，推销即服务”的思想，将饭店前台人员的为客人服务纳入到饭店整个销售环节中；三是全员营销，强调推销是持续和日常性的工作，而不是某个部门或某些人在淡季和经营不景气时临时或突击的任务；四是注重饭店营销工作的统一性。

（5）选择正确的目标市场。一个餐饮企业不可能占领和满足每一个客源市场。例如，我们简单将客源市场分成 A、B、C，分别代表高、中、低三个档次的客源，假设本酒店具有接待 B 档客源的能力，这表示酒店的硬件和服务都是满足中档客源需求的。如果我们接待 A 档客源，情况会怎样呢？由于 A 档客源熟知高档次酒店的情况，他们对服务的预期较高，因此，酒店就较难满足他们的需求，就需要付出额外的精力去迎合他们，而酒店的接待能力、硬件标准、服务内容与 A 档客源的要求是相吻合的，出于种种原因 A 档客源还会出现不满意的情况。酒店若接待 C 档客源又会出现怎样的情况呢？因为 C 档客源对价格敏感，他们同样难以被满足，而且还会破坏 B 档客源的满意感，破坏酒店的气氛。

所以，酒店管理者必须明确酒店的市场定位，尽量避免接待与自身定位不相称的客源，倘若需要同时接待不同类型或档次的客源，就应预先设计好不同客源的行进路线，通过开设专梯、专人引导、区分楼层等方法，尽量避免造成两类客源的冲突。酒店只有根据自身条件，明确市场定位，才能更好地为每一个目标市场的客源制定适当的营销方案，提供规范的服务标准，提高顾客的满意度。

两个销售部的尴尬

某市有一家酒店有两个销售部，一个是负责客房的销售部，另一个是负责宴会的销售部。有一次宴会销售部为完成餐饮指标承办了一个乡镇企业的订货宴会。那天碰巧下雨，大批郊县农民脚穿雨鞋大声吵嚷着步入酒店，不仅弄脏了酒店的地面，而且在电梯里与一个刚抵达的日本旅游团拥挤在一起。事后，日本旅行社向酒店投诉，认为酒店的档次太低，与原先销售人员的宣传完全不相符。结果酒店因为接待了一个价值仅 3 万元的宴会，而失去了一个年收入预计为 30 多万元的日本旅行社的长期合作机会。此外，那个乡镇企业在结账时还认为宴会价格太高，菜肴过于精工细作，一点都不实惠。

（6）不断了解顾客需要，提供令顾客满意的产品和服务。顾客的需要是多样化的，是较难全面理解的，因为顾客有时不会将他的需要明确告诉酒店。例如，顾客向旅行社表明需要预订一家五星级酒店，这是他用语言表明的需要。顾客往往还有未表明的需要，顾客选择五星级酒店可能认为在五星级酒店用餐必然可以得到优质的服务，这可以减少他的时间花费、精力消耗和购买风险，同时顾客还希望得到令人愉悦的感官享受；顾客可能认为酒店里有室内游泳池可供休闲娱乐，晚上可以在酒吧和善解人意的服务员聊天等。有时顾

客还可要有一些不愿言明的需要，如入住酒店可以获取积分奖励等。所以酒店营销应当着力于不断研究顾客的需求，开发能够满足顾客需求的产品和服务，创造特色，要设法做得比同档次竞争对手更加出色，这样才能长久吸引顾客。

二、餐饮销售的历史演变

餐饮产品的销售与其他产品的销售一样，同样经历了以下五个阶段：

第一阶段：以生产观念为主导。在商品短缺的时代，顾客只关心是否可以得到产品，生产者只需注重产品的生产率，其核心是以"量"取胜。

第二阶段：以产品观念为主导。生产者虽然注重产品的质量，但只认为是产品本身的问题，缺少顾客参与，其核心是以"质"取胜。

第三阶段：以推销观念为主导。在产品过剩时代，生产者开始注意产品的推广，让顾客了解产品，其目的在于促销。

第四阶段：以市场营销观念为主导。在买方市场的前提条件下，生产者开始进一步注重顾客的需求，并"以销定产"，其核心在于"以顾客为导向"。而在这之前的时代都属于卖方市场，推销方向是从里向外，而买方市场推销方向则是从外向里。

第五阶段：以绿色观念为主导。在现代营销理念中，一个非常重要的理念就是绿色营销理念。绿色营销观念主要倡导企业销售的产品要以环境效益、社会效益为导向，在餐饮产品的设计与开发、原材料的选择、餐饮产品的生产等各个环节，都坚持环保的原则，把企业利益与消费者利益、社会利益结合起来进行市场运作，考虑到可持续发展的要求。

餐饮营销的未来

走优质高效的快餐化道路

常州武进宾馆是一家二星级宾馆，瞄准一般大众在出差时追求廉价、实惠的需要，将快餐拿到集市上销售，月度快餐营业收入最高达7万余元，并首次出现月餐饮收入超百万余元的喜人景象。

强调营销环境的情调、氛围

比如以郁金香、红玫瑰等来取代几号桌的编号。"营业中"、"准备中"的门口告示牌，令人感到冰冷无情，如果改用"本店上午九点开始营业，敬请稍候"、"本日晚十点打烊，明日上午九点再见，敬请原谅"，就令人倍感亲切。

生态农业、绿色食品、保健环境更为人们所重视

推销健康食谱、引进健康信息（如提供与健康、运动相关的杂志，或举办健康食谱讲习班等）、提供健康设施（附设健康俱乐部、瑜伽教室）。

重视个性化、特色化、形象化服务

如情人餐厅、球迷餐厅、"驴友"餐厅等主题餐厅。

重视人们情感、社交等方面的需求

餐饮企业通过设立诸如情侣包厢、情侣茶座、情侣套餐、情侣烧烤等服务项目来促销。

注意新奇性和娱乐性

如动物服务餐厅、机器人服务餐厅、矮人餐厅、海盗餐厅、绿林好汉餐厅、恐怖餐厅、倒立餐厅等种种形式的餐厅，所有这些，目的都是利用人们的好奇心来吸引客人。

重视顾客对信息的需求

如福建泉州建福大厦推出了新颖的“新闻早茶”服务，颇受广大消费者的青睐。在这里每位顾客仅需花上十几元钱，就可悠然自得地品茶、看报、吃自助餐。此外，大厅的显眼处还设有大屏幕彩电，连续播送早间新闻和股市行情等。

重视人们对文化知识的追求

如餐馆还举办讲座、学习班、文化沙龙等各种活动。有的餐馆定期刊出有关营养、保健、医疗知识等方面的板报和印刷品。还有些餐馆就像个小型的展览厅，各自以不同的主题陈列着各式各样的相关物品。

重视营销要素中的文化品位

台北“茶余酒餐厅”的老板陈靖自称是“金庸迷”，他推出了几道金庸的武侠小说《射雕英雄传》中描述的美味佳肴，如“岁寒三友拼盘”、“二十四桥明月夜”、“玉笛谁家听落梅”、“君子好逑灰心羹”和“古法扣羊脯缀”。陈靖先生宣称，他推出“射雕菜”的宗旨是：利用文学的想象力，为菜肴添上更多典故的趣味，同时也为单调的吃饭营造出诗情画意的想象空间，武侠小说中天马行空的想象，可以让菜肴有更多的弹性发挥。

迎合都市时尚生活方式

如电脑酒吧的餐桌上都装备有电脑，餐台也是经过特制的，一张餐台由高低两张桌面组成，一张桌面用来放食物和饮料，另一桌面用来放电脑、键盘、鼠标等。酒吧中的电脑是内部联网的，顾客们可以坐在餐桌前，通过电脑与邻座进行“无声”的交流。

三、餐饮销售人员的素质要求

（一）具有全员销售意识

被誉为美国现代饭店之父的斯塔特勒曾说：“谁是饭店的销售人员？是全体员工。”树立餐厅中每一个与顾客面对面接触的员工都属于销售人员的观念，这样后台的人员也会通过自己的间接劳动起到推销的效能。

（二）树立“服务即销售”的思维观念

树立“服务即推销，推销即服务”的观念，将餐厅的迎宾员、服务员、订餐员、酒水员、领班、主管等都融入餐厅整个销售环节中。销售和服务一样，是饭店的常规工作，而不是在餐厅不景气和淡季时的临时任务。

（三）了解顾客心理

随着经济的发展，餐饮业也随着社会需求而迅速发展，同时发生了由卖方市场到买方市场的转变。买方市场的出现，让人们可以根据自己的喜好、口味和经济条件去选择能满足自己需要的酒店、酒楼、餐厅进餐。因此，餐饮经营者要想吸引消费者，就必须根据消费者的需求去确定自己的经营项目和经营方式。如果认识不到这一点，就无法在激烈的市场中取胜。

众所周知，餐饮业是一种十分特殊的行业，这种特殊性主要表现在它提供给顾客的产品具有双重性，即有形性和无形性。作为经营者，必须从这两个方面满足顾客的需求，即不仅菜肴的色、香、味、形、器都要好，使客人感到物有所值，而且与之相配套的服务也要好，服务要富有人情味，让客人有美好的感受。任何一个经营者，如不善于体察和满足消费者，不能提供上乘的产品和服务，就无法适应消费市场的需求，就不可能取得良好的经济效益。

参考案例 5—2

晚餐时间，某餐厅里宾朋满座，几位琴师在现场演奏着一曲曲优美动人的乐曲。一位服务员在巡台的时候偶然听到其中一位女士对朋友说："我现在特别想听用钢琴和小提琴演奏的《爱相随》。"服务员马上走到琴师跟前，说明了情况。不一会儿，一曲悠扬的《爱相随》响起，那位女士十分吃惊，当她看到服务员微笑着向她点头示意时，明白了其中的原因，十分感动。服务员巧妙偶然了解了客人的需求后，为客人营造了一个难忘的就餐氛围。

餐饮销售人员应根据不同的消费层次、消费对象，给予正确恰当的引导。服务员在工作中，要灵活掌握各种技能，善于观察客人的情况，对来就餐的客人自然地分类。在导购和推销菜品时要考虑到客人的实际情况，切不可单纯为了经济效益而强行推销，这样不但不会提高经济效益，反而会引起客人的反感，而且这样做本身就是违背职业道德的。销售人员要从服务的角度考虑如何更好地做好服务工作，使顾客满意。餐饮企业可以对服务员进行正确引导客人消费的培训，首先要进行服务意识、职业道德的教育；其次是进行技能的培训，让服务经验丰富的人扮演各种类型的顾客，进行模拟培训。

相关链接

针对不同类型的客人，服务人员可以采取不同的服务方式。"场面型"的客人就餐目的主要是表现气派，服务员在引座时可以选择豪华包间或雅座，推荐高档名优菜品，菜品要注重"色"与"形"的搭配，上菜速度要适度，不宜太快，必要时可以推荐特制菜品，以显其豪华气派。"饱腹型"的客人重数量，服务员可在推荐菜品时以低、中档菜为主，并且上菜速度要快。另外对于不熟悉本餐厅菜肴的客人，服务员应对菜品作全面的介绍，并根据实际情况引导其点菜。

（四）了解专业知识

餐饮销售人员应了解更多的专业知识。这里的专业知识既包括服务方面的专业知识，还包括与菜肴、烹饪相关的知识。只有了解了这些专业知识，餐饮销售人员才能更好地针对不同客人推销不同产品和服务，并且在推销过程中也能为客人提供更多的参考信息，有利于客人做出决定。

四、餐饮营销策略

餐饮营销策略就是运用市场经济的理论，结合餐饮行业的实际，为餐饮企业在激烈的市场竞争中获得成功而设计、规划的一些思路和技巧。营销是现代餐饮管理的重中之重。餐饮营销要以市场为起点，以顾客需求为焦点，顾客永远是餐饮营销管理的核心。那么，如何做好餐饮营销呢？主要的策略有下述几个方面：

（一）定位策略

定位是任何一个营销行为或活动的前提，不然，营销就像无头苍蝇，没有方向和目标。一个餐馆（饭店）要想适应市场需求，吸引顾客就餐，必须对市场进行充分调研，分析竞争对手的一些优势和劣势，慎重确定本餐馆（饭店）的顾客群，进行目标定位，然后就要瞄准目标市场，同时形成自己独特的风味特色，塑造良好的品牌形象。

例如，以家庭消费为主的餐馆（饭店），一般应该以家常菜为主，满足家庭聚餐的需求。以追求地位感的消费者为主的餐馆（饭店），一般只接待有一定层次的顾客，在服务上要注重满足消费者的地位感和成就感、荣誉感。以休闲消费群体为主的餐馆（饭店），需要营造一个愉快、轻松、雅静、休闲的环境和氛围，要特别讲究文化底蕴。

（二）产品策略

餐厅为顾客提供的产品应该是令人非常愉快的、难忘的，而合适的氛围、亲切的语言、流畅的程序、高效的工作、与顾客的沟通交流等，则形成一个餐厅区别于其他餐厅的总体的价值。

在餐饮产品策略中，产品创新活动一直伴随着不断变化的市场。比如，产品结构的创新，有的星级饭店在餐厅等级的设计上很灵活，既有低档次的风味餐厅，又有中档的川菜餐厅，还有以粤菜为主的高级餐厅。这样一种产品结构的设计既满足了不同客人的需求，还为饭店餐厅与社会餐厅的竞争提供了有利条件。至于在产品种类上的创新更是多种多样，有的饭店还把产品延伸到店外，如到餐厅用餐可享受到某个景点的免费门票等。

餐饮经营者要充分挖掘并保持自身的产品特色和服务个性，才能吸引顾客，留住顾客。比如，北京的全聚德，顾客就是奔着全聚德的烤鸭而去，这就是品牌优势的不可抗拒性。但是，在设计产品种类时，不要东施效颦，在品牌战略上要突出个性和差异化。

（三）促销策略

餐饮企业的促销要受到消费观念、人文环境、社区环境、公益事业、经济环境等方面的约束。因此必须树立持久促销的宗旨。

对老顾客要实现持久促销，就要熟悉老顾客的需求，尽可能掌握老顾客的信息，通过交流沟通了解顾客的家庭、婚姻、籍贯及生日等情况；了解顾客爱好的菜肴、文化及习惯；听取顾客对餐厅的意见。在老顾客就餐时，送上一些免费的水果或其他饮品。这些付出虽然有一定的成本，但是比寻找新顾客的成本要小得多。餐厅管理人员要主动地与老顾客保持联系，经常问候。

（四）定价策略

如果竞争对手发起了“价格战”，餐厅如何定价呢？传统的定价方式是以成本定价，但是这种定价方式在激烈竞争的形势下会因为缺乏灵活性而处于劣势。这就要求餐厅在进行定价之前，必须对竞争对手的价格体系和策略进行充分研究，做到知己知彼，然后再决

定自身产品及服务的价格策略。

当然，餐厅要想实现稳定营销，还有很多技巧和策略。需要企业在经营过程进行充分规划和整合，实现自身餐厅（饭店）经营工作的稳固发展和提升。

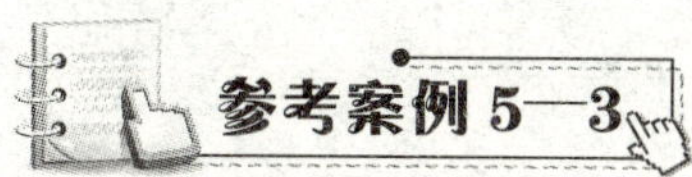

一家在杭州人眼里贵气十足、平均每位客人的消费在 100 元以上的餐馆，在每天的特定时段，居然做起了连小茶楼也看不上的每位客人 3～8 元的下午茶生意。这种“在同一家餐厅不同时间段，以不同经营模式、不同价格吸引不同的消费群体”的营销方式，被业内人士称为“分时消费”。“分时消费”打的是时间牌和价格牌。餐饮的“分时消费”，运用的是系统的价格策略，与目前一些商家采取的打折、降价相比要高明得多、规范得多，更具有现代商业意识。

第二节　餐饮产品及其策略

一、餐饮产品构成

（一）餐饮“服务包”

1. 餐饮“服务包”的含义

“服务包”的概念是由西方学者提出的。由于服务产品是由诸多要素共同组成的，既有无形的“服务”，又有有形的物质产品。服务组织即餐厅将这些要素组合在一起就形成了能满足顾客某种需要的服务产品，如同服务组织将所有服务相关要素捆绑在一起，形成一个服务要素的“包裹”提供给顾客，这就是“服务包”，如图 5—1 所示。

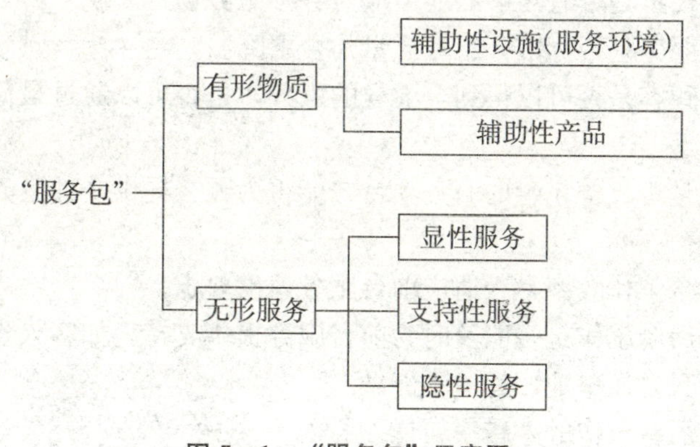

图 5—1　“服务包”示意图

2. 餐饮“服务包”的构成

（1）有形物质。

1）辅助性设施（服务环境）。这是餐饮服务的物质环境，是有形产品的一种，包括各

种提供服务所需要的硬件设施、设备和物质空间。

2）辅助性产品。这是指服务场所提供的供消费者购买或消费的有形的物品。如菜肴食品、酒水饮料，还有各种消耗品如牙签、调味品、餐巾纸等。在餐饮产品中这一部分占有很重要的地位。

以上两个要素属于组成整体服务产品的有形要素部分。

（2）无形服务。

1）显性服务。是指消费者通过体验服务过程能明显感受到的该服务所主要带来的利益。如顾客通过消费餐饮产品中的食物和饮料而得到了消除饥渴的感受。

2）支持性服务。是指为提供显性服务所必需的支持性服务。如后台工作，具体来讲有厨师的烹调工作、洗碗工的清洁工作等。

3）隐性服务。是指消费者在体验服务的过程中所能得到的隐含于服务当中的心理满足和利益。如顾客在豪华餐厅就餐时得到的身份及地位的体现和满足。

（二）餐饮产品的构成标准

1. 辅助性设施

（1）坐落地点是否便于目标顾客群前来消费。

（2）内部装修，如装修风格、装修质量、装修材料的选择等是否恰当。

（3）设备设施的智能化程度，运转的可靠性，如电子点菜器的使用。

（4）建筑风格是否具备一定的吸引力，并且与外部环境是否协调。

（5）设备设施布局是否合理。如空调的位置、服务等候区设置的安排、服务线路的设计、服务人员的站位等。

2. 辅助性产品

（1）标准化和一致性，如菜肴口味、菜肴配方的一致性。

（2）质量，如菜肴的美观度。

（3）花色品种。

3. 显性服务

（1）灵活性。员工是否有足够的能力应对各种服务场景。

（2）一贯性。服务是否标准，服务质量是否下降。

（3）方便性。顾客是否可以得到全天候的服务，是否可以通过最简单的方式与服务组织取得联系。

（4）综合性。是否具备完善的服务项目，能否为顾客提供多种服务产品。

4. 支持性服务

（1）效率。后台工作效率是否适应前台服务速度要求。

（2）及时性。后台工作是否能及时为前台服务提供支持。如客人点了一道菜单上没有的菜肴，后厨是否只是简单地回答“不能做”。

（3）可靠性。后台工作的差错率较低。

5. 隐性服务

（1）服务态度。

（2）餐厅气氛。

（3）等候时间。

（4）能否满足客人的自我成就感。

（5）能否满足客人的私密性与安全性的要求。

二、餐饮产品策略

由于餐饮产品与其他产品有很多不同之处，因而在决定产品策略时，应该注意选择适合本行业特点的产品策略。餐饮产品策略的类型较多，但总体有三大基本类型，即标准化策略、差异化策略、专业化策略。

（一）标准化策略

标准化策略也可称为总成本领先策略。采用这种策略的餐饮企业的主要目标是使本企业成为在本行业成本最低的产品提供者。在人力成本最小化、餐饮企业激烈竞争的前提下，为了在餐饮市场这块蛋糕中能分得更大的一块，这种方法成为大多数餐饮企业采用的一种策略，同时它也是其他餐饮策略实施的基础。

实施标准化策略需要餐饮企业具有相当的规模、严格控制成本、不断革新技术。低成本的运作为服务提供了一道保护屏障，使效率相对较低的竞争对手承受较大的竞争压力。餐饮企业实施标准化策略，首先要在主要设备上大量投资，其次要采用极具竞争力的低价格，此外还要承受在进入市场之初所遭受的经济损失，以赢得市场份额。

标准化策略具有以下几个特征：

（1）生产服务标准化。标准化能促进规模经营，不仅能降低成本，而且还能吸引大量顾客，并能保证服务质量。

（2）产品简单化。餐饮企业只提供品种简单的产品，制作简单的菜肴饮品，这也有利于实现标准化生产及质量控制。

参考案例 5—4

河南省某市一家四星级饭店的餐厅，不仅提供上档次的粤菜、广受普通消费者欢迎的川菜，还有河南人最喜欢的面食，一位客人只要花上几元钱就可以品尝美味可口的面条。一天中午，餐厅来了一位老先生，他找了一个不显眼的角落坐下来，对服务员说："不用点菜了，给我一份面条就行。"服务员仍然微笑着为他服务，同时给他送来了免费茶水。当天晚上，这位老先生再次来到这个餐厅，还在老位置上坐下，又点了一份面条，服务员同样为他提供了满意的服务。吃完饭，老先生满意地对餐厅经理说："我要给我侄子订 18 桌婚宴，标准要高一些，这些天我到几家高档宾馆看了看，就数这里服务好，决定就在这儿订了！"经理一听，真是喜出望外，在了解了老先生的要求后，马上与餐饮部的宴会厅取得联系，并帮助客人完成了预订工作。

（二）差异化策略

差异化策略就是创造风格独特的服务产品，也就是我们经常说的"特色经营"。差异化策略形成的可能途径是：独特的商标形象，如饭店的独特标志；高超的烹饪技术；完善的销售网络；新奇的服务内容，等等。

差异化策略实施的前提是：差异化所付出的成本应该是客人愿意支付和接受的，也就是说，实施差异化策略要比竞争对手的投入更大。

很多餐厅在形成自己风格上动足了脑筋，在餐厅的装潢、服务人员的服装上都下了很大的气力。那么，究竟从哪些方面入手，才能创造本餐厅的特色呢？其实，从我们上面提到的“服务包”中的任何一个要素或几个要素中加以突破，都可以形成自己的特色，从而区别于竞争对手。

差异化策略实施的途径主要有：

（1）辅助性产品特色化。这种方式是目前餐厅采用较多的一种形成特色的方式，主要是针对菜肴食品、酒水饮料进行创新，既有在传统的色、香、味、形、器等方面的突破，又有在销售形式上的突破。

（2）辅助性设施特色化。目前餐饮市场上出现了主题餐厅，如茶餐厅、休闲餐厅等。其主要手段都是利用独具特色的内部装修和奇特的建筑外观来吸引客人。

（3）显性服务和隐性服务特色化。从服务方式的转变、服务氛围的营造、餐饮文化的塑造以及服务人员的变化等多方面赋予隐性与显性服务以特色。如泰国曼谷东方饭店，客人在饭店的公共场所并不能看见很多的服务人员在为客人服务，而当客人需要服务时，服务人员就会及时出现在客人的面前。这种服务方式顺应了客人度假的需要，为客人营造了一个休闲、放松的用餐环境。

（4）支持性服务特色化。如今很多餐厅将后台服务前台化。如有的餐厅仿效西餐厅将厨师的工作置于客人可以观赏的角度；有的餐厅则采用开放式厨房，客人可以随时了解厨师的工作状况；有的餐厅将菜肴制作成电子点菜单，客人点菜时可以通过点菜屏幕欣赏到厨师制作的菜肴样品的图片，从而促使客人购买产品。

除了从“服务包”中的各个要素进行差异化策略外，还可以通过经营模式的变化、营业时间的调整、改进产品等方法来实现差异化策略。

（三）专业化策略

专业化策略是指集中力量满足特定顾客群体的需要。专业化策略实施的前提是：目标市场必须是需求特点十分突出的特殊群体，“大众性”产品或服务不能满足他们的需求。这样就给那些能提供专业化服务的服务组织提供了生存和发展的空间，这些服务组织提供的产品和服务更具有针对性、成本更低、质量更好。如目前专门为会议和会展提供的会展餐厅，专门为商务客人提供的商务宴席，以及主题餐厅的兴起都与此相关。随着社会的发展，专业化策略必将成为餐饮产品发展的一个主要趋势。

参考案例 5—5

在北京的羊房胡同，有一家用不足 10 平方米的房间开设的餐馆，名为厉家餐馆。这家餐馆只有一张桌子，门口连个招牌都没有，但十几年来已接待了来自五湖四海的朋友 5 万多位，其中有 60 多位国家元首，美国前国务卿贝克、加拿大前总理克拉克、微软公司总裁比尔·盖茨、拳王阿里等都曾经是它的座上宾。

创办这家菜馆的厉先生，是北京某大学的退休教授，厉先生的夫人是一名儿科医生。两位老人不仅是服务人员，还是出色的菜肴讲解人。教授当服务员，服务档次高而且“另

类”。再加上厉家菜是清朝宫廷菜的一个分支，而且厉先生在 1984 年中央电视台为庆祝新中国成立 35 周年举办的“国庆家宴邀请赛”上获得了第一名。厉先生烹制的“青松鲜贝”、“一品大虾”、“炒咸什”等菜肴，精工细作，很有“在慈禧太后家用餐”的感觉。因此，厉家餐馆很快便名声在外。常言道“曲高和寡”，但厉家餐馆的成功却正在于它的定位，使其成为一个特色经营的经典例子。

三、餐饮产品定价策略

价格是餐饮经营的一个最敏感的问题之一，价格的变化对消费者有着决定性的影响，也对餐饮企业的经营利润有着决定性的影响。因而它成了餐饮销售环节中的一个重要环节。

（一）餐饮产品价格

餐饮产品的价格由以下四个方面组成：

（1）成本，主要包括原料费（如菜肴的主料、辅料）、燃料费、人工成本等。

（2）费用，主要包括营业费用、管理费用、财务费用等。

（3）税金，主要包括营业税、城建税、教育附加税。

（4）利润。

餐饮产品的价格是以菜单的形式表现出来的，这要求餐饮产品的价格在菜单中呈现一个合理的结构，以方便客人选择。

（二）餐饮产品定价的因素

影响餐饮产品定价的因素有很多，主要的因素有以下几个方面：

1. 需求

在其他因素不变的情况下，市场对某一种餐饮产品的需求量增加时，该产品的价格就会增高，反之，市场对某一种餐饮产品的需求量减少时，其价格就会降低。但如果其他因素发生变化，如竞争对手增加、餐饮产品的其他替代品增加、客人的经济状况等发生变化，则此种规律将随着诸多因素的变化而发生变化。

2. 供给

市场上餐饮产品的供给量对价格也会产生影响，供给量与价格成正比例的关系。在其他因素不变的情况下，当供给量增加时，价格会降低；当供给量减少时，价格会上升。那么，影响餐饮供给量的主要因素又有哪些呢？包括以下几种主要因素：供给方对未来市场需求的预测、产品成本的变化、经济状况的起伏、国家政治形势、国家的政策法规等。

3. 价值与消费者的观念

由于餐饮产品与其他物质产品的不同，使得餐饮产品的价值与价格的关系体现得更为密切。价值高的产品在市场中的价格就会居高不下，如某些“私房菜”，由于其独特的配方，在市场中独领风骚，其价格就会以其独特的价值而偏高。另外，餐饮产品的价格与消费者的观念有密切关系，当某种餐饮产品迎合了消费者的口味，受到消费者欢迎时，此种产品的价格就会上升，反之亦然。

火爆的年夜饭

近几年来，全国大城市的年夜饭异常火爆，很多大酒店的餐位在春节前两个月就已经预订一空了。近年来，各个餐厅在年夜饭上又有了新的招数，不仅价格比平时要高一些(主要原因是需求量增长)，而且客人要想预订座位还要与餐厅签订合同。这清楚地显示了需求与价格之间的关系。

（三）餐饮产品定价的具体策略

餐饮产品定价策略的选择不仅与企业产品价值、产品种类、产品质量相关，更与顾客心理、顾客承受能力和市场变化有着密切联系。

1. *以成本为中心的价格策略*

以成本为中心的价格策略，就是餐饮企业在决定菜单定价时，以产品成本为基础，再加上一定百分比的利润。以成本为中心的价格策略是大多数企业采用的一种定价方法，因为成本是所有企业要考虑的第一因素。但这种方法只考虑了企业的目标利润，而没有考虑到需求的变化、客人的偏好等诸多要素。在定价时只考虑成本这一单方面的因素，不能作为餐饮企业定价的决定性方法。所以它只是一种基本的定价策略，也是餐厅产品销售的最低价格。

以成本为中心的定价法具体有两类：一是成本加成法，即各餐饮企业或部门依据不同情况分别设定不同的百分比，即按成本再加上一定的百分比定价。二是目标收益率法，即事先确定一个目标收益率作为核定价格的标准，然后根据目标收益率计算出目标利润率，最后计算出目标利润额度。餐厅在达到预计的销售量时即能实现预定的利润目标。这两种方法具有简单易行的特点。但实际使用起来并不能真实地反映出企业的价格策略。

2. *以需求为中心的价格策略*

以需求为中心的价格策略是指，根据客人对产品的认识、感受和需求来决定价格的策略。相对于以成本为中心的定价法来说，以需求为中心定价的策略，主要根据产品本身的价值确定价格。

如果一个餐厅具备高水平的管理层、有能积极应变的督导层、有提供优质产品的服务层，餐厅的装潢考究、布局巧妙，是商务客人和高消费群体主要的活动场所，那么在定价时就要对应于高端的客户群体，采用高价策略，以期获得丰厚的回报。而对于一般的大众化餐厅来说，其客户群主要为上班族，因而餐厅的定价策略就要采用低价策略，扩大市场需求，以薄利多销的方式来赢得市场份额。

以需求为中心的定价方法具体有两类：一是理解价值定价法，即餐饮企业以其产品和服务所形成的一种“消费概念”，或顾客对该餐饮产品和服务的一种理解为依据来确定价格。主题餐厅、高档餐厅往往采用这种方法。二是区分需求定价法，即按照顾客的消费时段，或者按照顾客的消费方式，或者按照客人的类型来进行区别定价。

3. 以竞争为中心的价格策略

以竞争为中心的价格策略是指以竞争对手的售价为定价依据。这种方法的特点是节省市场调研的环节，在一定程度上可以避免风险。另外，此种方法还可以随时进行调整，从而不断增强自身价格的竞争力。

第三节 餐饮促销

在餐饮企业产品定价的基础上，餐饮产品的销售活动进入了一个关键阶段——促销阶段。促销是餐饮企业销售的常规手段和工具。促销是指餐饮企业通过一系列以说服顾客采取购买行动为最终目的的活动，使潜在顾客了解产品，引起其注意并使其产生兴趣，激发其购买欲望和购买行为，从而达到一定的销售和促进销售的目的。

促销组合是指餐饮企业为达到一定的销售和促进销售的目的，将各种促销工具如广告、公共关系、营业推广及人员促销等基本促销方式组合为一个策略系统，使企业的全部促销活动相互配合、协调一致，最大限度地发挥整体效果，从而顺利实现销售目标。

一、餐饮促销组合策略

（一）广告促销

广告促销是在一般营销策略的基础上，利用各种推销手段，在广告中突出消费者能在购买的商品之外得到其他利益，从而促进销售的广告方法和手段。主要广告促销手段如表5—1所示。

表5—1　　餐饮广告促销手段

类别	主要特点		优势及用途
平面媒体	报纸	成本较低、可裁剪保存	食品节、特别活动等餐饮广告
	杂志	直观性强、可裁剪保存	食品节、特别活动等餐饮广告
	商函	是针对性和即时销售的最佳媒体	特殊餐饮活动、新产品推出、新餐厅开张
	海报	是最常见的提醒式、告知式广告形式	餐厅的优惠活动、特别推荐、
	型录	是一种针对性很强的小型印刷媒体	宴会菜单、特别菜肴推荐、餐厅介绍等
电子媒体	电视	视觉冲击力强、强势媒体、成本较高	餐饮企业的整体宣传
	广播	成本低、大众性强	餐厅的特别活动等
	网络	成本低、信息量大、不受时空限制	餐饮连锁酒店的扩张等
	电影	目标精确、视觉冲击力强、美轮美奂	餐饮企业整体推介
户外媒体	成本低、持续时间长		餐饮企业形象广告
人际媒体	可信度高、无成本		餐饮企业形象塑造
实物媒体	直观性强、成本低		菜肴展示

餐饮企业的具体广告促销策略，需在管理过程中依据实际情况进行选择。

（二）营业推广

营业推广是指餐饮企业进行的除了直接推销、广告和公共关系以外的，用以刺激消费者购买和中间商经营餐饮产品和服务的各种短期的非经济性的营销活动。其主要目的是在短期内迅速刺激和扩大需求，取得立竿见影的效果。

营业推广的手段有以下几种：

（1）价格优惠，如餐厅推出的每日特价菜。

（2）奖券和抽奖。

（3）免费提供餐饮产品样品。

（4）退款和折扣。

（5）优先照顾。

（6）现场展示。

（7）鼓励重复消费，如发放 VIP 卡。

（8）特殊活动，如美食节。

（9）赠送礼品或某些促销产品。

（三）人员促销

人员促销是指为了达到销售目标，餐饮企业派出人员直接与消费者或客户接触。人员销售的明显特点就是销售人员与顾客有直接的接触，餐饮促销人员可以直接回答顾客提出的问题，面对面向顾客介绍餐厅的服务设施和菜品特色以及价格标准，相对于广告宣传而言更具有可信性。人员促销分为两个层次，即专人促销和全员促销。

1. 专人促销

餐饮企业可设专门的促销人员来进行餐饮产品的营销工作。要求他们必须精通餐饮业务，了解市场行情，熟悉饭店各种餐饮设施及其运转情况。顾客可以从他们那里得到一些许诺，从而刺激顾客的消费欲望。

拜访的八个步骤

第一步：拜访前的准备。

第二步：确定上门。

第三步：赞美、观察。

第四步：有效提问。

第五步：倾听推介。

第六步：克服异议。

第七步：确定达成。

第八步：致谢告辞。

2. 全员促销

全员促销即饭店所有员工均为现实或潜在的促销人员。第一级由专职人员，如营销总监、餐饮销售代理、销售部经理、销售人员等组成。第二级由兼职的推销人员构成，如餐饮总监（或餐饮部经理）、宴会部经理、餐厅经理、预订员、迎宾员以及其他服务人员等。经理们可在餐前至餐厅门口迎候宾客；餐中巡视，现场解决各种投诉及疑难问题；餐毕向宾客们诚恳道谢，并征询宾客对菜点、酒水以及服务的看法和意见。服务人员则通过他们热情礼貌的态度、娴熟高超的服务技巧、恰当得体的语言艺术，向宾客进行有声或无声的推销。第三级由各厨师长以及其他人员组成。

（四）菜单促销

菜单促销，即通过各种形式的菜单向前来餐厅就餐消费的宾客进行餐饮推销。菜单应该是形式各异、风格独特的。比如，可通过固定式菜单、循环式菜单、特选菜单、今日特选、厨师特选、每周特选、本月新菜、儿童菜单、中老年人菜单、情侣菜单、双休日菜单、美食节菜单等来进行宣传和营销。

在设计菜单时，要考虑能够吸引顾客。具体设计时要根据情况来选择不同质地，设计出意境不同、情趣各异的封面，格式、大小可灵活变化，并可以分别制作成纸垫式、台卡式、招贴式、悬挂式、帐篷式等。色彩或艳丽、或淡雅，式样或豪华气派、或玲珑秀气，让宾客爱不释手，无形中产生了购买欲，并付诸行动。这些菜单实际上也起了无言的广告作用。在后面的章节中，我们将对菜单的设计作详细介绍。

（五）形象促销

对餐厅的形象进行设计策划，如在店徽的设计、餐厅主题的选择、餐厅的装潢风格以及家具、灯饰等方面下工夫，使之起到促销的功用。

例如：可营造出20世纪30年代旧上海情调的上海餐厅；越南风情的芭蕉别墅；傣族风格的竹楼餐厅；富有浪漫、高雅艺术气息的西餐扒房；以红木（或仿红木）家具、清宫服饰等装饰为主的高档中餐厅；以蒙古包、小方桌、花地毯作为主题形象，散发着狂野气息的蒙古餐厅；餐厅内到处可见的红、白、绿三种鲜艳颜色的意式餐厅；还有手提小红灯笼，身着红花绿叶小袄的迎宾员，操着清亮的川腔迎候宾客，着中式大褂的后生，手提一把有着长壶嘴的大铜壶，犹如飞瀑一般隔人冲茶的川味餐厅；有的餐厅更是推出了“禅茶”表演，等等。以上这些都属于餐厅形象营销成功的例子。

（六）公关促销

在我国，星级宾馆一般都设有销售部或营销部，也有的称为公关部。无论它叫什么名字，目的都是促销。他们不仅推销客房、招揽会议接待，而且宴会推销也是重要工作内容之一，有的饭店还专门设有宴会销售部。然而在许多独立餐厅或中低档饭店，因其经营规模的限制，无法设立专门的推销部和专职的推销员。在这种情况下，人员推销中的全员推销就显得格外重要了。

二、餐饮促销技巧

餐饮促销不仅要选择合适的策略，还要注意促销的技巧，注意餐饮销售战略与战术的结合，从而为餐饮销售的成功创造更大的价值空间。

（一）店名促销

店名在餐饮销售中的作用是不容忽视的。店名必须适应目标顾客的层次，符合餐厅的经营宗旨和情调。店名应取易记和易读的文字，笔画应简洁、字数少，文字排列要避免误会，字体设计要美观大方，要具有独特性。另外考虑到有些顾客会通过电话预订餐桌，所以应该避免使用易混淆和发音困难的词汇，特别是不能为了追求独特用一些生僻的文字。

（二）招牌促销

招牌是餐厅最重要的宣传工具，招牌应醒目，具有吸引力。一般来说，大的招牌比较醒目，易吸引人的注意力，晚上招牌要有霓虹灯照明，易于顾客辨识。

（三）外观促销

餐厅外观应美观大方，门口可种植、摆放花草树木，并保持清洁，特别是餐厅中的绿色植物，叶子上面应该没有尘土，只有这样才能让顾客觉得餐厅是清洁卫生的。在门前或橱窗上列出特色菜肴及价格，消除顾客顾虑，使顾客能够安心走进餐厅消费。餐厅的内部主要是餐厅的环境、餐厅气氛和情调、服务员的服务水平和技巧、卫生清洁等外在表现可以作为促销的手段。

（四）提高信誉

想要树立酒店的知名度，提高信誉，可利用各种宣传手段在短时间内对餐厅产生一定的影响力。但要想做到“你无我有、你有我优、你优我变”的程度，应该不断努力。所以，酒店应定期举办一些节目，组织一些活动，赞助一些事业，来扩大自己的知名度。这些事看起来是耗费人力财力，但只要组织得力，安排恰当，一定能扩大酒店影响，提高信誉，并带来经济效益。

（五）客史档案

建立和搜集“客源人事档案”，如市委××领导×年×月×日生日，×公司×年×月×日年庆，×月×日是××VIP客人的结婚纪念日等，到时提前发出贺信以此用来加强与顾客的联系，可以使酒店拥有一批稳定的客源。如果餐厅建立了5 000份客源档案，每位客人一年来就餐一次，每天就约有14位客人，那么每天就有2～3桌稳定客源。

（六）餐后服务

就餐后，客人除获得赠品、优惠券外，餐厅可以安排一两个人为客人免费洗车（凭餐券或其他手续）。事情虽小，却能给客人带来方便，以此来加深客人对酒店的印象，能够为酒店创造更好的经济效益和社会效益。

三、餐饮促销艺术

一名优秀的餐饮推销人员，不仅要为客人提供优质的服务，还要将服务与营销巧妙地结合起来，使之成为一种艺术，从而使客人的就餐真正成为一种享受。

（一）实物促销

实物促销是借助餐厅产品实物或图片、模型来刺激客户产生购买行为的一种促销方法。餐厅经营者通过有意识地利用各种刺激方法来影响人的情绪，使之有利于向购买行为转化，从而达到推销产品和服务的目的。如在饭店餐厅门口或客人经过的地方，陈列餐厅产品的实物模型，张贴产品的图片、招贴画、布告牌等，从视觉、听觉、嗅觉等方面对客人进行感官刺激，以激发消费者的消费欲望。

（二）利用客人促销

利用客人促销是指餐厅经营者向在餐厅就餐的客人提供完美的服务，使他们带动新客人光临消费的一种促销方法。对于餐厅经营者来说，一个顾客就是一个“活广告”，客人对餐厅评价如何，会直接影响到餐厅的潜在客源。餐厅经营者应对一些老顾客在服务上和价格上给予更多的关照和优惠，给客人留下较深的印象，会起到意想不到的推销效果。

（三）客人点菜时促销

服务员在接受客人点菜时应主动向客人提供多种建议，促使客人增加消费数量或消费价值更高的菜点、饮料，一般可采用以下几种办法：

1. 形象解剖法

服务员在客人点菜时，把优质菜肴的形象、特点，用描述性的语言加以具体化，使客人产生好感，从而引起客人食欲，达到推销的目的。

2. 解释技术法

即通过与消费者的友好辩论、解释，消除其对菜肴的顾虑。

3. 加码技术法

对一些价格上有争议的菜点，服务员在介绍时可逐步提出这道菜肴的特点，并给客人以适当的优惠。

4. 加法技术法

不断强调菜肴的特色和优点，使消费者形成深刻的印象，从而产生消费欲望。

5. 除法技术法

对于一些价格较高的菜点，有些客人会产生疑虑，服务员应耐心解释，这样会使客人觉得物有所值，从而产生消费欲望。

6. 提供两种选择方案

针对有些客人求名贵或求廉价的心理，为他们提供两种不同价格的菜点，供客人挑选，由此满足不同的需求。

7. 利用第三者意见法

即借助社会上有地位的知名人士对某菜点的评价，来证明这道菜品质高、价格合理，值得购买。

8. 代客下决心法

当客人在点菜过程中表现出犹豫时，服务员可说：“先生，这道菜我会关照师傅做得更好一点，保您满意……”等。

9. 利用客人之间矛盾法

如果来就餐的两位客人，其中一位想点这道菜，另一位却不想点，服务员就应利用第一位客人的意见，赞同他的观点，使另一位客人改变观点，达到使客人消费的目的。

（四）餐厅现场促销

餐厅现场促销即现场烹制推销，就是将菜肴的烹制过程放在餐厅内进行，或将菜肴的最后一个烹制环节放在餐厅内进行，通过展示烹制过程，让客人看到形、观到色、闻到香，从而促使客人进行消费，使餐厅获得更多的销售机会。可以进行此类操作的菜肴如煎蛋、铁板烧、锅巴虾仁等。有些酒店的餐厅就采取了这种方式，摆台厨师现场操作，餐厅气氛活跃，生意红火，值得借鉴。

（五）试吃促销

对于一些需要特别推销的菜肴，如各种名点、名菜，可以采用试吃的方法促销。服务员用餐车将菜点推到客人的桌边，让客人先品尝，如喜欢就推荐客人购买，不喜欢就请客人品尝其他菜点，这既是一种良好的服务方式，又是一种很好的推销手段。

酒店餐饮销售14法

1. 确定销售目标与计划。
2. 定期召开销售会议。
3. 对客人的投诉及时做出反应。
4. 坚持审阅每周报告书。
5. 参加拜访客户活动。
6. 稳住主要客户。
7. 招待社区知名人士。
8. 陪同客户参观酒店产品。
9. 增加与顾客的情感交流。
10. 让销售经理专心致志。
11. 有计划地拜见会议客户。
12. 广告推销要注重酒店主要产品。
13. 举办公众关注的活动，增强销售攻势。
14. 对销售人员的工作给予肯定。

第四节　餐饮公共关系销售

公共关系是在20世纪80年代传入我国的。现代的公共关系已经超越了原有的内涵，成为任何一个组织不可或缺的一种管理手段和管理理念。

餐饮公共关系是指餐饮企业为了增进与社会公众及内部员工之间的了解、信任和合作而做出的各种有计划的、持久不懈的沟通努力。通过各种有效的公关活动，如宣传报道、大型活动、捐款赞助等，帮助餐饮企业树立良好的形象，提高餐饮企业的知名度，减少或消除对餐饮企业不利的影响，加强餐饮企业内部员工的凝聚力，并密切与新闻界、宾客、客户、竞争者及社区居民和相关组织的关系，创造良好的企业经营环境。

一、餐饮公共关系的主要特征

第一，餐饮公共关系的主要对象是与餐饮企业有关的社会关系。饭店餐饮部的公共关

系对象包括餐饮部内部的全体员工、外部的生产协作者（如原料供应厂商）和竞争者、广大消费者和用户、政府主管部门、新闻媒体以及所处社区的各种社会关系。这些关系影响和制约着餐饮部的经营活动，成为饭店生存和发展的人事环境、社会气候。因此，餐饮公共关系实际上是指餐厅赖以生存和发展的整个社会关系网络。

第二，餐饮公共关系注重处理全方位的社会关系，尤其注重处理各种横向关系。饭店餐饮部不仅应注意处理好自身同上级主管部门的关系，而且注重处理好同内部员工的关系，特别是注重处理好同外部公众的横向关系，如同客户、消费者、社区居民、同行企业以及新闻媒体等的关系是餐饮公共关系的主要内容。

第三，餐饮公共关系的基本目标是在社会公众中树立起本餐厅的良好形象，为餐厅创造成功的人际关系、和谐的经营气氛、最佳的社会舆论，以赢得社会各界的了解、信任与合作，追求“人和”的经营氛围。

第四，餐饮公共关系的主要手段是信息沟通。饭店餐饮部要想建立并维持与社会公众的良好关系，创造最佳的社会环境，必须运用各种大众传播媒体，如新闻、事件特写、新闻发布等进行宣传报道，建立与外部的信息沟通网络，在外界树立自己良好的形象。如通过新闻记者采访报道、出版有关饭店的书籍，或者在饭店举办纪念庆典时向公众发送宣传材料，这些对于公众了解饭店是十分有益的。需要注意的是，饭店餐饮部与社会公众之间的信息沟通是双向的，即一方面对外沟通，使公众认识、了解自己；另一方面听取舆情民意，为改进和完善自身形象提供依据。根据宾客需求和公众意愿去设计自身的形象，使自己的方针、政策、产品和服务等更加符合公众的利益，这是建立良好公共关系的基础。

第五，餐饮公共关系的基本方针是着眼于长远打算，着手于平时努力。饭店餐饮部与公众之间的良好关系，不可能一朝一夕建立起来，更不能急功近利，靠零敲碎打突击组织一两场活动所能完成的。它所需要的是长期的、有计划的、持续不懈的努力。为了长远的利益，饭店要舍得付出眼前的代价，用平时点点滴滴的努力去建立一定的关系，并时时加以维护、调整，使之不断发展，只有这样，才能在需要时得到对方真诚的支持与合作。

二、餐饮公共关系在市场营销领域的主要职能

由于公共关系在市场营销实践中能够弥补传统的广告和推销的缺陷，20 世纪 70 年代以来，西方许多企业日益重视运用公共关系。作为促销的重要手段，餐饮公共关系在市场营销方面主要执行如下职能。

（一）宣传报道

美国市场学者菲利普·科特勒教授在《市场学纲要》一书中指出：“宣传报道是公共关系这个大概念的一部分，而企业公共关系的目标有若干个，包括获得对本企业有利的宣传报道等。”饭店餐饮部应注意密切与新闻界的关系，将有新闻价值的信息通过新闻媒介予以传播，以吸引公众对饭店及其提供的产品和服务加以注意和了解，促进餐饮产品的销售。

饭店餐饮部的宣传报道切忌流于形式，避免成为那种花钱请记者所做的吹捧性的“有偿新闻”，而必须要具有新闻价值和可读性，使之客观、公正，以增强读者的信任感。由于公共关系不仅仅是向潜在宾客提供信息和进行劝诱式的宣传报道活动，而且还包括使社会广大公众了解饭店的方针政策和各种措施，在社会上树立饭店的整体形象和声誉。

（二）维护好社区关系

饭店餐饮部的经营离不开当地各种政府机关、企事业单位及其他社会团体的支持与帮助，当地社团对饭店的态度、看法的好坏，直接影响到餐饮部的客源。因此，饭店餐饮部必须重视与当地社区的关系，使本地居民感到其经营会给公众带来好处。这便需要餐饮部除了为宾客提供满意的服务之外，还应在自身条件许可的情况下，尽可能为当地做实事，如将本店的空地提供给社区作为活动集会场所，为居民提供价廉物美的外卖服务，积极参与社区的公益和赞助、慈善募捐活动等。虽然这些做法有悖于成本原则，但其社会效益却是十分巨大的。

（三）信息收集

信息是企业经营管理所必不可少的一种重要资源，现代企业不仅要靠市场营销信息系统来收集、分析、加工、处理各种信息，而且还必须充分利用公共关系活动来收集与本企业形象和声誉有关的各种信息。饭店餐饮公共关系所要收集的信息主要有两大类：一是餐饮产品和服务形象信息。饭店餐饮公关人员必须十分注意了解本饭店的产品和服务在各类公众特别是在客户和宾客心目中的形象，包括他们对于价格、质量、特色等方面的反映，对于某产品优点、缺点的评价以及如何改进等方面的意见。二是饭店形象信息，包括公众对饭店经营管理水平、人员素质等方面的评价。

收集上述信息的渠道多种多样，其中最为重要的是宾客和客户，其次是新闻媒介所反映出来的社会舆论。有的饭店餐饮部门甚至采取公开征集批评意见的做法，并对提出批评者给予奖励。此外，政府有关部门、上级主管部门以及同行竞争对手的意见也是十分重要的。

（四）咨询建议

饭店餐饮公关人员要向饭店最高管理者及各管理部门提供有关公众对饭店形象、地位及餐饮产品和服务等的建议。公关人员咨询建议的重点有以下三个方面：

第一，关于本饭店知名度和可信度的评估。事实上，饭店在自己心目中的形象与在公众心目中的形象并不完全一致，有的甚至相去甚远。作为饭店的决策智囊，公关人员必须本着实事求是的态度，采用科学的方法，对各方面的意见进行认真比较和综合判断，以使饭店的知名度和可信度得到准确的判断。

第二，公众心理的分析预测和咨询。公关人员必须分析和研究公众的心理活动，把握公众的各种消费心理、需要和态度，并将这方面的研究成果及时提供给饭店餐饮最高管理人员，作为制定战略决策的依据。

第三，评议本饭店的方针、政策和计划。饭店最高管理人员和计划部门制定的方针政策和计划，有时往往只是出于利润方面的片面考虑，而对公共关系方面的利害关系可能考虑不周，有些计划如果实施下去就会损害公众利益，破坏自己的形象。

（五）危机处理

一旦发生危机事件，如火灾、食物中毒、重大盗窃案等，饭店餐饮部应通过一系列公关活动，来避免或减少对饭店餐饮部声誉的不良影响。由于这些事件都是突发性的，且极易损坏饭店餐饮部的声誉，必须予以高度重视，并冷静地处理，从而将消极影响降至最低。此外，突发性事件极易成为新闻热点而被广泛传播，因此对饭店餐饮部而言，能够得到传播媒体的理解和合作便显得至关重要。

在发生危机事件时，掩盖事实并非好的方法，相反，公开接受记者采访或召开新闻发布会，一方面可以让公众了解事实，澄清谣言，同时也可以增强公众对饭店餐饮部处理上述事件的信任和理解，对饭店管理者留下深刻的印象。另外，有关善后处理结果也应及时见诸报端，消除公众的疑虑，重新树立饭店的良好形象。对于某些默默无闻的饭店来说，如果危机处理得当，往往会成为扩大知名度的一个契机。

（六）处理好与内部员工的关系

饭店餐饮部的各项工作最终都是由员工来完成的；市场营销的重要原则是使宾客满意，而没有满意的员工，就不可能有满意的宾客。因此，搞好与内部员工的关系，增强企业的凝聚力，是饭店经营管理成败的关键，也是饭店餐饮内部公共关系的重要职能。

饭店餐饮内部公关的形式主要有以下几种类型：

第一，出版内部刊物。目前，许多饭店餐饮部都办有自己的刊物，其内容包括餐饮部经营管理情况、方针政策、企业大事、重要宾客记录、员工奖励情况、员工家属代表与员工联欢、员工培训、员工心声等。内部报刊对于沟通管理层与员工的关系，具有十分积极的作用。如南京金陵饭店的金陵饭店报，每半月一期，内容丰富多彩，分析饭店经营管理状况，宣传饭店的各项重要活动，刊登员工心声，不仅深受员工欢迎，也是十分有效的宣传工具。

第二，办好职工宣传栏。宣传栏一般设在职工上下班的必经之地。栏内有如下内容：报道饭店管理层的消息，外界的感谢信，店内经营措施的调整，优秀员工的照片等。例如，美国旧金山的希尔顿饭店，为了体现其多元的企业文化特征，在饭店员工宣传栏上，特意挂上一幅世界地图，每当有某一族裔的员工加入时，便在地图上插上代表其民族的一面国旗，使员工具有自身民族的荣誉感。再如，在香格里拉集团的饭店，员工宣传栏中将企业的宗旨一一张贴在醒目之处，使员工在不知不觉中接受企业文化的浸润。

第三，搞好员工生日聚会。生日聚会大都每月一次，参加者有高层管理人员、各部门经理以及当月过生日的员工。

第四，充分发挥工会的作用，组织各种员工喜爱的活动，如旅游、晚会以及集体参加电视台或其他组织机构组织的文体活动，丰富员工的业余生活。

第五，注重情感投资，增强员工对饭店的忠诚度。如逢年过节，为企业员工和离退休员工送温暖；平日代表饭店看望重病在家休养的职工。

通过开展上述各种活动，使员工对饭店产生归属感，提高忠诚度。

本章小结

现代餐饮企业的营销观念已经深入到企业管理的每一个角落。本章从餐饮销售的历史演变过程出发，系统地介绍了餐饮销售中产品的销售策略、促销组合策略、促销方法与艺术，并对餐饮销售中的重要促销手段——公共关系做了介绍。

餐饮管理者应该了解为了使餐饮销售业绩保持良好的状态，必须使每一位服务人员都要懂得销售对于企业的重要性，并懂得相应的销售技巧。

要点提示

1. 餐饮销售的含义、特点和任务，餐饮销售的历史演变，餐饮销售人员的素质要求，餐饮营销策略。

2. 餐饮产品构成、餐饮产品策略、餐饮产品定价策略。

3. 餐饮促销组合策略、餐饮促销技巧、餐饮促销艺术。

4. 餐饮公共关系的主要特征、餐饮公共关系在市场营销领域的主要职能。

思考讨论

1. 餐饮企业为什么要实施全员销售？

2. 餐厅值台员如何推销酒水和菜肴最有效？

3. 餐厅有效的营销手段有哪些？

任务训练

● 任务名称

餐饮企业节日促销策略调查报告（根据课程过程中的节日选择节日，如新年、圣诞节、情人节、端午节等节日）

● 任务目的

1. 了解饭店中餐、西餐、宴会等餐饮各个部门的节日促销策略、效果。

2. 比较各种节日促销策略的优势和劣势。

● 任务训练要求

1. 选择当地的星级酒店一家。

2. 对其餐饮部的各个部门在节日期间的各种促销策略进行调研。

3. 收集相关促销资料（如宣传手册）。

4. 将工作结果制作成对比表，以 PPT 的形式展示出来。

● 任务训练方法

1. 小组训练法。将学生分成若干小组，每组成员 5～6 人。每组设组长一名，任务由组长协调组员共同完成。

2. 调研法。

● 任务评价

项目	标准	满分	得分
文本	格式符合要求，文字通顺，逻辑性强	20	
调查内容	调查内容丰富翔实，资料完整	20	
优劣势比较	根据餐厅实际情况做出对比	60	
合计	100		

第六章

餐饮质量管理

学习目标

学完本章，你应该掌握：

1. 质量管理的含义及发展史；
2. 餐饮质量管理的内容及特点；
3. 餐饮质量管理的新理念；
4. 餐饮质量管理的方法和工具。

导入案例

表6—1是2010年全国旅游投诉情况。

表6—1　　2010年全国旅游投诉情况

项目		总件数	旅行社	饭店	景点	交通	购物	餐饮	其他
2010年	总数	8 768	5 009	852	1613	254	297	107	636
	占总数比例（%）	—	57.13	9.72	18.40	2.89	3.39	1.22	7.25
2009年	总数	7 583	4 240	683	1 653	150	211	78	568
	占总数比例（%）	——	55.91	9.01	21.80	1.98	2.78	1.03	7.49
与2009年相比（件）		+1 185	+769	+169	−40	+104	+86	+29	+68
与2009年同比（%）		+15.63	+18.14	+24.74	−2.42	+69.33	+40.76	+37.18	+11.97

根据其中饭店的投诉统计情况，你如何看待旅游业中饭店的质量管理问题？

资料来源：http://www.gov.cn。

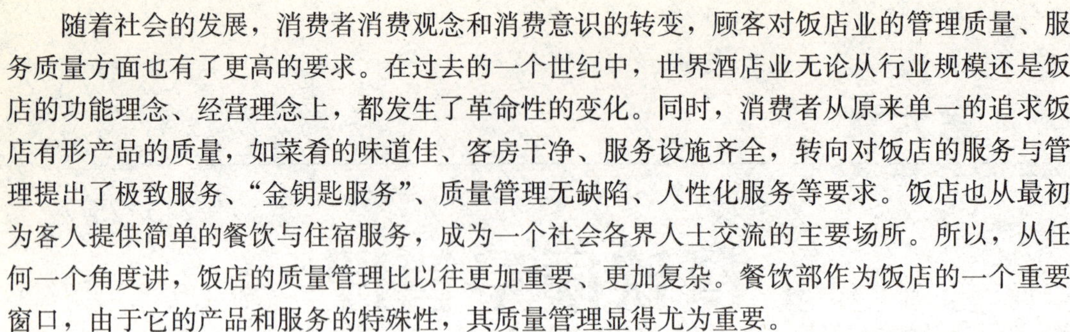

随着社会的发展，消费者消费观念和消费意识的转变，顾客对饭店业的管理质量、服务质量方面也有了更高的要求。在过去的一个世纪中，世界酒店业无论从行业规模还是饭店的功能理念、经营理念上，都发生了革命性的变化。同时，消费者从原来单一的追求饭店有形产品的质量，如菜肴的味道佳、客房干净、服务设施齐全，转向对饭店的服务与管理提出了极致服务、“金钥匙服务”、质量管理无缺陷、人性化服务等要求。饭店也从最初为客人提供简单的餐饮与住宿服务，成为一个社会各界人士交流的主要场所。所以，从任何一个角度讲，饭店的质量管理比以往更加重要、更加复杂。餐饮部作为饭店的一个重要窗口，由于它的产品和服务的特殊性，其质量管理显得尤为重要。

第一节　餐饮质量管理概述

一、质量管理

想象一下：如果饭店餐厅的公共洗手间没有如图 6—1 所示的男女之分的示意图会怎样？这也属于质量的一部分吗？

图 6—1　公共洗手间男女之分的示意图

（一）质量的概念

正如上面的图示给我们的启示，一个饭店的餐饮质量管理涉及各个层面。那么，什么是质量？什么又是餐饮质量呢？

在 ISO9000：2000 质量管理体系中，对质量做出了如下定义：质量是一组固有特性满足要求的程度。在这里“要求”是指明示的、通常隐含的、或必须履行的需求或期望。

下面我们将质量的概念进行分解，分为设计质量、制造质量、销售服务质量，如图 6—2 所示。

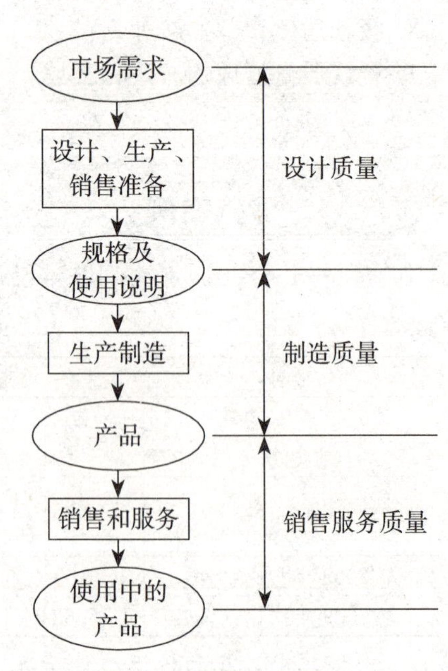

图 6—2　质量概念图

在餐饮产品中，设计质量涉及服务程序的设计、菜单的设计、新菜肴的设计；制造质量涉及厨师的制作过程、服务人员的餐前摆台；销售服务质量涉及客人用餐中的点菜服务、酒水服务等。

（二）质量管理的含义及相关概念

质量管理是指在质量方面指挥和控制及组织、协调的活动。质量管理涉及以下一些相关概念：

（1）质量方针：由组织的最高管理者正式发布的该组织总的质量宗旨和方向。

（2）质量目标：在质量方面所要达到的目的。

（3）质量策划：质量管理的一部分，致力于制定质量目标并规定必要的运行过程和相关资源，以实现质量目标。

（4）质量控制：质量管理的一部分，致力于满足质量要求。

（5）质量保证：质量管理的一部分，致力于提供质量要求会得到满足的信任。

（6）质量改进：质量管理的一部分，致力于增强满足质量要求的能力。

（三）质量管理发展史

随着人类文明的发展，科学技术的不断进步，以及人类对质量的认识和质量意识的不断飞跃，质量管理也在不断发展和完善。了解质量管理的发展历史，对于餐饮质量管理者和服务者来说也有着重要的意义。

从国外发达国家的情况来看，在质量管理百余年的发展历程中，质量管理大体经历了三个阶段，即质量检验阶段、统计质量控制阶段和全面质量管理阶段。

1. 质量检验阶段

起初，人们对质量管理只限于检验产品的质量，通常是百分之百的检验，而且工长的作用非常大，故被人称为“工长的质量管理”。后来，美国出现了“科学管理运动”，泰勒是科学管理运动的中坚人物。科学管理提出了在人员中进行科学分工的要求，在计划设计、生产操作中增加一个检验环节，以便监督、检查对计划、设计、产品标准等项目的贯彻执行，从而产生了专职的检查队伍即检查部门。这样就由专职检验部门实施质量检验，因此，它又被称为“检验员的质量管理”。这种事后检验把关的缺点在于，不能在生产过程中起到预防、控制的作用。生产的废品已成事实，补救又会增加成本，再者百分之百的检验，也加大了产品的检验成本。

2. 统计质量控制阶段

一些统计学者和质量管理专家尝试运用统计学的原理来解决质量检验的问题，使质量检验既经济又准确。1924 年，美国的休哈特认为质量管理不仅要进行事后检验，而且还要在发现有废品生产的先兆时就进行分析改进，从而达到预防和控制废品产生的目的，他发明的“控制图”法，就是把统计学方法引入到质量管理中，达到预防和控制废品产生的工具。可以说，控制图是质量管理从单纯事后检验转入检验加预防的标志。另一个重要的统计质量管理工具——抽样检查方法也在同一时期产生，它降低了百分百检验的质量成本，也使质量检验的结果更科学、合理。

在第二次世界大战中由于战争的需要，军火及军供品的质量变得极其重要，美国政府开始推广统计质量控制方法，用数理统计方法制定了战时质量管理标准，包括《质量管理指南》、《数据分析用控制图》、《生产过程中质量管理控制图法》，强制军火及军供品商推行，收到了显著效果，并且在第二次世界大战后推广到了民用工业。后来其他国家也纷纷采用这种方法，统计质量管理的效果也得到了广泛承认。

3. 全面质量管理阶段

20世纪50年代后，由于“系统工程”的出现，质量管理专家们把质量问题作为一个有机整体加以综合研究，实施全员、全过程、全企业的管理。之后，“行为科学”理论出现，主张改善人际关系，调动人的积极性，重视人的因素，注重人在管理中的作用。20世纪60年代初，美国通用公司的阿曼德·费根堡姆最早提出全面质量管理（TQM）概念，他认为，全面质量管理是为了能够在最经济的水平上，并考虑到充分满足用户要求的条件下进行市场研究、设计、生产和服务，使企业各部门的研制质量、维持质量和提高质量活动成为一体的有效体系。这一概念逐步被推广至世界各国，我国也于20世纪70年代末开始推行全面质量管理。

全面质量管理过程的全面性，决定了全面质量管理的内容应当包括设计过程、制造过程、辅助过程、使用过程等四个过程的质量。全面质量管理的含义可以这样来表述：以质量为中心，以全员参与为基础，目的在于让顾客满意并让本组织所有者、员工、供方、合作伙伴或社会等相关方受益，从而达到组织持久成功的一种管理途径。

全面质量管理的含义包含以下几个要点：

（1）全面质量管理是对一个组织进行管理的途径，对一个企业来说，就是企业管理的一种途径，除了这种途径之外，企业管理还可以选择其他的途径。

（2）正是由于全面质量管理讲的是对组织的管理，因此，将“质量”概念扩充到全面管理的目标，即“全面目标”，可包括提高组织的产品质量，缩短周期（如生产周期、物资储备周期），降低生产成本等。

二、餐饮质量管理的内容

（一）餐厅整体质量

餐厅整体质量是指顾客在餐厅就餐期间所享受到的餐厅提供的各种产品的整体感受。主要包括：

（1）使宾客满意的服务技艺和服务程序。优秀的服务基本素质和设计科学的服务流程，可以为客人提供流畅而和谐的服务。

（2）菜单上呈现的菜点花样品种繁多。即满足客人对菜点的色、香、味、形、养、意等标准的要求。

（3）服务的快捷程度。快捷的服务是客人满意的条件之一。大量的数据表明，客人投诉的主要原因之一就是如上菜的速度太慢等服务效率的问题。在很多餐厅管理中，对服务员的服务效率都做了明确的规定。如客人到桌后的2分钟以内服务人员要接受客人的点菜；客人点菜完毕，已配置完毕的菜肴要在2分钟以内服务到桌，第一道现场烹制的菜肴上桌的时间最长不能超过15分钟；清桌员清理台面的时间最长不能超过4分钟，等等。如今信息技术在餐厅的应用已经成为提高服务效率、避免投诉的方法之一。

（4）餐厅洁净、舒适。

（5）餐厅的装修和装饰。餐厅应有足够的用餐空间、富有特色的灯光、令人愉快的色调、显著的餐厅标识等。

（二）服务人员质量

餐饮的质量问题还表现在服务员的服务上。良好的服务人员质量具体包括：

(1) 令宾客满意的微笑服务；

(2) 提供热情、周到的最佳服务；

(3) 服务中突出礼节、礼貌、礼仪；

(4) 视每位宾客都为重要客人；

(5) 欢迎客人再次来饭店下榻、就餐；

(6) 要创造一种温馨、宜人的环境和气氛；

(7) 要时时注意了解客人的需求。

(三) 处理客人投诉

在餐厅就餐的顾客产生不满之后，会有两种反应：一是采取行动；二是不采取行动。有的顾客采取行动的方式可能是公开的，如向餐厅索赔、向有关部门投诉，甚至向法院起诉。但是，据研究表明，将近80%不满意的顾客可能不采取行动；而更多的不满意顾客采取的行动是消极的，即在决定自己不消费的同时，还劝告其他人不要消费。

很多饭店企业都十分重视投诉的问题，并给予了顾客更多的关注。出现投诉之后，管理者和服务人员首先要认识投诉，其次是果断地采取适当的措施，以避免给客人带来更大的不满。

1. 认识投诉

根据调查，在遭遇不良服务的人当中，多数人不会投诉。但是，对一个想要真正做事的组织来说，处理顾客投诉的机构必不可少。顾客抱怨是最好的礼物，可以让企业认识到在服务方面的不足之处。如今顾客满意度已经成为全世界企业日益关注的重大问题，顾客的认识和思维已经从“认栽”转为对自己权利的坚决维护。这对于企业全面提高质量是非常有益的。

2. 采取措施

与满意的顾客打交道，是比较容易的。而将不满的顾客转变为本企业的忠诚者，就比较困难。饭店餐饮管理人员在处理顾客投诉时，不仅应真心实意地感谢顾客的投诉，而且应采取以下一系列措施，为顾客排忧解难，以留住顾客：

(1) 鼓励顾客投诉，方便顾客投诉。有些顾客不知道自己可以在何处，用什么方法，如何投诉。一般宾馆会安排大堂副理，餐饮部则由经理或主管负责专门处理客人的投诉。为了表明管理人员对顾客投诉的高度重视，很多饭店通过广告等市场沟通活动，公布监督电话号码，并对投诉属实的顾客实行重奖。饭店应采取各种有效的措施，向顾客表明管理人员真诚地欢迎、感谢、重视他们的批评和监督。

(2) 及时处理顾客的投诉。许多顾客认为饭店不会重视自己的投诉，也不会真正为自己解决什么问题。因此，饭店餐饮管理人员不仅应鼓励顾客投诉，而且应用实际行动表明自己对顾客投诉的高度重视。管理人员应及时处理顾客的投诉，听取顾客的意见，详细了解投诉的原因。向顾客表示歉意或做出必要的解释，及时解决好顾客提出的问题，从而恢复顾客对本饭店的信任感。当天投诉，当天解决，会使顾客感到饭店真正高度重视自己的意见，真诚地希望自己再次光顾。

(3) 鼓励员工灵活地解决顾客面临的问题。管理人员应帮助全体员工掌握正确的投诉处理方法，并要使全体员工了解，顾客总是正确的，教育员工不能为了赢得一次争论而失去一位顾客。此外，管理人员应赋予员工必要的权力，鼓励员工灵活地处理好顾客的投诉。

（4）主动征求顾客的意见。不满的顾客往往不愿花费时间和精力向饭店投诉。但不投诉并不等于说这些顾客对餐饮产品和服务就没有意见。因此，管理人员不应消极地等待顾客投诉，而应该通过顾客意见调查、定期征求顾客意见等方法，主动听取顾客的意见。

（5）提高产品和服务的质量。这一点在企业管理中是最为关键的。饭店餐饮管理人员应根据顾客投诉和顾客意见调查中发现的问题，采取各种有效的措施，改进经营管理工作，防止今后出现类似的问题。全面提高产品和服务的质量，是饭店餐饮部减少顾客投诉的关键性措施。

餐饮部客人投诉的原因

1. 餐厅服务员将客人所点菜点与客人所在餐桌席号搞错。

2. 宴会部在客人订餐时，没有问明订餐者是否要在开餐前安排其他有关活动，以致最终未能满足客人的要求。

3. 客人订餐或预订宴会餐，没有存档记录客人的订餐。

4. 客人点的菜点中发现有其他外来脏物，引起客人的投诉。

5. 客人只是被告知所点菜点由于某些原材料暂缺，一时不能提供，但是客人并没有再次被照顾或提供服务，也没有被问明或被建议再改点什么其他菜点。

6. 向客人提供不洁净的酒杯、饮料杯、餐盘或其他餐具等。

7. 餐厅服务员忘记问明客人是否需要酒水、饮料，使客人感到受到冷遇。

8. 餐厅服务员没有按照客人所点的菜点项目上菜，最后客人拒付菜点费用以表示不满。

9. 餐厅服务员没有认真洁净餐桌，餐桌上仍然留有菜点脏物、水珠等。

10. 餐厅服务效率低，没有向客人提供快速敏捷地服务。

11. 送餐服务态度怠慢。

12. 厨房备菜员没有及时通报当班主厨或厨师长有关食品原材料的变化和短缺问题，从而造成有些菜点不能提供。造成了一线餐厅服务员与后台厨房备菜员之间的脱节，引起客人的不满、抱怨和投诉。

13. 在客人的就餐视线之内，清桌时服务员没有将豪华的银器餐具与餐桌台布分开处理。

3. 处理客人投诉的程序

为了及时、有效地解决客人的投诉问题，饭店餐饮部工作人员可以按照一定的程序来处理客人的投诉。具体的程序见表6—2。

表 6—2　　处理客人投诉的程序

服务程序	工作步骤
接受投诉	1. 客人投诉时应礼貌、耐心地倾听。 2. 表示出对客人投诉的关心，尽可能使客人平静下来。 3. 向客人了解投诉的原因。 4. 真诚地向客人致歉，并正面回答客人的问题，不允许同客人争辩。 5. 不得进行推卸责任式的解释。
处理	1. 了解客人最初的需要和问题所在。 2. 找出当事人进行调查，了解实际情况。 3. 积极寻求解决办法，尽量满足客人的要求。 4. 与客人协商解决办法，注意不能强迫客人接受。 5. 按协商认可的办法解决客人的投诉。 6. 再一次向客人致歉。
记录	1. 问题解决后，再次向客人致歉。 2. 将投诉原因和解决办法记录在册，上报经理，以避免再次发生此类事情。 3. 班后会时，经理要将此事向服务人员进行通报。

关于餐厅退菜问题及处理方法

顾客退菜大概有以下几种情况：

1. 菜本身质量问题（如有头发、虫子或菜肴变质等）。

要避免饭菜中出现头发就是要从第一道工序开始便把好关，然后层层监督。储存时间长的菜品在没有发现变质前应提前促销；如有异味坚决不能上桌。菜肴中有苍蝇、小飞虫，一般都是餐厅内的纱窗没有关好，或有漏洞，应在开餐前做好防范工作。尤其注意秋季时小飞虫最愿意落脚的就是厨房的调料罐、醋瓶等。虽然店方已经尽量避免这些问题，但是如果发现问题，一定要用正确的态度处理，尽快给客人满意的答复，不要推卸责任，领班或经理应及时处理好问题，并及时给客人以安慰。对于餐厅内部人员，也应规定好责任，比方说，头发是在哪个环节出的问题，退了菜之后，及时拿到厨房分析原因，划分好责任，避免再次发生类似情况。

2. 服务员在点菜过程中，因为口音、业务不熟等造成客人退菜。

当客人要求退菜时，应根据客人的意愿，换菜或退菜。服务员在知道自己犯错的情况下，尽量向客人解释，如果遇到善解人意的客人，就能顺利地解决问题，在以后加强自己的业务水平。酒店方面对这种事情也应分清责任，加强培训和管理。

3. 客人自身原因。

这种事情发生的几率不是很多，总之遇到类似问题时，客人会急于了解酒店方面的处理意见，如果不能给予其满意的答复，将会影响客人的心情。但也不是客人提出的任何不合理要求都要满足，应酌情处理。

三、餐饮质量管理的特点

（一）综合性

餐饮产品本身具有综合性，它不仅包括有形产品，还包括服务这种无形产品。在餐饮质量管理中，不仅要对有形产品质量进行控制，还要对无形的产品——服务进行时时控制。在餐饮产品中，设施设备等有形产品是服务质量的基础，服务环境、服务工作是表现形式，而宾客满意程度则是所有服务优劣的最终体现。所以，一个优秀的服务组织应该为客人提供“一站式”服务，不断给客人带来惊喜。

服务的境界

某日，王先生入住了深圳最繁华地段的一家豪华商务酒店参加一个学术会议。店内装饰温馨、典雅，来往这里的客人都是些尊贵、儒雅的商界名流、政府官员，参加此次论坛的人员也都是来自世界各地的高层人物，大家都非常注意自己的仪表、言行。入住的当天下午，办完手续刚进房间，就有会议负责人约王先生同去见一些业界同行，王先生急急忙忙洗了把脸，用面巾纸擦了几下就走出了房间，到楼下与会议负责人碰头。走廊里，一位客房服务员看见王先生，热情地向他点头微笑问好，问好后好像要说些什么。王先生顾不上服务员要说什么就走进了电梯。下了电梯，会议负责人就迎上来，看了一眼王先生的脸，热情地跟他握手，然后要去给他引见新朋友。这时迎面朝王先生走来一位穿制服的酒店管理人员同样热情地向王先生点头微笑问好，边问好边用左手有些不合时宜地擦了一把自己的左脸，并顺势抚了一下本来就很平滑光亮的头发，同时面带微笑地看着王先生。王先生的心里“咯噔”一下，顿时明白了什么，趁着会议负责人招呼其他客人的间隙，他也顺势擦了一把左脸，并抚平了湿湿的有些上翘的头发，收回手时发现手里有两团面巾纸片，突然王先生就被一种默无声息的关怀感动了，一种非常亲近的温暖油然而生。

从客房服务员在楼层走廊里向王先生问好，到王先生从电梯里走出来，迎面就有酒店管理人员那么及时和自然的暗示，真让我们叹服酒店服务的信息传递和协作服务的技巧，服务的最高境界大概也就是这样，让一份感动悄无声息地滋润客人的心田。

（二）主观性

餐饮质量是一种客观存在，而这种客观存在是在客人享受服务与有形产品之后的一种心理满足，因而带有强烈的主观性。客人的满足程度越高，对饭店餐饮产品和服务质量的评价就越高，反之亦然。

餐饮的管理者与服务人员不能要求客人自身来缩小这种客观与主观间的差异，只能通过工作人员的细心观察，了解并掌握宾客的物质和心理需要，不断改善对客服务，为客人

提供有针对性的个性化服务，并注重服务中的每一个细节，重视每次服务的效果，用符合客人需要的服务来提高宾客的满意程度，从而提高并保持饭店餐饮服务质量。正如一些饭店管理者所说："我们无法改变客人，那么就根据客人需求改变自己。"

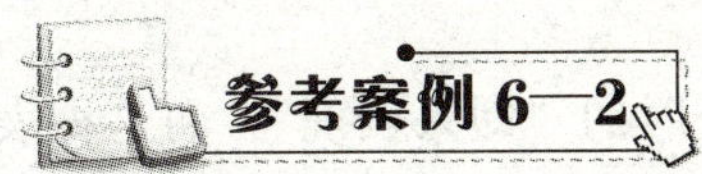

请问您今天还是喝红茶吗？

陈先生是某酒店的忠诚客户，每次来都喜欢入住该酒店的商务楼层，且总习惯去商务酒吧坐坐，约几位好友聊聊天。第一次来时，陈先生点了一壶红茶，第二次来依然点了红茶，第三次来的时候，服务员小沈微笑地征询陈先生道："请问陈先生今天还是喝红茶吗？"陈先生开心地对朋友说："这儿的服务就是不错，服务员很用心哦，我来过两次，就已经知道我爱喝红茶了，但是今天我想换换口味，改喝咖啡了。"

现在酒店都在提倡个性化服务，收集并利用客史档案是做好个性化服务的一个重要手段。但是在实际工作中，服务员往往掌握不好尺度，熟悉客人，细心牢记客人的习惯爱好，并不等于可以和客人平起平坐，越俎代庖。本案例中的服务员小沈很细心，捕捉到了陈先生的喜好信息，但是没有擅自决定为客人泡上红茶，因为客人的喜好也会改变。所以我们在服务中要处处做个有心人，熟悉客人并要尊重客人。

（三）短暂性

餐饮服务质量是由一次一次内容不同的具体服务组成的，而每一次具体服务的使用价值均只有短暂的显现时间，即使用价值的一次性，如微笑问好、介绍菜点等。

实物产品可以返工、返修或退换。纯粹的有形产品还可以通过售后服务使宾客对产品重新建立满意度。但餐饮服务是无法返工、返修或退换的。

对于餐饮服务来说，即使宾客对某一服务感到非常满意，评价较高，并不能保证下一次服务也能获得好评。因此，饭店管理者应督导员工做好每一次服务工作，争取使每一次服务都能让宾客感到非常满意，从而提高饭店整体服务质量。

（四）关联性

客人对饭店餐饮质量的印象，形成于整个用餐过程，即从他进入餐厅直至他离开餐厅的全过程。在这个过程中，客人得到各部门员工提供的许多具体的服务，但这些具体的服务活动不是孤立的，而是有着密切的关联。在餐饮这种连锁式的服务过程中，只要有一个环节的服务质量有问题，就会破坏客人对餐厅、直至饭店的整体印象，进而影响其对整个饭店服务质量的评价。

在餐饮和饭店服务质量管理中有一个流行公式：(100－1)＜0，即100次服务中只要有1次服务不能令宾客满意，宾客就会全盘否定以前的99次优质服务，而且还会影响饭店的声誉。这就要求饭店各部门、各服务过程、各服务环节之间协作配合，并做好充分的服务准备，确保每项服务都优质、高效，确保饭店服务全过程和全方位的"零缺陷"。

（五）依赖性

餐饮产品生产、销售同步性的特点决定了餐饮服务质量与餐饮服务人员的表现具有直接关联性。餐饮服务质量是在有形产品的基础上通过员工的劳务服务创造并表现出来的。这种创造和表现能否使宾客满足取决于服务人员的素质高低和管理者的管理水平高低。所以，餐饮服务质量对员工素质有较强的依赖性。

餐饮服务质量的优劣在很大程度上取决于员工对客服务时的“即兴表现”，而这种表现又很容易受到员工个人素质和情绪的影响，具有很大的不稳定性。这就要求饭店管理者应合理配备、培训、激励员工，努力提高员工的素质，充分发挥他们的服务主动性、积极性和创造性，同时提高自身素质及管理能力，从而创造出满意的员工。满意的员工是满意的客人的基础，是不断地提高餐饮服务质量的前提。

（六）情感性

餐饮质量还取决于宾客与饭店之间的关系。关系融洽，宾客就比较容易谅解饭店的难处和过错，而关系不和谐，就很容易使客人小题大做或借题发挥。因此，饭店与宾客间关系的融洽程度直接影响着客人对饭店服务质量的评价，这就是饭店餐饮服务质量的情感性特点。

餐饮质量问题会出现在任何时间和空间，所不同的是存在的问题数量和层次。作为餐饮服务与管理者，应当积极地采取妥当的措施，将问题的后果及对客人的影响降至最小，避免矛盾的扩大化，其中最为有效的办法，就是通过真诚地为客人考虑来赢得客人的谅解。另外，在日常工作中与客人建立起良好和谐的关系，也有利于在关键时刻能顺畅地与客人沟通，从而能够使客人谅解饭店的一些无意的失误。

五星级饭店质量要求

1. 服务基本原则：对客人一视同仁，不分种族、民族、国别、贫富、亲疏，不以貌取人；对客人礼貌、热情、友好；对客人诚实，公平交易；尊重民族习惯，不损害民族尊严；遵守国家法律、法规，保护客人的合法权益。

2. 服务基本要求：

仪容仪表要求——服务人员的仪容端庄、大方、整洁。服务人员应佩戴工牌，符合上岗要求；服务人员应表情自然、和蔼、亲切，提倡微笑服务。

举止姿态要求——举止文明、姿态端庄、主动服务，符合岗位规范。

语言要求——语言要文明、礼貌、简明、清晰。提倡讲普通话。对客人提出的问题无法解决时，应予以耐心解释，不推诿和应付。

服务业务能力与技能要求——服务人员具有相应的业务知识和技能，并能熟练运用。

3. 服务质量保证体系：具备适应本饭店运行的有效的整套管理制度和作业标准，有检查、督导及处理措施。

资料来源：http://www.cnta.gov.cn/html。

四、质量管理对餐饮管理的意义

餐饮企业属于服务性企业，又由于其产品特性的原因，使得餐饮质量管理与其他行业的质量管理相比有着独特的作用和意义。

（一）提高顾客满意度

一个餐饮企业的生存取决于顾客对产品的满意度。满意的顾客最终将会成为忠诚的顾客，忠诚顾客的多少决定着餐饮企业的利润和生存。而餐饮质量管理正是基于这种目的而逐渐成为餐饮企业管理的核心之一的。要想创造满意的顾客，就要加强质量管理。

（二）建立企业文化

质量管理对于餐饮管理者来说，不仅可以提高服务质量，让顾客满意，更重要的是可以树立“质量是企业生命”的理念，在企业的经营管理中，能起到促进企业服务意识提升，完善企业管理思路，建立优秀的企业文化的作用。

（三）提升品牌价值

对餐饮经营管理来说，优秀的品牌价值对于企业来说不仅是无形资产，而且还是一个企业的灵魂。善于经营品牌的企业往往会从中获得丰厚的回报。由于餐饮行业产品的特殊性，使得品牌效应对于餐饮企业有着不同一般的意义，而一个餐饮品牌的树立往往要通过不断推出新的菜肴、营造别具风格的就餐环境和提供优秀的服务来实现，这样企业才能在激烈的市场竞争中独占鳌头。

五、提高餐饮质量的方法

（一）培养良好的服务意识

在不同餐厅就餐的客人可能会有两种截然不同的体会：一是整个就餐过程顺利而富有生趣，有时服务人员还会为客人带来意外的惊喜；二是整个就餐过程没有得到服务人员的悉心照料，有时甚至找不到服务人员。两者的差别主要在于服务人员是否将顾客放在心上。由此可见，培养服务人员良好的服务意识对提高餐饮质量具有重要的意义。那么，如何才能使服务人员具有良好的服务意识呢？除了要建立企业文化、塑造企业形象外，还要培养忠诚的员工，因为只有忠诚的员工才会带来忠诚的顾客。

（二）建立督导体系

优秀的督导层是餐饮企业管理的中坚力量。餐饮行业的特殊性使得督导在前台与后台服务中的作用十分重要。在日常管理过程中，不仅需要督导层负责培训、指导、监督员工服务，同时还要与员工共同工作，在发生突发事件时，还要充当临时指挥员，解决各种投诉和问题。一支优秀的督导队伍，需要长时间的培养与磨炼。餐饮企业高层管理者还要注重对督导层执行力、吃苦精神等的培养。

（三）创新

餐饮企业的创新是为客人提供个性化、针对性服务的前提，它包括产品创新、服务创新、管理创新、组织创新等。创新可以使餐饮企业不断保持新鲜和活力，提高餐饮质量，从一定程度上可以说创新就是餐饮企业的灵魂。

第二节　餐饮质量管理理念

餐厅是客人的就餐场所，也是餐饮服务者和管理者为客人营造的个性化空间。要想为客人提供优质的服务，服务人员就要在餐厅已有产品的基础上，为客人创造性地提供令其满意的产品和服务。而只有在优秀的服务意识、管理意识、质量理念指导下，才能创造出真正使客人满意的产品和服务。

一、质量管理基本理念的演变

20 世纪，质量管理的发展历程经历了质量检验、统计质量控制和全面质量管理三个阶段。从质量管理理论的发展轨迹，我们可以看到，随着经济的发展和社会的进步，质量管理理念也在不断演变，餐饮质量管理理念的发展正是在全球质量管理理念演变、发展的基础上建立起来的。下面我们先来看一看 20 世纪质量管理理念演变的过程。

（一）符合性质量

20 世纪 40 年代，符合性质量概念以符合现行标准的程度作为衡量依据。“符合标准”就是合格的产品质量，符合的程度反映了产品质量的水平。

（二）适用性质量

20 世纪 60 年代，适用性质量概念以适合顾客需要的程度作为衡量的依据，从使用的角度定义产品质量，认为质量就是产品的“适用性”。美国质量管理专家朱兰博士认为质量是“产品在使用时能够成功满足用户需要的程度”。这里的质量涉及设计开发、制造、销售、服务等过程，形成了广义的质量概念。

从“符合性”到“适用性”，反映了在对质量的认识过程中，企业已经开始把顾客需求放在首要位置。

（三）满意性质量

20 世纪 80 年代，质量管理进入到 TQM 阶段，将质量定义为“一组固有特性满足要求的程度”。它不仅包括符合标准的要求，而且以顾客及其他相关方满意为衡量依据，体现“以顾客为关注焦点”的原则。

（四）卓越质量

20 世纪 90 年代，摩托罗拉、通用电气等世界顶级企业相继推行六西格马管理，逐步确定了全新的卓越质量理念——顾客对质量的感知远远超出其期望，使顾客感到惊喜，就意味着质量没有缺陷。我国饭店业中“金钥匙”服务所提倡的“用心极致，满意加惊喜，在客人的惊喜中找到富有的人生”正是这种卓越质量理念的体现，服务的极致也在于给客人以惊喜。在这个理念的指导下，质量的衡量依据主要有三项：一是体现顾客价值，追求顾客满意和顾客忠诚；二是降低资源成本，减少差错和缺陷；三是降低和抵御风险。其实质是为顾客提供卓越的、富有魅力的服务，从而赢得顾客，在竞争中获胜。

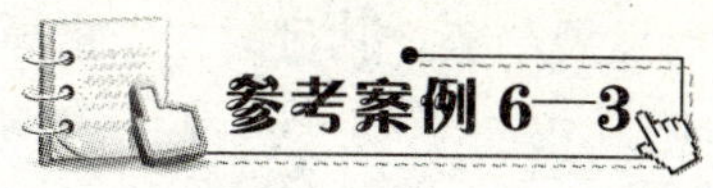

宴请照旧进行

某酒店906单间标准客房中，美籍华人钟先生焦虑不安地来回踱步。钟太太着衣下床欲行，但右脚几乎无法点地，表情痛苦。“疼痛加剧了?”钟先生问道。钟太太点了点头，见此情景，钟先生脑海里出现了几组画面：

● 某设计院，钟先生与中国同行紧张而愉快地合作。

● 在欢送钟先生夫妇的宴会上，钟先生向中国同行发出邀请，他在下榻酒店的宴会厅订了一桌酒席，作为本次离华前的答谢。

● 昨晚与太太外出散步，为避让一辆自行车，钟太太踝关节处扭伤。医生叮咛钟太太要多休息。

钟先生坐到沙发上对妻子说：“我每次离开中国时，都想设宴答谢这里的同事，但每次的行程都很匆忙。我们的基础设计已圆满结束，又适逢这次你来，正是我们设宴答谢的最好时机。唉，你这脚……”钟先生征询了太太的意见后，拨通了酒店大堂服务总台的电话。钟先生告诉接线员将原定在18楼宴会厅的酒席改为“客房服务”；如果房间设宴有困难，愿意更换最近的套房，但仍实行送餐服务。总台服务员立即电告餐饮部经理。经理觉得蹊跷，是否客人对18楼宴会厅不满意，抑或另有原因？但在单间标准客房布台设宴安排10余人就餐，这在本酒店没有先例呀！餐饮部经理为此特地去钟先生房间了解情况。面对钟太太的脚伤，又听了钟先生的讲述，餐饮部经理思忖了一会说道：“906房间太小，布台设宴，服务员上菜、斟酒、换骨盘等，不太方便。如果按钟先生的要求，换一间套房，当然可以做到，我想这样会增加不必要的费用，而且只解决了宴请的场所，换套房总还要走动，钟太太不是仍然不便吗?”“如果你们不介意的话，我们可以用轮椅车送夫人去18楼宴会厅，你们意下如何?”餐饮部经理又补充说道。钟先生夫妇非常高兴，连忙答应。于是，餐饮部经理与有关部门联系，找出了一辆尘封已久的轮椅车，让人擦拭一新。当晚6时整，钟太太面带微笑安坐于轮椅车上，手捧一束酒店送的鲜花，由餐饮部经理推送至18楼宴会厅。舒适的环境，优质的服务，色、香、味、形俱佳的珍馐美馔，令人赏心悦目、胃口大开。钟太太的身旁还多了一位专司服务的小姐。席间，餐饮部经理在远处注意到钟太太坐的轮椅车比坐椅矮，便搬来一把椅子，让两位服务小姐小心翼翼地把钟太太搀扶到椅子上。宴会中，宾主频频举杯，畅叙友情，对酒店的优质服务也交口称好。次日，在酒店大门口，酒店管理人员为钟先生夫妇送行。大堂副理特意买来一把雕饰精美的手杖送给钟太太，并祝其早日康复。钟先生告诉大家，不久还将来中国做工程施工图设计，一定再次光临酒店。

一次卓越的服务带来了顾客的满意和忠诚！

资料来源：http://www.veryeast.cn。

从质量管理的发展、质量理念的演进来看，注重顾客需求、追求顾客价值、追求顾客满意和忠诚，提供富有魅力的卓越服务，成为质量管理研究的发展趋势，其目的在于指导企业赢得顾客和市场、赢得竞争。可见，目前质量管理的研究也越来越注重竞争力的提高。

二、餐饮质量管理的新理念

（一）人才与质量

全球化经济的资源和生产力要素发生了巨大变化，知识已经被认为是生产力增长的原动力，也已经被列为比土地、劳动力、资本更加重要的要素。企业的经营业绩不再完全依赖有形资本的简单扩张，而是主要取决于将知识和创新能力转化成价值和财富。餐饮质量管理的本质就是对餐饮管理中的各种资源有效配置和对生产过程的优化控制，而在各种资源中人是最活跃的要素，因为只有人才能掌握知识和创新能力，只有掌握了知识和创新能力的人才能有效控制、保证和改进产品与服务质量。所以，知识和创新将成为企业具有战略意义的管理资源，建立“学习型组织”成为餐饮人力资源管理新的理念和途径。

（二）决策与质量

现代社会，价值观改变了，产品的生命周期缩短了，技术和知识更新的速度加快了，企业的组织形式和管理理念变革了。在这个高变数、高风险和高回报并存的时代，每一个企业都要时刻了解自己在这个变化无穷的市场上所处的环境形态，要在战略的层面上分析并做出决策。对企业来说，战略就是企业持续成功发展的方向和目标。在餐饮业的竞争中，质量的竞争更具有举足轻重的作用，质量是顾客寻求的一种变化无穷的价值体验。因此，质量管理越来越显示出其战略地位和核心作用，从企业的质量方针和目标到所有的过程和活动，其重心将从原来局限于内部的、眼前的改进和提高转向外部和内部相辅相成的、长远的变革和创新。

（三）生态与质量

在经济全球化的时代，互联网大大缩短了信息流和物流的时间和空间，从而为企业在全球范围内配置和优化资源、扩大国际分工与合作、降低成本和提高效率提供了一个巨大的舞台。网络时代促使企业内部的组织形式和管理机制，以及外部的竞争环境都产生一系列深刻变化。一个企业不再把生产分成若干个环节，而是在企业内部“供应链”的基础上，重新配置企业的“生物链”；也不再把竞争看作残酷的挑战，而是要实现企业与宾客之间，行业内部与外部的双赢。

于是，餐饮质量管理系统建立和完善的主要内容不仅仅是对企业内部质量的控制、改进，而是要对这种“生态系统”进行设计和优化，即在餐饮企业内部的网络结构中将企业各部门、各岗位连接成一个具有高效率的协调、监督的整合系统；在企业外部的网络中将包括供应商、顾客在内所有的利益方连接成一个系统。企业的内外两个系统有机结合、融会贯通，形成横向协调的网络结构。

（四）个性与质量

随着经济的不断发展和社会需求的不断变化，人们的价值观念也在发生深刻的变化，面对众多在功能、形式、价格等方面相同或相似的餐饮产品，顾客的选择已经开始从“百里挑一”转向追求产品的个性化。这种变化导致餐饮企业经营和管理理念发生了深刻的变革，产生了“顾客满意（CS）理论”、“顾客满意度指数（CSI）评价”、“顾客关系管理

(CRM)"、"顾客价值分析（CDV)"、"顾客价值管理（CVM)"等新的管理方法。所有这些方法的根本宗旨，就是要为每一位顾客提供个性化的产品或服务。同时，在当今网络时代，电子商务、网上交易开始成为市场活动的基本形式，餐饮企业通过精心设计的在线系统和"选择板"，可以使顾客拥有更大的选择空间并获得更大的满足感。因此，质量管理的一项重要任务就是实时、确切地把握顾客的需求和期望，为企业按照顾客各自的需要创造个性化产品和服务提供科学的依据。

产品和服务趋向个性化，是社会进步的必然要求。餐饮企业能否及时向顾客提供个性化的产品和服务，已经成为餐饮企业在剧烈竞争的市场上制胜的重要"武器"，"以顾客为关注焦点"已经成为餐饮质量管理的最高准则和永恒目标。

（五）文化与质量

在知识经济时代，餐饮企业的经营管理需要文化的支撑，餐饮企业提供的产品和服务也需要个性化文化的体现。所以，精心培育具有鲜明时代特征、民族特色和餐饮业特点的质量文化，已经成为我国餐饮企业竞争的法宝。很多企业率先确立起了企业"核心价值观"，并以此作为企业文化的核心——企业的质量文化，经过多年的锤炼和打造，建立并实施"企业文化战略"，相信一定会为餐饮企业在不断扩大和发展的征途中插上飞翔的翅膀。

（六）服务价值链

企业的价值创造活动包括多个方面：内外部后勤、生产作业、市场和销售、服务、采购、技术开发、人力资源管理和企业基础设施等。导致营业收入下降的原因可能存在于这些诸多活动的某一个或几个环节中。这说明企业的持续发展不仅需要外部营销，使顾客满意，也需要企业能够树立起内部营销的理念，使自己的员工满意，企业中层管理部门的服务质量在服务价值链中的作用不可低估。也就是说，餐饮企业的服务质量不仅仅针对的是外部顾客，更重要的是对内部顾客——员工的服务质量。

服务价值链告诉我们，利润是由客户的忠诚度决定的，忠诚的客户（也是老客户）能够给企业带来超常的利润空间。客户忠诚度是靠客户满意度取得的，企业提供的服务价值决定了客户满意度；而企业内部员工的满意度和忠诚度决定了服务价值。简言之，客户的满意度最终是由员工的满意度决定的。这也正是餐饮质量管理在销售、管理等方面的基本理念。餐饮企业的服务价值链如图 6—3 所示。

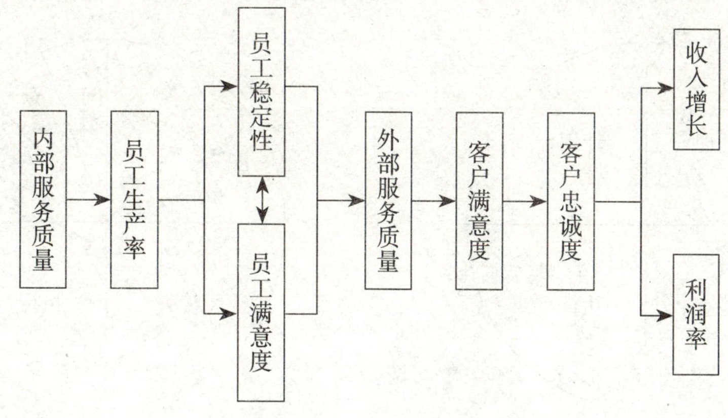

图 6—3　餐饮企业的服务价值链

第三节　餐饮质量管理的方法和工具

餐饮质量管理在餐饮管理中具有重要的地位，而在餐饮质量管理中采用什么方法最有效，采用什么样的工具最简单、最直观一直是个难题。完全的质量管理方法由于成本过高，不仅浪费了财力、物力和人力，也浪费了大量的时间。在这里我们介绍几种既简单又实用的质量管理方法和工具。

一、餐饮质量管理的基本方法

(一) PDCA 循环法

PDCA 循环又叫戴明环，是美国质量管理专家戴明博士首先提出的，它是全面质量管理所应遵循的科学程序。全面质量管理活动的全部过程，就是质量计划的制定和组织实现的过程，这个过程就是按照 PDCA 循环，不停顿地周而复始地运转的。

PDCA 是由英语单词 plan（计划）、do（执行）、check（检查）和 action（处理）的第一个字母组合而成，PDCA 循环就是按照计划→执行→检查→处理的顺序进行质量管理，并且循环不止地进行下去的科学程序。

全面质量管理活动的运转，离不开管理循环的转动，这就是说，改进产品与解决产品质量问题，赶超先进水平的各项工作，都要运用 PDCA 循环的科学程序。不论是提高产品质量，还是降低投诉率，都要先提出目标，即质量提高到什么程度，投诉率降低多少，都要有个计划。这个计划不仅包括目标，而且也包括实现这个目标需要采取的措施。计划制定之后，就要按照计划去执行。按计划执行之后，就要对照计划进行检查，看是否实现了预期效果，有没有达到预期目标。通过检查找出问题和原因，最后就要进行处理，并将经验和教训总结后制定成标准、形成制度。

PDCA 循环包括四个阶段：计划、执行、检查、处理。如图 6—4 所示。PDCA 循环又分为八个步骤：找问题、找原因、找要因、订计划、执行、检查、总结经验、提出新问题。如图 6—5 所示。

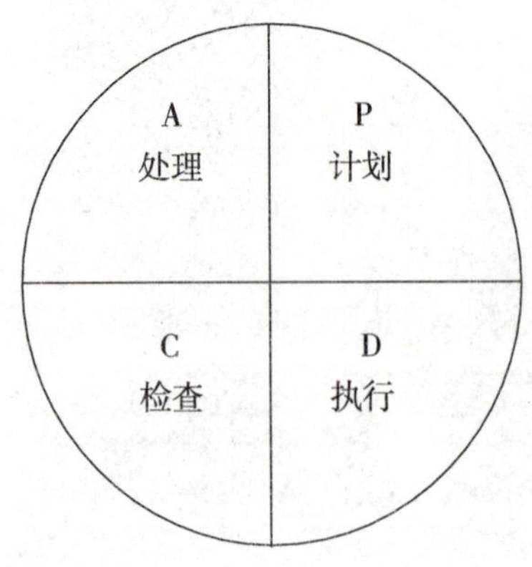

图 6—4　PDCA 循环的四个阶段

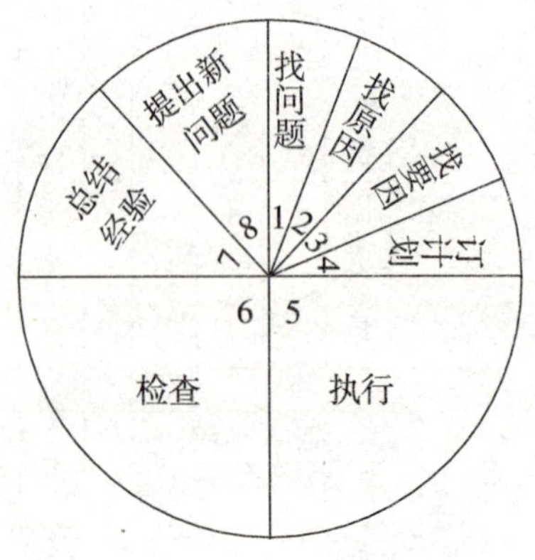

图 6—5　PDCA 循环的八个步骤

PDCA 循环的特点是循环每转动一次，质量就提高一步，如图 6—6 所示。餐饮产品也依赖于 PDCA 循环方法来不断提高其质量，从而不断提高顾客的满意度。

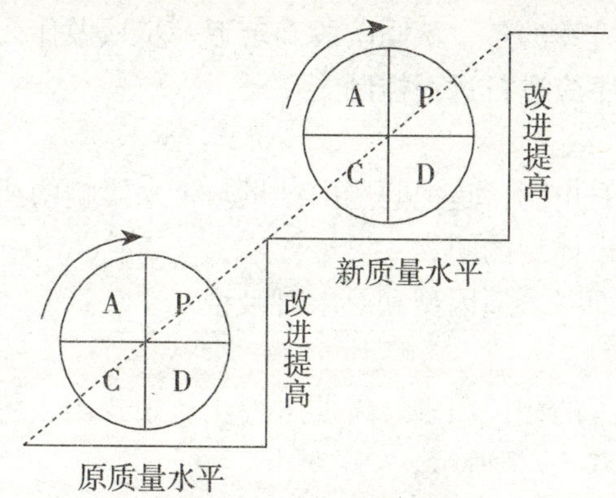

图 6—6 PDCA 循环图

（二）质量成本法

我们必须用经济的眼光来审视质量。美国著名的质量管理专家克劳士比有句名言："质量是免费的。"美国另一位著名的质量管理专家朱兰博士也指出："劣质质量成本，就是因为没有完美的产品或生产过程而出现的成本，数目是惊人的。"他形象地将那些损失比喻为"矿中的黄金"。对于餐饮部门来说，劣质的成本质量是多少呢？"矿中的黄金"又在哪里呢？恐怕大家会说这是无法计算的。确实，在餐饮的质量成本中，有一部分是无法计算的，如信誉的损失、饭店品牌的损失等。但在餐饮质量成本的管理实践中，我们还是要针对质量成本提出一系列的问题。例如，如何从降低成本和满足顾客两方面来寻求提高企业的效益？这样的问题只能用质量成本法来解答。

质量成本是指为确保和保证满意的质量而发生的费用以及没有达到满意的质量所造成的损失。质量成本的构成有：预防成本、鉴定成本、内部损失成本、外部损失成本。预防成本是培训费用、质量奖等。鉴定成本是餐饮原材料的进货检验费等。内部损失成本是退菜、换菜的费用，以及停工损失等。外部损失成本是赔偿费用、诉讼费用等。

从上面的质量成本构成分析中，我们可以看到，由于餐饮部门产品质量的特点，使得质量成本一部分表现为显现的质量成本，而另一部分则表现为隐性的质量成本。

二、餐饮质量管理的基本工具

（一）排列图

排列图又称柏拉图、分析图。此图的发明者是意大利经济学家柏拉图，因而它得名柏拉图。它是根据收集的项目数据，按大小顺序从左到右排列的图。从柏拉图中可看出哪一项目有问题，其影响程度如何，从而确定问题的主次，并可针对问题点采取改善措施。

排列图提示出大多数的质量问题是由少数的问题引起的，这也体现了"二八法则"，而"二八法则"在餐饮质量管理的很多方面都有体现。例如：80%的投诉是由 20%的原因所产生的；80%的质量问题是由 20%的餐饮服务人员所引起的；20%种类的餐饮原料占了 80%的餐饮成本。

排列图主要有以下几个用途：

(1) 从许多琐碎的因素中分离出最关键的少数几个，从而确定优先要解决的问题。分析内容可包括宾客投诉率、缺勤率、顾客投诉件数、餐饮质量各项成本数等。

(2) 在餐饮质量改进方案的各个不同阶段确定下一步该做什么。

(3) 确定哪些服务程序应进行过程控制。

(二) 因果图

因果图又称鱼骨图、石川图，是把问题的结果与带来影响的要因之间的联系进行总结整理后，用鱼骨图的形式来体现的图表。

因果图有两种类型，即寻求原因型和寻求对策型。

1. 寻求原因型因果图

先列出可能会影响过程的相关因素，以便进一步从中找出主要原因，以此图形表示结果与原因之间的关系。如图 6—7 所示。

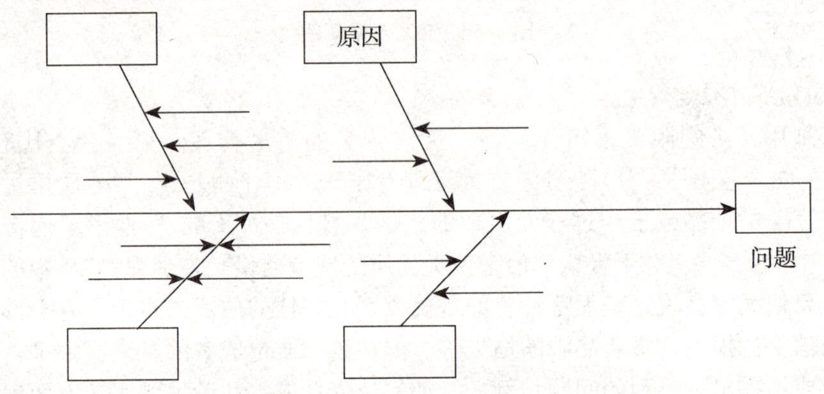

图 6—7　寻求原因型因果图示例

2. 寻求对策型因果图

此类型是将鱼骨图反转成鱼头向左的图形，目的在于追寻应该如何防止问题、如何达成目标结果，故以因果图表示期望效果与对策的关系。如图 6—8 所示。

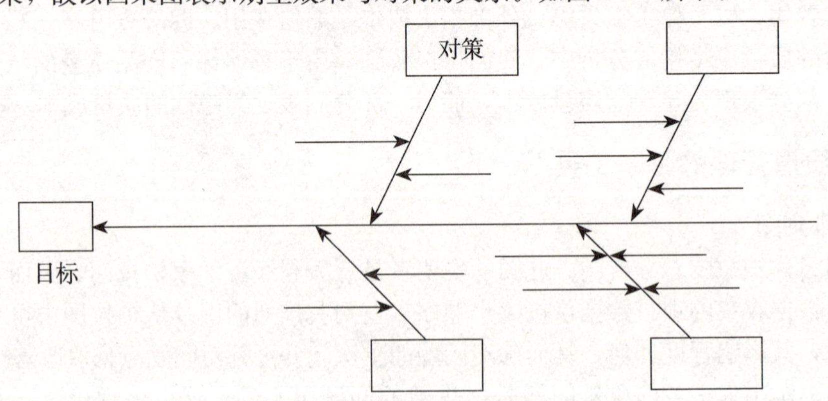

图 6—8　寻求对策型因果图示例

某饭店为了解决投诉率增加的问题，利用因果图来进行分析，其因果图如图 6—9 所示。

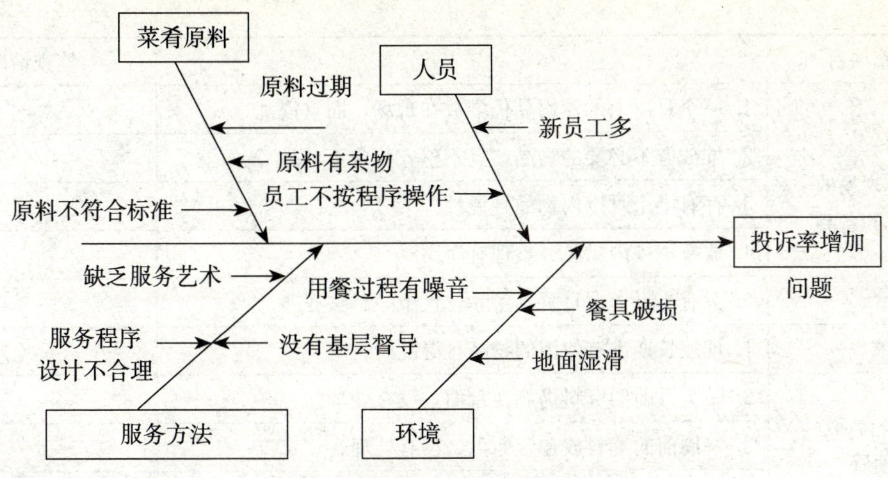

图 6—9　某饭店关于投诉问题的因果图

因果图有以下两个用途：

(1) 发现问题的原因，并根据原因找出初步解决问题的方法。

(2) 为进一步收集资料和采取行动提供基础。

(三) 检查表

检查表又称调查表，是为了收集数据和检查信息而设计的方便记录的表格。表 6—3 为某饭店 2011 年 9 月某周客人投诉检查表实例。表 6—4 为服务场所 5S 检查表实例。

表 6—3　　某饭店 2011 年 9 月某周客人投诉检查表

日期 问题	6 日		7 日		8 日		9 日		10 日		合计		本周总计
	A 班	B 班	A 班	B 班	A 班	B 班	A 班	B 班	A 班	B 班	A 班	B 班	
服务态度	正									一	5	1	6
礼貌用语	正					正					5	5	10
服务艺术	丅						正	一		正	7	6	13
卫生				一							0	1	1
餐具破损			正	丅							5	2	7
服务技能								正			0	5	5
合计	12	0	5	3	0	5	5	6	0	6	22	20	42

表 6—4　　服务场所 5S 检查表

检查项目	评定基准	检查情况
通道	1. 物品堆放多，且杂乱无章。	
	2. 能通过，但要避开，推车不能通过。	
	3. 物品摆放超出通路或过高。	
	4. 虽超宽超高，但很整齐且有标示。	
	5. 通畅、整洁。	

续前表

检查项目	评定基准	检查情况
操作现场的餐具和备品	1. 一个月以上的使用品仍堆放在现场，而且混乱。	
	2. 堆放有不必要的物品，且不整齐（含不良品）。	
	3. 存有半个月以内物品且混乱。	
	4. 放有一周内物品，整理有序。	
	5. 只有当日、次日餐具备品，且干净、整齐。	
办公台面、抽屉	1. 堆放长期没有使用的物品且混乱。	
	2. 一个月前的资料仍放在台面，没有处理。	
	3. 一周前的资料放在台面上，没有处理。	
	4. 只有近两日待处理资料，整理有序。	
	5. 每日处理清楚、整理有序，台面、抽屉内物品均适量。	
库房	1. 货物塞满通道，人行走困难。	
	2. 货物摆放混乱，同一物品多处放置。	
	3. 有区域之分，但摆放却不遵守区分标准。	
	4. 不用、近期不用和近期使用物品区分摆放。	
	5. 用与不用的物品分类清楚且摆放整齐。	

检查表主要有以下几种用途：

（1）日常管理。如对质量控制项目的检验、开餐前的检查、设备设施安全的检查、卫生检查等。

（2）调查问题。如质量异常问题调查、内部审核、不合格原因调查等。

（3）获得资料。将报告、调查获得的资料，做成统计表以便分析。

首问负责制

首问负责制规定了凡是酒店在岗工作的员工，第一个接受宾客咨询或要求的人，就是解决宾客咨询问题和提出要求的“首问责任者”。按照首问负责制的要求，应该做到以下几点：

1. 属于本人职责范围内的问题，要立即给宾客以圆满答复，对宾客提出的要求要妥善解决。

2. 虽是本人职责范围内的问题，但因宾客的原因，目前不能马上解决的，一定要耐心细致地向宾客解释清楚，只要宾客本身的原因不存在了，就应马上为宾客解决问题。

3. 属于本人职责范围之外的问题和要求。“首问责任者”不得推诿，要积极帮助宾客

问清楚或帮助宾客联系有关部门给予解决。必须做到环环相扣，手手相接，直到宾客的问题得到圆满的答复，要求得到了妥善的解决。

另外，首问责任制不仅仅局限于对宾客面对面的服务，当宾客打来电话或咨询服务项目时，也同样如此。首问负责制还要求做好超前服务以及宾客离店的延伸服务等。

三、餐饮质量管理其他相关工具

（一）甘特图

甘特图可以显示一定时间内的任务，以及不同任务之间的相互依赖性，是一种很好的管理工具。餐饮管理层在管理过程中使用此种工具，会提高工作效率。

甘特图的绘制方法如下：

(1) 找出需要实施的任务。

(2) 把这些任务排序，找出相互之间的依赖性。

(3) 根据共享时间，对任务进行规划。

(4) 在甘特图表上标示起止时间。

(5) 依据整体时间检查可行性。

通过甘特图可以明确所有需要实施的任务，以及为及时完成这些项目和任务的起始时间和应该完成的时间。这张图表一旦完成了，就可以用于审核过程，并且在必要的时候修改计划。图 6—10 是某饭店餐饮部营销计划时间图，这就是甘特图的一种。

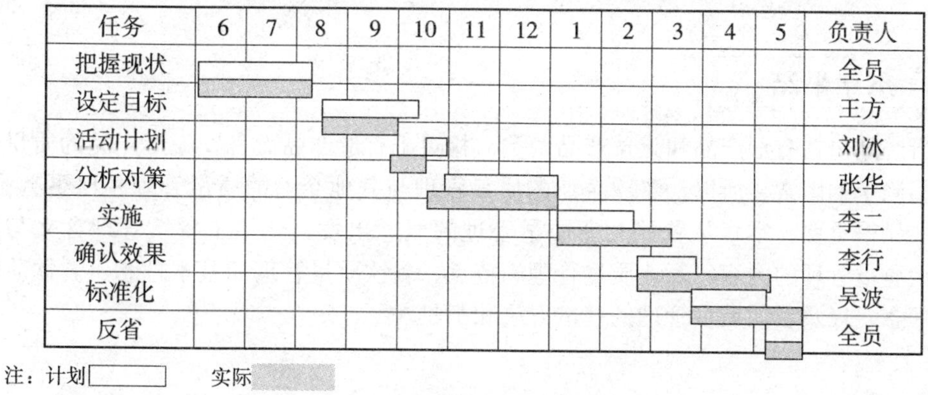

任务	6	7	8	9	10	11	12	1	2	3	4	5	负责人
把握现状													全员
设定目标													王方
活动计划													刘冰
分析对策													张华
实施													李二
确认效果													李行
标准化													吴波
反省													全员

注：计划□　　实际■

图 6—10　某饭店餐饮部营销计划时间图

（二）头脑风暴法

头脑风暴法又称畅谈法、集思法、头脑激荡法。它采用会议的方式，引导每个参加会议的人围绕着某个议题（如质量问题等）广开言路，在自己头脑中掀起思想风暴，畅所欲言地发表见解的一种集体发挥创造性的方法。

头脑风暴法在餐饮质量管理方面的适用范围很广，例如，针对餐饮部最近出现的餐具损耗现象进行头脑风暴法；针对餐饮部客人投诉率上升问题进行头脑风暴法；针对餐饮部服务人员服务质量下降进行头脑风暴法，等等。

1. 头脑风暴法的具体实施方法

(1) 把头脑风暴小组成员集合在一起，并指定一个记录员。

(2) 解释头脑风暴的主题和基本规则。

(3) 提出观念。可以随机提议，也可以让小组内每个成员轮流提议（如果轮到某个人时没有提议可以略过）。

(4) 记录员真实、准确地记录每个成员的观点。不得缩减或解释，并确保小组的每个成员都能看到所有意见。

(5) 解释所有的观点，并对其进行评估。最后将每个观点复述一遍，以使每个成员都知道每个观点的内容，去掉重复、无关的观点，再对各种观点进行评价、论证，评估其对达到目标是否有用。

2. 头脑风暴法的基本规则

(1) 不要批评。批评是创造性思维的障碍。

(2) 鼓励各种意见。所有意见都是可以接受的。

(3) 力求创造性。激发尽可能多的创意。

(4) 搭便车。和别人的构思结合起来，进行改善、增加、合并意见。

(5) 酝酿。花些时间思考列出的意见。

3. 头脑风暴法的作用

(1) 用来识别存在的质量问题并寻求解决的办法。

(2) 寻找潜在的质量改进的机会。

本章小结

饭店产品包括有形产品和无形产品两类。相对于有形产品而言，无形产品的质量管理更具有不确定的因素。所以，餐饮企业的质量管理与其他企业的质量管理相比更有难度，也就更加显得重要。本章从餐饮企业质量管理的概念出发，介绍了餐饮管理含义与发展史、餐饮质量管理的内容、餐饮质量管理的特点、餐饮质量管理的基本理念、餐饮质量管理的新理念，以及餐饮质量管理的基本方法和工具。

要点提示

1. 质量、餐饮质量管理的内容、餐饮质量管理的特点、质量管理对餐饮管理的意义、提高质量餐饮质量的方法。

2. 质量管理基本理念的演变、餐饮质量管理的新理念。

3. 餐饮质量管理的基本方法、餐饮质量管理的基本工具、餐饮质量管理其他相关工具。

思考讨论

1. 如何树立餐饮质量管理理念？
2. 餐厅质量管理的方法有哪些？
3. 质量管理对餐饮管理的意义是什么？

任务训练

● 任务名称

服务质量检查

● 任务目的

1. 掌握质量管理方法中的5S检查表的使用方法。
2. 了解酒店服务质量现状。

● 任务训练要求

1. 选择当地一家三星级饭店的中餐零点餐厅作为调研背景。
2. 对这家餐厅的服务质量进行检查，做好记录。
3. 制作服务质量5S检查表，并对照检查结果进行评分。
4. 提出质量整改意见。

● 任务训练方法

1. 小组训练法。将学生分成若干小组，每组成员5～6人。每组设组长一名，任务由组长协调组员共同完成。

2. 调研法。

● 任务评价

项目	标准	满分	得分
文本	格式符合要求，文字通顺，逻辑性强	20	
检查内容	项目齐全，没有漏项	40	
解决方案	方案恰当、合理	40	
合计	100		

第七章

中外菜点知识

学习目标

学完本章，你应该掌握：

1. 中国菜肴的特点及主要菜系；
2. 粤菜、鲁菜、川菜、湘菜的主要代表作品及其特点；
3. 法式菜和美式菜的主要特点；
4. 菜单设计的主要内容。

导入案例

某餐厅正在营业，一位客人点了一只龙虾。龙虾做好上桌后，客人指着龙虾问道：“上次我在这儿吃的龙虾是白色的，为什么今天变成了粉色的？是不是不新鲜呀?”服务员回答：“不是的，先生。龙虾肉的颜色不同主要是因为品种不同。”客人又问：“你们这儿供应的不都是澳洲龙虾吗?”服务员答道：“人还有黑白呢，何况龙虾?”客人对这个回答很不满意。

在本案例中，服务人员什么地方做的不太妥当？原因是什么？

资料来源：张永宁主编：《饭店服务教学案例》，58页，北京，中国旅游出版社，1999。

菜点是指以动物、植物为原料，经过烹饪加工出来的供人们食用的产品。人们经过从古到今的实践积累，菜点的制作工艺日益精湛，菜点的品种日益繁多。菜点不仅由人们的基本生活需要发展成为人们的享受需要，而且也成为世界各国、各民族的社会经济和文化

发展的象征之一。世界各国的菜点选料各异，风味各具特色，品种琳琅满目。

本章就从中外菜肴知识、中西式面点知识以及菜单的设计展开学习。

第一节　中国菜肴知识简介

中国菜肴以选料严谨、制作精细、风味多变而享誉海内外。在长年的探索和发展过程中，中国菜肴融会了中华民族的灿烂文明，吸取了各民族烹饪技艺的精华，形成了鲜明的特色。

中国的菜肴烹饪有许多流派。其中最有影响力和代表性的，同时也是为社会所公认的有粤、鲁、川、苏、湘、浙、闽、徽等菜系，即人们常说的中国“八大菜系”。

一、中国菜肴的特点

（一）历史悠久

根据《易·鼎》记载：“一木巽火，亨（同烹）饪也。”也就是说，人类对火的使用是烹饪活动的开始。历代从事烹饪的人在长期的实践中积累了丰富的经验，给后人留下了宝贵的财富。

早在3 500年前，商朝的宰相、烹调圣手伊尹就总结了烹饪调味的经验。公元6世纪的《齐民要术》中有多达四卷的内容都是讲述烹饪及食品加工的。元代太医忽思慧在《饮膳正要》中从营养的角度系统讲述了食疗方法，可以说是我国第一部营养学专著。清代袁枚的《随园食单》，系统地阐述了烹饪原理以及规则，可以说是见解独到。这些论著反映了我国烹饪艺术历史的悠久和技艺的高超。

（二）原料广泛

中国是个地大物博、地理环境复杂的国家，全国各地有各种品质不同的原料。东北地区有鹿茸、熊掌、哈士蟆等；南方地区有蛇、燕窝、时鲜果品等；东海之滨有螺、虾、蟹、贝、鱼翅等；内陆有牛、羊、马等。丰富的原料为烹饪技师在菜肴制作上提供了更广阔的创作灵感。

（三）品种繁多

中国烹饪在其长期发展过程中，由于民族差异、地区之别，在菜肴品种和菜肴制作方面，形成了一定的流派，各流派都有自身的选料特点和菜肴特色。如以地区特色区别的话，有齐鲁风味、川湘风味、江浙风味、闽粤风味等。

（四）选料讲究

烹饪的关键在于选料与技艺，菜肴的品质很大程度上就取决于原料的质量。选料严谨、因材施艺一直都是中国菜的特色。原料的选择主要表现在：

（1）品种的选择。如江苏菜品中的沙锅鱼头汤讲究用溧阳天目湖中的鲢鱼作为原料。

（2）季节的选择。如螃蟹讲究“九月团脐（母蟹）十月尖（公蟹）”。

（3）部位的选择。大部分的中国人对猪肉是再熟悉不过的了，对于不同部位的猪肉，如前腿肉、后腿肉以及里脊肉等，厨师在烹饪中会根据它们不同的特点合理使用。

（4）产地的选择。同一品种的原料由于其产地不同，其质量也各不相同，如火腿各地均有出产，但全国以浙江省金华的火腿最为出色。

（五）配料巧妙

中国菜肴讲究色、香、味、形、器的完美搭配，讲究造型的变化。同时，也注重烹饪的主料与辅料、菜肴与器皿之间的相得益彰。

（六）刀工精湛

千姿百态的菜肴造型是通过具体的刀法实现的。中餐厨师的刀工不仅讲究技术的精妙，而且善于变化，“游刃有余”、“蝉翼之割”、“刃不转切”等一些描述充分说明了刀工技术的精湛。

（七）善于调味

除了选料和配料，调味也是中国烹饪技艺的一大要素。调味主要有两个作用：

（1）利用不同原料的味道巧妙搭配出新的味道。

（2）用调味料对原料的渗透、扩散以及相互作用加以调和，达到去除异味、突出本味、酿造口味等目的。

（八）注重火候

作为烹饪技艺之一的火候是菜肴成败的关键，注重火候是中国烹饪特有的传统。掌握适宜的火候除了使原料成熟，或者改变原料的质感之外，还有一个重要的目的，就是体现和提取原料中的美味。

中国烹饪对火候的讲究还表现在各种烹饪方法上。事实上，不同烹饪方法的区别，在很大程度上是由不同的火候造成的。正是在火候上的微妙变化，才形成了烹饪方法的多样化。

（九）技法多样

中国菜肴的烹饪方法很多，有凉拌、炒、蒸、煮、煎、炸、焖、煸、炖、煨、烧等几十种，每一种又可分为很多小类。

（十）讲究盛器

中国菜肴配以精美绝伦的盛器更显得完美、雅致，体现出浓郁的民族特色。古人曾曰：“美食不如美器。”盛器的讲究一般表现在：

（1）色彩的和谐。

（2）形态的匹配。

（3）大小的相称。

二、中国菜的烹饪技巧

烹饪技巧，或者我们简单地称之为烹饪方法，是将经过加工整理的烹调原料运用加热和调味等基本方法，制成不同风味菜肴的操作过程，是挂糊、上浆、勾芡、加热、调味等技法的综合运用。

中国菜的烹饪技巧多达45种，各种烹饪技巧的分类以及命名、解释也各不相同，主要的烹饪技巧有：

（1）炒。炒是一种通过少量油来传导热量的烹调方法，是最基本的烹饪技巧，也是应用范围最广泛的一种烹调方法。一般有滑炒、煸炒、干炒、硬炒等。其原料多为经过加工

处理的丁、丝、片、条、球。

(2) 熘。熘是由大量油或少量油来传导热量的一种烹饪方法。根据原料和成品的要求不同，可分为焦熘、滑熘、醋熘、糟熘、软熘等。首先需要将主料加工、切配，然后再用温油或热油炸熟。食用时，一般都要带芡汁。

(3) 炸。炸需要用大量的油（一般比原料多数倍）来传导热量，成品具有香、酥、脆、嫩等特点。根据原料的质地和口味要求的不同，可分为干炸、清炸、软炸、酥炸、纸包炸等。

(4) 烹。烹首先需要将主要原料加工成小型段、块等，然后用大量的油来传导热量，成品具有咸、香、甜、微酸、汁清而不黏等特点。主料多以鸡、鸭、鱼、虾、蟹为主，常带有小骨、薄壳等。

(5) 爆。爆可由中量油或水来传导热量，讲究速成，所以需要旺火，与其他烹饪方法有很大不同。成品具有脆嫩、爽口等特点。

(6) 烩。烩一般是将多种原料（大部分原料已熟或半熟）加适量汤汁，用中火加热的一种烹饪方法。成品特点为汤厚汁宽、口味鲜浓、原汁原味。

(7) 汆。汆是由水来传导热量，原料大都是切好的片、丝、条或制好的丸子，将原料下入沸水锅中，只调味，不勾芡。成品具有汤多菜少、清鲜脆嫩等特点。

(8) 涮。涮也是由水来传导热量，先将锅中水烧开，主料一般切成薄片，放入烧开的水中，熟后捞起、蘸上事先准备好的调味品即可食用。成品具有主料鲜嫩、汤清、鲜甜等特点。

(9) 煮。煮也是由水传导热量，先将原料与适量清水放入锅内，可加调料，煮至断生或烂。成品既可直接刀切配盘，也可与其他原料一起制作成其他菜式。

(10) 炖。炖也是由水传导热量，它的做法是先在锅里放油，油热后用葱、姜等炝锅，然后把原料放到锅中炒一下，之后往锅中加入调料和汤，汤量要没过原料，用高火烧开，开锅后即可转为文火熬制。成品具有原料烂、汤汁浓等特点。

(11) 烧。烧是由油、水结合来传导热量的。它是先将原料经过炸、煸、煮等预热加工，然后加适量汤汁和调味品，经过旺火浇沸，小（中）火烧透，再用大火收汁的一种烹调方法。成品具有质地软糯或鲜嫩、口味鲜浓等特点。

(12) 焖。焖是由大量油和水传导热量的烹饪方法，和烧的程序大致相同，只是汁会多一些，但又比炖菜汁少。焖可分为红焖和黄焖两种方法。成品具有酥烂入味、汁浓味厚等特点。

(13) 煎。煎与其他烹饪方法略有不同，其烹制时间相对较短，讲究火候。原料以嫩鸡、鲜鱼、虾、猪肉等为主，主料有薄糊与拖蛋糊之分。成品具有色泽美观、口味鲜醇，能保留主料营养价值等特点。

(14) 蒸。蒸是以蒸汽来传导热量的，是一种独特的烹饪方法。它的用途广泛，既可用于烹制菜肴，又可用于原料的初加工和菜的保温、回笼等。

(15) 扣。扣这种烹饪方法也相当特别，主要适用于软质原料。成品具有软嫩、鲜香的特点。

(16) 烤。烤是将原料经过腌渍或加工成半熟品后，直接利用辐射加热至熟的一种烹调方法。成品具有皮脆肉嫩、色泽鲜艳，有特殊的鲜香味等特点。

(17) 贴。贴是以少量油来传导热量的，过程与煎基本相似。原料一般以无骨材料为主。成品具有一面香脆、一面软嫩的特点。

三、中国菜的流派

当今世界，中国、法国和土耳其，被认为是“三大烹饪流派”的代表，而中国烹饪由于历史最悠久、特色最丰富、文化内涵最为博大精深、使用人口最多等特点而首屈一指。

中国菜风味丰富，从不同的角度，可以划分出不同类型的风味流派。

（一）按地域划分

各地的气候、习俗影响着各地的烹饪习惯，于是不同的地方出现了不同风味的菜肴，如山东风味、四川风味、广东风味等。清代出现“帮口”、“帮口菜”的名称，还有如“扬帮”、“川帮”、“徽帮”的叫法。从20世纪50年代开始，中国有“四大菜系”之说，即广东（粤）、山东（鲁）、四川（川）、江苏（苏）菜系。也有“八大菜系”之说，八大菜系是指在前面“四大菜系”的基础上再加上湖南（湘）、浙江（浙）、福建（闽）、安徽（徽）菜系。此外还有“十大菜系”之说，即在前面的“八大菜系”之上再加北京（京）和上海（沪）这两个菜系。

一个菜系的形成和它悠久的历史及独到的烹饪技巧是分不开的。同时也受到这个地区的自然地理、气候条件、资源特产、饮食习惯等影响。有人把“八大菜系”用拟人化的手法描绘为：苏、浙菜好比清秀素丽的江南美女；鲁、徽菜犹如朴实的北方健汉；粤、闽菜宛如风流典雅的公子；川、湘菜就像内涵丰富、才高八斗的名士。

（二）按原料性质划分

从原料性质的角度来划分，可以分为素食风味和荤食风味两大流派。素食是从南朝梁代开始形成的流派，到清代形成宫廷、寺院、民间三个派别。

（三）按功用划分

从功用的角度来划分，主要有普通食品风味和保健医疗风味两大流派。

（四）按时代划分

从时代的角度来划分，主要有仿古风味和现代风味。前者如仿宫廷、仿官府、仿唐、仿“红楼”、仿“随园”等风味。

四、中国名菜简介

在这里，我们从地域的角度出发来了解我国名菜的相关知识。

（一）粤菜知识

粤，是广东省的简称。广东地处亚热带，气候温和，雨量充沛，物产丰富，为广东菜的产生、发展创造了有利的条件。其烹饪技术早在秦汉时期就开始有了自己的特色。南宋以后，广东风味始具雏形，有“南烹”、“南食”之称。清中叶后，形成“帮口”，清末即有“食在广州”的说法。

粤菜由广州菜、潮州菜、东江菜三部分组成。广州菜是粤菜的主体，清而不淡，鲜而不俗，选料精博，品种多样。潮州菜融闽、粤两地之长，自成一派，讲究刀工，善烹海鲜、汤菜、素菜、甜菜，其中甜菜最具特点，口味以香、浓、鲜、甜为主。东江菜又名客家菜，以烹制鸡、鸭、鹅等沙锅菜著称。

1. 粤菜的特点

(1) 选料广博奇异，这与广东的地理环境、风俗习惯有关。

(2) 口味以清鲜、嫩滑、脆爽为特色，这与广东的气候、食俗、风气等有关。

(3) 刀工干练，技法朴实自然。其中刀工注重的是干练、自然，对生猛海鲜类的活杀、活宰的技巧为大众所称道。

(4) 对各种技法兼收并蓄，东西方厨艺融会贯通，烹饪方法、调味方式自成体系。

2. 著名菜点简介

(1) 片皮乳猪。

片皮乳猪是广东名菜之一，成菜为猪形，油光明亮，皮松软、肉滑嫩，风味独特。

(2) 潮州冻肉。

潮州冻肉是广东潮汕地区冬令风味凉菜，此菜晶莹透明，鲜嫩软滑，入口即化，肥而不腻，以鱼露、香菜佐食，风味独特。

(3) 东江盐焗鸡。

东江盐焗鸡是东江别具风味的传统名菜，以制法独特而闻名，成菜清雅大方，具有皮爽、肉香、味醇等特点。

此外，粤菜中具有代表性的名菜还有油泡鲜虾仁、白云猪手、爽口牛丸、太爷鸡、脆皮炸海蜇等。

(二) 鲁菜知识

山东古属齐鲁之邦，为半岛地型，山东境内地理环境差异大，其东部沿海，中南部为高山丘陵，西、北部为平原，物产、习俗有很大差异。明清的时候，鲁菜作为自成体系的菜肴，影响到整个黄河流域及其以北地区。鲁菜对宫廷菜、京菜的形成也有重要影响。

1. 鲁菜的特点

(1) 取材广泛。胶东半岛的海产资源丰富，故胶东菜多选用海产品为原料；济南、济宁一带，选料则包括山珍海味、瓜果蔬椒等。

(2) 调味极重，纯正醇浓，很少有复合味型。鲜、咸、酸、甜、辣各味皆用，擅长用葱香调味。

(3) 善烹海鲜，精于制汤。这是鲁菜菜肴能独树一帜的又一大特征。

(4) 精于爆、扒、蒸等烹饪技巧，菜肴有清香、鲜嫩的风味。

2. 鲁菜地方风味

鲁菜菜系主要是由济南菜、胶东菜以及孔府菜等构成的。

(1) 济南菜讲究清香、鲜嫩、味纯，有“一菜一味，百菜不重”之说，济南菜的清汤、奶汤极为考究，别具风味。

(2) 胶东菜源于福山，距今已有百余年历史。胶东风味中，烟台菜以烹制海鲜见长，风味独特。鲁菜菜系中风味独特的海鲜菜就是以烟台菜为代表，有只用海味制作的宴席，如全鱼席、鱼翅席、海蟹席、海参席等，各种海味佳肴构成品类纷繁的海味菜单。

(3) 孔府菜出于曲阜，用料讲究，刀工细腻，烹调程序严格且复杂，对菜点制作精益求精，始终保持传统风味，是山东菜中的佼佼者。其口味讲究清淡鲜嫩、软烂香醇、原汁原味。

3. 著名菜点简介

（1）爆双脆。

爆双脆具有清淡、脆爽、鲜醇等特点。

（2）九转大肠。

九转大肠是山东的传统名菜，于清朝光绪初年由济南的“九华楼”酒店首创，距今已有100多年的历史。成菜具有红润透亮，口味甜、咸、酸、辣兼有，肥而不腻等特点。“九转”是指经过反复炼烧的意思。

（3）赛螃蟹。

赛螃蟹是用黄鱼肉、鸭蛋黄作为原料炒制而成的，因其口味和色泽如同螃蟹肉而得名，成菜形如豆腐脑，味极鲜美。

此外，鲁菜中具有代表性的菜肴还有葱爆海参、清蒸加吉鱼、糖醋鲤鱼、锅塌豆腐、熘肝尖等。

（三）川菜知识

四川，自古以来就享有“天府之国”的美誉，它位于长江上游，气候温和，雨量充沛，群山环抱，江河纵横。川菜是我国的主要菜系之一，发源于古代巴国和蜀国。西汉、两晋时期川菜已初具轮廓，明清之际因辣椒的传入而进一步形成稳定的味型特色，并影响到云贵地区以及周边临界地带。

川菜以成都、重庆两个地方菜为代表，特点是突出麻、辣、香、鲜，油大、味重。

1. 川菜的主要特点

（1）取材广泛。优越的自然环境，丰富的特产资源，为川菜的形成与发展提供了有利条件。

（2）味型多样，变化精妙，百菜百味，擅长麻辣、鱼香、怪味等。这些味道，就是由我们所熟悉的三香、三椒、三料、七滋、八味、九杂形成的。

1）三香：葱、姜、蒜；

2）三椒：辣椒、胡椒、花椒；

3）三料：醋、郫县豆瓣酱、醪糟；

4）七滋：酸、甜、苦、辣、麻、香、咸；

5）八味：鱼香、麻辣、酸辣、干烧、辣子、红油、怪味、椒麻；

6）九杂：古代“九”是代表多的意思，这里就是指用料很杂的意思。

四川人把各种调味品用得别出心裁，产生了七滋、八味，创造了世界闻名的川味。

（3）烹饪技法众多。在烹调方法上擅长炒、滑、熘、爆、煸、炸、煮、煨等，尤其煎、小炒、干煸和干烧有其独到之处。

2. 著名菜点简介

（1）鱼香肉丝。

鱼香味是川味中享有盛名的一种味道，鱼香肉丝就是用烹制鲜鱼的调料去烹制肉丝，使咸、甜、辣、香、鲜味齐备，姜、葱、蒜味尤为突出。

（2）麻婆豆腐。

麻婆豆腐是一道闻名全国的四川名菜，具有麻、辣、嫩、酥、香、鲜的风味，成菜色深红亮，红白相衬，亮汁亮油，豆腐形整而不烂，肉馅金黄、酥香。

（3）夫妻肺片。

相传在民国时期，成都郭朝华、张田政夫妻二人以沿街设摊出售肺片为业，因制作精良、风味独特而受群众喜爱，“夫妻肺片”因此而得名。以后发展为设店经营，用料以牛肉、牛心、牛舌、牛肚、牛头皮等代替最初的肺片，质量更为提高，已成为四川的著名菜肴之一。

此外，川菜中具有代表性的菜肴还有宫保鸡丁、锅巴肉片、樟茶鸭、怪味鸡块、干烧岩鱼、干煸牛肉丝等。

（四）苏菜知识

江苏地处我国东部，气候温和，地理条件优越，物产丰富，自古以来就是鱼米之乡，盛产多种水果，时令蔬菜应有尽有。江苏菜即江苏地方菜系。早在春秋战国时期吴地风味已露端倪，唐宋“南食”已成为中国菜肴的重要组成部分，元代苏菜初具规模，明清完全形成流派。苏菜主要由淮扬（淮安、扬州）、京宁（镇江、南京）、苏锡（苏州、无锡）、徐海（徐州、连云港）四部分组成。

1. 苏菜的特点

（1）选料严谨，讲究鲜活。

（2）讲究刀工，擅长刀技。技艺高超的厨师，仅以一把普通菜刀，或雕或刻，或镂或削，便可制作成牡丹、玉兰花、荷花、腊梅、茶花、月季、菊花等多种花型。

（3）善用火候，讲究火功，擅用炖、煨、焖、蒸、烧等技法。例如，沙锅中的菜肴在旺火上渐沸后，便移至炭火上慢慢地炖或焖。

（4）原汁原味，一菜一味，清淡适口。各地方的风味也不同，如扬州菜讲究淡雅，苏州菜口味略甜，无锡菜较甜。

（5）重视调汤，汤汁浓而不腻，风味清新。

2. 著名菜点简介

（1）清炖蟹粉狮子头。

此菜已有千年历史，是扬州的传统名菜之一。重选料，注重火候，讲究刀工，细切粗剪，拌馅均匀，使其肉丸精细。成品肥嫩异常，入口即化，味道鲜美。

（2）松鼠鳜鱼。

此菜也已有300多年的历史，以造型逼真，极似松鼠并“吱吱”作响而闻名于世，是苏锡菜中的精品。成菜色泽金黄，具有酸甜可口、酥脆鲜香等特点。

此外，苏菜中具有代表性的菜肴还有三套鸭、大煮干丝、荷包鱼、水晶肴蹄、无锡排骨、虾仁锅巴等。

（五）湘菜知识

湖南菜简称湘菜。湖南位于中南地区，气候温和，四季分明，阳光充足，雨水集中。得天独厚的自然条件有利于农、牧、副、渔业的发展，物产特别丰饶，为湖南菜的发展创造了很好的条件。

由于地区物产、社会风俗以及自然条件的不同，湘菜又逐步形成了湘江流域、洞庭湖区和湘西山区地方菜三种地方风味。湘江流域的菜以长沙、衡阳、湘潭为中心，并以长沙为代表，风味重香鲜、酸辣、软嫩。洞庭湖区的菜以常德、岳阳、益阳为中心，以烹制河鲜和禽类见长，讲究芡大、油厚，咸辣、香软。湘西山区的菜以吉首、怀化、大庸为中心，擅长烹制山珍野味及腊肉、腌肉，注重咸香、酸辣口味，山乡风味浓郁。

1. 湘菜的特点

(1) 刀工精妙，形味兼备。湖南菜刀工之妙，不仅着眼于造型的美观，还处处顾及到烹调的需要，故能依味造形，形味兼备。

(2) 长于调味，以酸辣著称。湖南菜特别讲究原料的入味，注重主味的突出和内涵的精妙。湖南菜的特色是“酸辣”，以辣为主，酸寓其中。酸是酸泡菜之酸，比醋更为醇厚柔和。

(3) 技法多样，尤重煨。湖南菜早在西汉初期就有羹、炙、烩、濯、熬、腊、濡、脯、菹等多种技艺，发展至今，技艺最精湛的则是煨。

2. 著名菜点简介

(1) 吉首酸肉。

这是湘西苗族和土家族的传统风味佳肴，味辣且微酸，以湘西吉首所做为佳，因此得名。

(2) 东安鸡。

东安鸡原名“醋鸡”，发源于湖南省东安县，以此得名。成品具有酸、辣、鲜、嫩，色泽素雅等特点。

(3) 红煨鱼翅。

红煨鱼翅是湖南组庵派（官府菜）传统名菜之一，是由清末督军谭延（字组庵）的家厨曹敬臣所创，因而又称为“组庵鱼翅”。后来传入饮食业，为高级宴会之必备佳肴。成品具有软糯、柔滑、醇香等特点。

此外，湘菜中具有代表性的菜肴还有腊味合蒸、麻辣仔鸡、荷包肚、冰糖湘莲、宝塔香腰、火方银鱼、板栗烧菜心、油辣冬笋尖等。

(六) 浙菜知识

浙江濒临东海，气候温和，拥有丰富的水产资源，盛产山珍野味，家畜家禽成群，这为浙江菜的发展提供了丰富的烹饪资源。

浙菜是由以杭州、宁波、绍兴、温州为代表的四个地方流派组成的。杭州菜制作精细，讲求变化，以爆、炒、烩、炸为主，成品具有清鲜爽脆、淡雅细腻的独特风格。其中宁波、绍兴菜成品色泽较深、口味较浓，鲜咸合一，颇为独特。温州菜多以海鲜为原料，烹制方法上以爆、炒见长，轻油、轻芡，注重原料的刀工成形，口味清鲜、淡而不薄，注重原汁原味，自成一体。

1. 浙菜的特点

(1) 选料精细，多用特产，因而菜肴多具有明显的地方特色，而且文化色彩很浓，许多菜肴都有美丽的传说。

(2) 成菜讲究精巧细腻、清秀雅丽、形态各异，注重保持原味，菜品味道纯正，口味以清鲜脆嫩为主。

(3) 在调味上，常用料酒、葱、姜、糖、醋等。

2. 著名菜点简介

(1) 东坡肉。

此菜历史悠久，名字的由来很有意思。相传苏东坡第二次到杭州任职，发动民众疏浚

西湖，大功告成时，他让厨师将百姓馈赠的猪肉、绍酒等，按照他的烧肉经验，烹制成佳肴给民工们品尝，故得此名。此菜油润柔糯，味美异常。

(2) 叫化鸡。

叫化鸡是杭州的传统名菜之一，其得名也非常有趣。相传古时一个叫花子，偷来一只母鸡，在缺锅少灶的情况下，他只好用泥巴将鸡包起来，放在文火上烧烤，烧熟后再剥去泥巴，没想到吃起来味道鲜美异常。

(3) 龙井虾仁。

此菜色泽白绿相间，口味鲜嫩清香，具有浓厚的地方特色。

(4) 清蒸鲥鱼。

清蒸鲥鱼是杭州传统名菜中的夏令时菜，具有温中补虚、清热解毒的作用。此菜色泽多样、银鳞闪烁，鱼肉肥腴鲜嫩，鱼鳞吮之油润。

此外，浙菜中具有代表性的菜肴还有西湖醋鱼、油焖春笋、冰糖甲鱼、荷叶粉蒸肉、西湖莼菜汤等。

(七) 闽菜知识

福建位于我国东南部，依山面海，气候温和，雨量充沛，溪流江河纵横交错，盛产稻米、蔬菜、瓜果、香菇、竹笋、莲子、薏米、麂、鹧鸪、石鳞等，沿海地区更盛产鱼、虾、螺、蚌等海产佳品，为烹调技术的发展提供了优越的物质条件。

闽菜由福州、闽南、闽西三种地方风味组成。福州菜以讲究调汤而著称，常用红糟做配料，成品清鲜、清爽，味道偏于甜酸，独具特色。闽南菜以厦门菜为代表，讲究作料的搭配，常用甜辣调味，成品具有清鲜、清爽的特色。闽西位于粤、闽、赣三省交界处，以客家菜为主体，多以山区特有的奇珍异品作为原料，有浓厚的山乡风味，味道偏咸、辣。

1. 闽菜的特点

(1) 选料精细，刀工讲究，注重火候，讲究调汤，擅长使用作料，以“味”取胜，并以烹制海鲜见长。

(2) 以清鲜、和醇、荤香、不腻等风味为主。注重甜、酸、咸、香，尤以“糟”味最具特色。

(3) 烹调方法以炒、爆、煨等技术著称。

(4) 汤菜居多，制汤考究，火候适宜，变化无穷。

2. 著名菜点简介

(1) 佛跳墙。

福建传统名菜之一，已有100多年的历史了。关于这道菜有很多民间传说，对其创始有文字记载的是在清光绪二年（公元1876年），福州官钱局一位官员，设家宴宴请当时的布政使周莲。这位官员的妻子是位烹饪高手，她将鸡鸭、猪肉同入绍兴酒坛内煨制，上桌后，坛盖揭开，满堂荤香，令人陶醉。周莲品尝后赞不绝口，命家厨郑春发仿制。后来郑春发开设菜馆“聚春园”，不断对这道菜进行改进，其名字也不断更换。后来食客中有一位秀才咏叹：“坛启荤香飘四邻，佛闻弃禅跳墙来！”因此而得名“佛跳墙”。

(2) 沙茶鸡丁。

闽南特色菜之一，风味独特。选用的“沙茶”即沙茶酱，最初由印度尼西亚传入，由花生仁、椰子肉、川椒、米辣椒、亚三（外来品）、马拉煎（外来品）、丁香、山柰、南姜、陈皮、茴香等30多种调味料制成，色泽金黄，口味香辣。成菜具有香、辣、鲜、嫩的特点。

（3）生煎明虾。

此菜以使用“煎”的烹饪手段而闻名，讲究火候，注重调味，成菜鲜、香、甜、辣，别有风味。

此外，闽菜中具有代表性的菜肴还有炒西施舌、鸡丝燕窝、白斩河田鸡、橘汁加吉鱼、全折爪等。

（八）徽菜知识

安徽位于华东的西北部，境内平原、丘陵、山峦俱全，长江、淮河横贯全省，河流与湖泊交织，土地肥沃，物产富饶，为安徽菜系的形成提供了物质条件。

徽菜是由皖南、沿江、沿淮三个地方风味构成。皖南菜是安徽风味的主要代表，它以黄山、歙县（古徽州）、屯溪等地为代表，菜重油、重酱色、重火工。沿江菜以芜湖、安庆地区为代表，以烹制河鲜、家禽见长，讲究刀工，注重色、形，擅长用糖调味，烟熏技术也别具一格。沿淮菜包括蚌埠、宿县、阜阳等地风味，菜品讲究咸中带辣，汤汁重色浓，并惯用香菜佐味和配色。

1. 徽菜的特点

（1）就地取材，选料严谨，原料讲究新鲜、活嫩。

（2）烹调方法多为烧、焖、炖，以重色、重油、重火工为特色。

（3）味道醇厚，浓淡适宜，保持原汁原味，以烹制山野海味闻名。

（4）讲究食补，以食养身。

2. 著名菜点简介

（1）无为熏鸭。

无为熏鸭又名“无为熏板鸭”，是安徽无为地区传统风味之一，已有200多年的历史。无为地处长江沿岸，鸭以放养为主，多食小鱼、小虾，故鸭体肥、肉嫩，再加上烹饪方法精良，调味和火候的运用又有独到之处，成品色泽金黄油亮，具有皮酥、肉嫩、味鲜等独特风味。

（2）毛峰熏鲥鱼。

此菜为安徽沿江一带的传统名菜。成菜鲥鱼金鳞玉脂，油光发亮，茶香四溢，独具特色。

（3）奶汁肥王鱼。

这是典型的安徽地方特色菜，选料上乘，所用的肥王鱼无鳞，肉质细腻，嫩如豆腐，素以味鲜、肉嫩、滑利、爽口著称。采取清汤炖的烹制方法，成菜汤浓似奶，鱼肉肥嫩细腻，味道极鲜。

此外，徽菜中具有代表性的菜肴还有黄山炖鸽、蜂窝豆腐、红烧划水、符离集烧鸡、椿芽拌鸡丝等。

除了以上介绍的“八大菜系”之外，还有北京风味和上海风味这两种地方风味也别具特色。

北京菜融合了汉、满、蒙、回等民族的烹饪技巧，吸取了全国主要地方风味，尤其是山东风味之长，并继承了明清菜肴的精华，形成了自己的特色。菜肴讲究酥、脆、鲜、

嫩。在北京菜肴中，北京烤鸭驰名中外，此外烤肉、涮羊肉、蛤蟆鲍鱼、黄焖鱼翅、沙锅羊头、炸佛手等也很有特色。

上海菜既有适应本地人需要的“本帮菜”，又有适应海内外人士的中餐、西餐。上海本帮菜具有汤卤醇厚、浓油赤酱、咸淡适口、保持原味等特色。中国菜中的京、广、潮、川、苏、杭、闽、徽、湘等风味，为了适应上海的特点，亦有所变化，被称为“海派”。上海菜的名菜有白斩鸡、贵妃鸡、青鱼甩水、桂花肉、虾子大乌参、生煸草鱼、糟钵头等。

第二节　西方菜肴知识简介

西方国家因自然条件、历史传统、宗教信仰和社会制度等的不同，形成了不同的生活特点和风俗习惯，反映在饮食文化上则造就了各式各样的烹饪技艺和菜式，比较具有代表性的有法式、英式、意式、美式和俄式。世界上烹饪技艺比较有特色的还有日本、印度等。

本节我们主要学习西方国家中五个具有代表性的西餐类别。

一、西方菜肴的特点及著名菜肴

西餐是中国及其他东方国家对欧美等西方国家菜点的统称。西方国家的菜点虽然也各有不同的风味特点，但由于西方各国或是地理位置相邻，或是历史渊源很深，在文化上也有千丝万缕的联系，因此在菜点制作方法上有很多共同之处。

（一）法式菜

法国人一向以善于吃并精于吃而闻名，法式大餐至今仍名列世界西餐之首。受法式菜影响较大的国家有比利时、荷兰、卢森堡、阿尔及利亚、毛里塔尼亚等。法式菜具有以下几个特点：

（1）法式菜大多是以物名、地名和人名来命名。比如巴黎龙虾、马赛鱼羹、诺曼底猪排等。

（2）法式菜选料广泛，加工精细，烹调考究，滋味有浓有淡，花色品种多。蜗牛、生蚝、蛙腿、龙虾、奶酪、肥鹅肝等都是法国人的美味佳肴。法式菜比较讲究吃半熟的食品或生食。如牛排、羊腿以半熟、鲜嫩为特点，海味的蚝也可生吃，烧野鸭一般六成熟即可食用。法式菜不太使用无鳞鱼和太多刺的淡水鱼，在烹制鱼时要剔去骨刺。法国菜比较讲究蔬菜的使用，一道荤菜往往要配两三种蔬菜，甚至更多，注重营养合理搭配。

（3）法式菜烹制讲究调味。因法国人偏爱生嫩食物，因而多用有杀菌消毒、助消化、去异味功能的调料，如生洋葱、大蒜、芥末酱、白醋、柠檬汁、酒等。

法国人一般会根据菜肴来选择搭配酒水。什么样的菜选用什么酒水都有严格的规定，如清汤用白葡萄酒，野味用红葡萄酒，海味用白兰地酒，甜品用各式甜酒或白兰地酒等。

法国人的早餐是典型的欧陆式早餐，比较简单，主要是法式面包和热饮料。如咖啡、土司片、牛角包、法式棍包等。午餐、晚餐比较丰盛，尤其是晚餐，有沙拉、汤、小盆

（副盆）、主菜、奶酪、甜食、水果和咖啡等。

法式菜的名菜有：鹅肝排、巴黎龙虾、红酒山鸡、沙福罗鸡、鸡肝牛排、马赛鱼羹、法式洋葱汤、法式蜗牛等。

（二）英式菜

英国的饮食烹饪有家庭美肴之称。受英式菜肴影响较大的国家和地区有美国、澳大利亚、新西兰、新加坡、印度、印度尼西亚、加拿大、加纳、塔桑尼亚等。英式菜具有以下几个特点：

（1）英式菜原料以牛肉、羊肉、水产品、家禽、野味和新鲜瓜果蔬菜为主。如烤肉、熏制的鳟鱼和鲱鱼，一直是英国人喜爱的食品。

（2）英式菜讲究花色、少而精，注重营养搭配。油少、清淡、鲜嫩焦香。烹调技法以蒸、烧、熏、煮见长。

（3）英式菜调味很少用酒，调味品也比较简单，主要有盐、胡椒粉、芥末酱、番茄汁和醋等，通常放在餐台上由客人自己取用。

英国人的传统习惯是早晨起来喝一杯浓红茶，又称“被窝茶”。英式早餐又被称为“皇室早餐”，非常丰盛，有果汁、麦片粥或玉米片，以及各式蛋类、肉类、面包、黄油、果酱、咖啡或茶。午餐简单，晚餐较正式。英国人通常下午四五点钟喝下午茶，并佐以饼干、三明治或小面包等。

英式菜肴的名菜有：鸡丁沙拉、烤大虾苏夫力、薯烩羊肉、烤羊马鞍、牛尾浓汤、蘑菇奶油鸡片等。

（三）意式菜

在罗马帝国时代，意大利曾是欧洲的政治、经济、文化中心，就西餐烹饪来讲，意大利可谓是西餐的始祖，意式菜可以与法式菜、英式菜相媲美。意式菜注重食物的原汁原味，香醇味浓，烹调方法以红烩、红焖、炒、煎、炸等著称。

意大利人爱用米、面做菜，尤其以面条做工精细、品种繁多而闻名于世。在制作面条时，常加入番茄、菠萝、胡萝卜、鸡蛋等而使面条呈现各种颜色，而且还制成各种形状。意大利面条共同的特点是面条紧实而有咬劲，一般用肉酱、番茄酱佐食。此外，意大利馅饼即意大利比萨也深受世界各国人民的喜爱。

意大利人爱吃牛肉、羊肉、鸡和鱼等，不爱油腻，不食动物内脏、肥肉和奇形怪状的动物及软体动物；不重视蔬菜，喜爱新鲜水果，常将其作为餐后必吃的辅助食品。意大利人特别爱喝葡萄酒和各种饮料，如低度葡萄酒、啤酒、咖啡、牛奶和矿泉水。

意式菜肴的名菜有：比萨饼、意大利通心粉、意大利牛腱子饭、那不勒斯烤龙虾、罗马魔鬼鸡、佛罗伦萨烤牛排、米兰猪排等。

（四）美式菜

美式菜是在英式菜的基础上发展起来的，继承了英式菜简单、清淡的特点。近百年来，美国人善于吸取别人的长处，并勇于改良和创新，又融合了印第安人以及德国、法国、意大利和西班牙等国家烹饪精华而形成了自己的特色。美国人大多对饮食的要求并不高，只要求营养、快捷。

美式菜讲究营养，清淡不油腻，要求量少而精。咸中带甜、微辣，用水果做菜是美式菜的独到之处。对铁扒和沙拉类菜肴的制作比较讲究。

美国人爱吃甜食和水果，尤其喜爱冰激凌。他们爱喝果汁、牛奶、咖啡、威士忌、啤酒、可口可乐、白兰地和矿泉水等。

美国人的早餐结合英式早餐的特点，再加上各种果汁、窝芙饼、各式炸水果等；午餐以快餐和便餐为主，如三明治、汉堡包等；晚餐则比较正式，但不爱吃奇形怪状的动物，如海参、鲍鱼、无鳞鱼、动物内脏和头尾全形的菜肴。

美式菜肴的名菜有：橘子烧野鸭、苹果烤鸭、美式什锦铁扒、华道夫沙拉、烤火鸡、华盛顿奶油汤、丁香火腿等。

（五）俄式菜

沙皇俄国时代的上层人士非常崇拜法国，因此，当时的俄国饮食和烹饪技术主要学习法国。但经过多年的演变，俄式菜肴逐渐形成了自己的烹饪特色，特别是受气候影响，要求食物具有高热量。

俄式菜肴在西餐中影响较大，一些地处寒带的北欧国家和中欧南斯拉夫民族的饮食习惯与俄罗斯人相似，大多喜欢腌制的各种鱼肉、熏肉、香肠、火腿以及酸菜、酸黄瓜等。俄式菜的口味以酸、甜、辣、咸为主，烹调的方法以烤、熏、腌为特色。常见的调味料有奶渣、奶皮、酸奶油、酸马奶、酸黄瓜、柠檬、白醋、辣椒、黄油、小茴香和香叶等。

俄罗斯人爱吃牛肉、羊肉、猪肉、家禽、野味，很爱吃三文鱼做馅的菜肴。在俄罗斯人的一日三餐中土豆必不可少，他们称土豆为“第二面包”。

俄罗斯人一般对早餐、午餐比较重视，晚餐相对简单。早餐有酸奶油、黑面包、各种蛋类，配火腿或各式肉肠、奶渣或奶渣饼、糖油煎饼和糖油吐司，最后还要一杯咖啡或茶。午餐一般由冷菜、汤、主菜、甜点、饮料等组成。晚餐在通常情况下比较简单，通常一道冷菜和一道主菜，甚至有时只有一些蔬菜、水果、点心和红茶。

俄式菜肴的名菜有：黄油鸡卷、罗宋汤、哈萨克手抓羊肉、乌克兰羊肉饭、什锦冷盘、酸黄瓜、鱼子酱等。

二、西方菜肴的烹饪技巧

相对于中国菜肴的烹饪技巧而言，西方菜肴的烹饪技巧偏少，主要手法有以下几种：

（1）炸。是采用油为介质，油量多，油温高，使经过加工后的原料快速成熟的一种烹调方法。按炸的方法不同，可分为清炸、面包炸、拖糊炸等。成品特点为外焦内嫩、香脆可口。

（2）煎。是将经初步加工和调味后的原料，以油（浸没原料1/2）为传热介质，运用多种火力（多为中火）使原料成熟的一种烹调方法。煎是西餐烹调中使用最广泛的一种方法。按煎的分法不同，可分为清煎、软煎（挂蛋液）。成品特点为外焦内嫩、色泽金黄。

（3）炒。是将原料加工成形后，入锅用少量油快速翻炒成熟的一种烹调方法。成品特点为脆嫩、鲜香。

（4）煮。是将原料加工成形后，投入大量汤水中用旺火烧开，再用中小火使其成熟的一种烹调方法。成品特点为清淡爽口。

（5）焖。是将经过初步热处理的原料，投入调好味的汤水中用慢火使其成熟的一种烹饪方法。成品特点为原汁原味、汁浓味厚。

（6）烩。是将经初步加工和热处理的原料，投入汤水中煮焖至八成熟，再加配料继续

用小火烩制成菜的一种烹调方法。成品特点为色艳味鲜、味浓质嫩。

（7）烤。是将调味后的食物放入烤炉，借助空气对流及热辐射使原料成熟的一种烹饪方法。成品特点为鲜香可口。

（8）焗。是将原料腌渍后，用其他原料（或纸类等）包裹，埋入灼热的盐粒或卵石等固体物中，使原料成熟的一种烹调方法。成品特点为鲜香嫩滑。

第三节　中西式面点知识

面点是正餐以外的小分量食品，它有广义与狭义之分。广义的面点，包括主食、小吃、点心和糕点；狭义的面点，则将比较粗放的主食、部分小吃排除在外。从面点的演变规律看，是先有主食、小吃，后有点心、糕点。

面点就是以各种粮食为原料，或以粮食作为主要原料，配以不同的肉类、鱼虾类、杂品类、禽蛋类及鲜奶类等辅助原料，经过加工而成的具有一定营养价值的米面制品。概括来说，面点就是一种营养丰富、色香俱佳、味形皆美的食品。

一、中式面点知识

中国以米面制品为主食，由来已久。大约在六七千年以前，人们学会了栽培和种植粮食作物。大约是在秦汉时代，人们已经学会了把颗粒状的粮食磨成粉。在南北朝时期就出现了利用发酵面团制作的炊饼。可见，面点的历史也十分悠久。

（一）中式面点分类

全国各地对于面点的分类各有不同，但总的归纳起来有如下几种分类法：

（1）按面团分类。这是面点师们经常使用的一种分类方法。按这种分类方法可以将面点制品分为：实面类制品，就是我们常说的水调面团、死面、呆面等；膨松类制品；酥松类制品；米类和米粉类制品；杂粮类制品等。

（2）按原料分类。可分为麦类制品、米类制品、杂粮类。

（3）按流派分类。可分为京式、苏式、广式三个主要的面点流派，但如果细分的话还可以分为京式、苏式、广式、扬式、潮式、鲁式、川式、闽式、宁绍、高桥、西北等流派。

（4）按形态分类。这也是面点师常用的分类方法，可以分为糕、饼、团、包、条、饺、粥、羹、粉、饭、冻等。

（5）按成熟方法分类。可分为蒸、炸、煮、烙、煎、烤等类。一般来说，用一种加热方法使面点制品成熟的通常叫做单加热法，如煮面条、蒸馒头等；用两种或两种以上加热方法使面点制品成熟的通常叫做复加热法，如炒面等。

（6）按口味分类。可以分为甜味、咸味、甜咸味及复合味等。

（7）按制馅原料分类。可分为荤馅、素馅两大类。荤馅又包括生荤馅和熟荤馅。

我国面点根据不同的地理区域和饮食文化，大致可分为“南味”、“北味”两大风味，这两大风味又以“京式面点”、“苏式面点”、“广式面点”为主要代表。以下将以这三个面

点流派为主，介绍不同类型面点的主要风味、特点、代表品种等。

（二）中式面点介绍

1. 京式面点

京式面点起源于我国的黄河以北广大地区，它包括山东、华北地区、东北地区、内蒙古地区等地理区域，这些区域里的面点，都可以称为京式面点。京式面点以北京为代表。北京的面点制作长期受宫廷饮食习惯的影响，特别是在清朝时期，大批的厨师被引入到北京以后，这才逐步形成了风味独特的京式面点。

京式面点多以面粉为主要原料，这和京式面点所包括的地域所处的地理位置有很大关系，这些地区以小麦为主要粮食作物，因此，京式面点特别擅长面食品的制作。京式面点咸甜分明，甜点重糖、重油酥，咸点以咸鲜口味为主。

京式面点的代表品种有：

（1）四大面食。抻面、刀削面、拨鱼面、小刀面。不但制作技术精湛，且爽滑、筋道，韧中带劲，深受人们的喜爱。

（2）饺子。饺子是我国北方的一种面皮包馅的名食，有着悠久的历史。北方和西北一带颇受人们喜爱的饺子宴以制作精巧、用料多样、味型各异而闻名于世。

（3）其他代表品种，如京八件、清油饼、狗不理包子、肉末烧饼、千层糕、猫耳面、艾窝窝等都享有很高的声誉。

2. 苏式面点

从地理位置上讲，苏式面点起源于长江中下游苏、沪、浙一带。在历史上，由于这一地区曾经是南北运河的交通枢纽，加之其主要粮食作物为水稻，所以这里的厨师不仅擅长米面制品，也擅长面食品的制作。也就是说，苏式面点既具有南方风味，也具有北方特点。

苏式面点在制作上，讲究形态与造型。苏式面点以苏州为代表，比较有名的就属苏式面点中的船点了，这种点心形态多样，飞禽走兽、花鸟鱼虫，均能在船点中得以体现，其形态非常逼真，色彩艳丽，栩栩如生，被誉为食品中的艺术珍品。苏式面点讲究味道，调制的馅心口味厚、色泽深、略带甜。苏式面点在调馅时，讲究馅心掺冻，使制成品汁多肥嫩、味道鲜美。

苏式面点的代表品种有：淮安文楼的汤包、扬州的三丁包子、镇江的蟹黄汤包、无锡的小笼包、苏州糕团、常州大麻糕、宁沪风味的葱油饼、鸽蛋圆子、酥油烧饼等。

3. 广式面点

广式面点起源于广东地区，以广州为代表，包括珠江流域及南部沿海地区所制作的面点制品。广式面点以常用的淀粉类制品为主，并充分利用荸荠、土豆、山药、菱角、绿豆、薯类及海鲜类等作为坯皮原料，特别能够吸收南北各家之长，并借鉴西式面点的制作工艺，采用拿来主义并加以改进，结合当地人们的饮食习惯逐步形成自己的特色。

广式面点的特点是：重糖轻油、皮薄鲜嫩、清香滑爽。广式面点的代表品种有：叉烧包、虾饺、娥姐粉果、广式月饼、蚝仔煎、德庆酥、萨其马等。

二、西式面点知识

西式面点俗称西点，传入我国已有百余年的历史。西式面点起源于欧美地区，是西方饮食文化的代表。

（一）西式面点的特点

西式面点用料讲究、风味独特、造型艺术、品种丰富。西式点心在西餐饮食中有着举足轻重的作用。近年来，随着我国人民生活水平的提高和餐饮市场的快速发展，西式面点的市场需求量越来越大。

西式面点主要是以面粉为原料制成面包或蛋糕类点心，常用的烹饪技巧为烘烤。西方各国的面点大都从传统西式面点而来，而且会互相影响，因而有类似之处。在西式面点中，意大利、法国、奥地利和德国的点心比较著名。

（二）西式面点介绍

1. 意大利点心

意大利点心的鲜明特点是松软香滑，入口即化。意大利点心还讲究原汁原味，尽量突出食物本身的味道。

意大利面点的代表为提拉米苏。提拉米苏英文名称是“pick me up”，意为“挑选我吧”。食用时用小勺子舀一点儿，入口即化，最适合年轻男女约会时候享用。

2. 法国点心

法国点心属于西式点心中的现代派。其用料顺应当今时尚潮流，多采用健康新鲜的原料，并加入大量新鲜水果等。法国点心讲究精致口感，近十年来风靡世界各地的焦糖奶冻（以奶油、糖加香草棍、蛋黄蒸烤而成）就是从法国流传出来的。法国点心在造型上很注重视觉效果，讲究简洁、精巧，常常用糖、巧克力、水果等做装饰。

正式的法国大餐中，严格说起来有两道甜点：一道是主菜之后的甜点。另一道是配茶或咖啡的4种小点心，这些小点心大多是巧克力类，有的是撒上碎榛果，有的是水果直接裹上巧克力。若是在法国大餐中省略最后的小点心，绝对称不上是一家正宗的法国餐厅。

法国甜点最常见的是塔、千层派以及泡芙等。塔的尺寸大小与馅料变化有上千种之多；千层派是一层蛋糕加一层馅料，层层堆叠；泡芙内有馅料，用糖浆粘成一座山形，法国婚礼中绝对少不了这种点心。

3. 奥地利点心

奥地利点心的特点是味道浓郁，不是特别讲究造型。因为气候寒冷，通常会加厚厚的巧克力、奶油等。经历过奥匈帝国时期各民族的频繁交流，奥地利点心的风格往往夹杂着东欧各国风味的影子。

在奥地利点心中，榛子巧克力蛋糕是非常有名的。此外，萨哈巧克力蛋糕和萨尔斯堡发糕也深受各国人民的喜爱。

4. 德国点心

德国点心的特点是它保持着西点传统的风格。原料基本上采用传统西点中常用的黄油、奶酪、鸡蛋等，造型也属于家庭式，厚实、简单，没有太多华丽的装饰。口味上较为甜腻。

说起德国的点心，最有名的应该是黑森林蛋糕，黑森林蛋糕的德文名字叫做“Schwarzwaelder Kirschtorte”，意为“黑森林樱桃蛋糕”。黑森林蛋糕的口味独特，有樱桃的酸、奶油的甜、巧克力的苦、樱桃酒的醇香。

第四节　菜单的设计

菜单又被称作菜谱。菜单是餐厅面对顾客所提供的菜品、饮料或其他食品的项目清单。它通常利用书面的表现形式，把餐厅供应的食品和饮料等的具体品种、名称、口味、价格乃至食品的形态照片都刊登出来。菜单已成为沟通消费者与餐厅之间的渠道，对于餐厅各个生产、服务部门以及采购部门等来说，它也是指导工作的精髓和指南。因此必须重视菜单的设计与制作。菜单设计是饭店、餐厅形象设计系统的重要组成部分，它是一项技术性很强的工作，也是艺术性很强的创意策划。

一、菜单的具体设计

设计菜单时首先要确定菜单的大小、规格和页数；其次是考虑菜单的艺术设计，同时要考虑到成本、色彩、纸张的质量，艺术设计师的选聘；最后还要考虑封面的设计与餐厅整体装饰和情调的协调性。其中最主要的就是菜单封面设计、菜单文字设计以及菜单用纸的选择。

（一）菜单封面设计

1. 菜单封面设计的原则

（1）封面设计必须符合餐厅的经营风格。

每一家餐厅都有自己经营的特点，一份设计精良、色彩丰富、漂亮且又实惠的菜单封面应该成为该餐厅经营风格的醒目标志，无论是在图案、色彩还是在规格上，都应突出其特点。

假如你经营的是一家古典式餐厅，菜单封面上的艺术装饰应体现古朴、典雅的风格；如果你经营的是一家相对现代的餐厅，菜单封面艺术装饰就应具有时代特色，可以考虑采用抽象艺术，或者流行的通俗艺术画。

（2）菜单封面应与餐厅的装饰色调、风格相一致。

整个餐厅的装饰应讲究整体上的协调统一，餐桌、房间、门面乃至客人使用的餐具等都应协调。菜单也应被视为室内点缀品之一，封面的颜色要跟餐厅的色彩设计相协调，使之相映成趣。在一家设计完美的餐厅里，菜单封面设计既要能恰如其分地体现餐厅的名称，又要能与餐厅的装饰色调和设计和谐一致。

2. 菜单封面上的内容

一般菜单封面上都有饭店或餐厅的名称，有的还包括其他一些内容，如餐厅的地址、电话号码、营业时间、支付方式等。不过这些内容不一定都印在封面正面，正面可以只印餐厅的名称，其余的几项印在封底上。封底还可以注明一些与经营有关的重要内容，如会议设施、外卖服务、餐厅简史或餐厅所处地段的简图等。

（二）菜单文字设计

菜单是一种信息源，这种信息主要靠文字向宾客传递，所以菜单上的文字是设计菜单最重要的方面。一份好菜单的文字介绍应该做到描述详细，并且能起到良好的促销作用。

菜单文字设计主要包括以下三个方面：

1. 食品名称

同样的一种食品，色、香、味不变，但如果给它一个与众不同的名称，就会在人的头脑中产生一种特别的印象，也会引起不同的联想。在给菜肴命名时，一方面要尽量确切，不能太离奇；另一方面还要动听、优美，能够激起客人的食欲。

2. 描述性介绍

即菜单上每项食品的介绍性文字，这种介绍可以简单，也可以详尽，其目的是增加食品的趣味性和销售价值。

3. 餐厅声誉的宣传

餐厅声誉的宣传内容主要包括优秀的服务和高超的烹调技术，可以使用一些精美的、有趣味性的图片以及彩色食品照片。如果将其制作成彩色宣传页，更能增加餐厅的吸引力和体现餐厅的特色。

（三）菜单用纸的选择

选择恰当的菜单用纸涉及纸张的物理性能和美学问题，如纸的强度、透光度、折叠后形状的稳定性、油墨吸收性、光洁度和清晰度等。

菜单在餐厅中的使用率是非常高的，尤其是零点餐厅，一般选用美观耐用、成本合理的纸张，例如，可以选用重磅的涂膜纸、铜版纸等，这类纸经久耐用，经得起客人在餐前席间多次传递。此外，还可以选用防水纸，以便随时用湿布擦拭，这类纸是经过特殊处理，耐水耐污，使用时间长久。

一份菜单的制定是非常讲究的，菜单制定出来后，还应经过一段时间的试验，根据销售情况，再经过调查、分析、研究，才能够得出是否成功的结论。即使使用一段时间后证明是成功的菜单，也应不断改进，推陈出新，经常给客人以新鲜的印象。

二、菜单的定价

菜肴的价格尺度和体系以及每道菜肴、饮品的销售价格是菜单设计的重要环节之一。人们对菜单价格水平非常敏感，它能直接影响餐饮消费心理和消费行为。菜单上菜肴、饮品等的价格是否适当合理，影响着目标客源市场的需求变化，影响着宾客对餐厅及菜式品种的选择；进而影响整个餐厅的竞争能力和地位，对餐厅经营效益影响也是非常重大的。在为菜单中的供应品制定价格时，应遵循下述几项原则：

（一）价格必须反映产品的价值

菜单上食品、饮料的价格是以其价值为主要依据制定的。其价值包括三个部分：一是饮料、食品原材料消耗的价值及生产设备、服务设施和家具用品等耗费的价值；二是以工资、奖金等形式支付给劳动者的报酬；三是以税金和利润的形式向国家上缴的部分。

（二）价格必须适应市场需求

菜单定价要在反映产品价值的同时考虑到供求关系。档次高的餐厅，定价可适当高些，因为该餐厅不仅能满足客人对饮食的需要，还给客人一种饮食之外的舒适感；旺季时，价格可以比淡季略高一些；地理位置好的餐厅比地理位置差的餐厅价格也可以略高一些；牌子老、声誉好、环境有特色的餐厅价格自然也可以比一般餐厅高一些，等等。但价格的制定必须适应市场的需求能力，价格定得过高，超过了消费者的承受能力，或“价非所值”，必然会引起客人的不满。

（三）制定价格既要相对灵活，又要相对稳定

菜单定价应根据市场供求关系的变化而加以调整，对价格做出适当调整可以更好地适应市场需求，增加销售，提高经济效益，如优惠价、季节价、浮动价、酬宾价等。不过菜单的价格也不可以过于频繁地变动，因为如果经常变动价格会给消费者（尤其是潜在消费者）带来心理上的压力和不稳定感，甚至挫伤消费者的购买积极性。因此，菜单定价要有相对的稳定性，这里说的稳定性并不是说好几年不变，而是要注意三个方面：一是菜单价格变化不宜太频繁，更不能随意调价；二是每次调价幅度不能过大，最好不超过10%；三是以降低质量的低价出售来维持销量的方法是不可取的。

（四）价格制定要服从国家政策，接受物价部门指导和监督

要根据国家的物价政策制定菜单价格，在规定的范围内确定本餐厅的毛利率。定价人员要贯彻按质论价、分等论价、时菜时价的原则，定价应建立在合理成本、费用、税金再加上合理利润的基础上。在制定菜单价格时，定价人员还要接受当地有关部门的定价指导。此外，关于价格与政策之间的关系、价格与广告推销策略之间的关系、价格与销售策略之间的关系，也都要认真加以考虑。

本章小结

世界菜点历史源远流长，在人类的历史发展过程中，烹饪技艺的发展不仅代表了人类每一个历史阶段的特点，也为后人烹饪的发展提供了坚实的基础。在以东西方烹饪文化为主要特色的现代社会里，各类烹饪流派各显其长，为丰富多彩的世界文化增添了色彩。

在本章中，我们介绍了中外菜肴和面点知识，并对餐饮管理中菜单的设计做了较为详尽的论述。其中，主要介绍了中国菜肴的烹饪特点及中国菜肴几个主要流派的知识及代表菜肴，对中国的面点知识也做了概要性的介绍，同时我们对西方烹饪中的法式菜、英式菜、意式菜、美式菜和俄式菜的口味特点、代表菜肴以及西式面点做了介绍。

要点提示

1. 中国菜肴知识简介：中国菜肴的特点、中国菜的烹饪技巧、中国菜的流派、中国名菜简介。
2. 西方菜肴知识简介：西方菜肴的特点及著名菜肴、西方菜肴的烹饪技巧。
3. 中西式面点知识：中式面点知识、西式面点知识。
4. 菜单的设计：菜单封面设计、菜单文字设计、菜单用纸设计，以及菜单的定价。

思考讨论

1. 中餐的烹调技法对中餐菜肴特点的形成有哪些作用？
2. 中国菜系的形成与地域之间有什么关系？

3. 菜单的创新点有哪些？

任务训练

● 任务名称

婚宴菜单设计

● 任务目的

1. 掌握菜单设计的基本要求和方法。

2. 掌握菜单设计的主要要素。

● 任务训练要求

1. 设计一个以婚礼为主题的宴会菜单。

2. 形式和内容自行选择。

3. 婚宴菜单的所有要素不能缺少。

● 任务训练方法

每位学生制作一个婚宴菜单。

● 任务评价

项目	标准	满分	得分
形式	形式新颖，符合婚宴的主题	30	
菜单	内容设计符合宴会主题，数量合理，体现绿色、营养的理念	40	
定价	价位合理、科学，符合市场竞争的要求	30	
合计	100		

第八章

我国主要客源国的饮食习俗

学习目标

学完本章，你应该掌握：

1. 由于各自的历史和文化背景的差异，在宗教信仰、饮食习惯、风俗等方面各国具有不同的特点；
2. 饮食习惯在生活中的重要性；
3. 亚洲、欧洲、美洲、大洋洲、非洲的历史文化背景，以及不同国家的饮食习惯和禁忌。

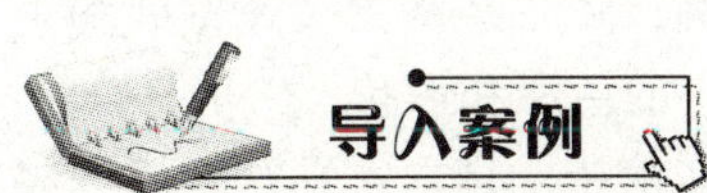

导入案例

一个非常重要的国际会议在某饭店举行。在会议期间，来自世界各地的客人们都发现：从会议的第二天开始，饭店每个房间的水果各不相同。原来，为了使这个会议圆满成功，饭店从各方面收集信息，了解了所有客人的基本情况，包括来自哪个国家，这个国家的人喜食哪种水果，同一个国家的不同客人又有哪些不同的喜好等。因此给每个房间送什么水果也是根据不同客人的不同喜好来决定的。这种做法使得每一个客人感到非常惊喜。

上述案例给了你哪些启迪？在这个案例中，需要饭店的管理人员与服务人员掌握哪些相关的技巧？这些技巧重要吗？

世界上有200多个国家和地区，2 000多个大大小小的民族，由于地理位置、气候条件、历史沿革、社会制度、宗教信仰、文化背景的差异，都有着各自独特的饮食习惯和禁忌。餐饮服务工作是面向世界的工作，接待不同国家、不同地区、不同民族和不同文化背景的客人，只有了解不同文化背景下各国、各民族的饮食习惯，掌握世界主要客源国在饮食习惯、宗教信仰和禁忌等方面的基本常识，才能做到尊重不同国家和地区的客人，才能准确地为客人提供服务，才能使接待服务工作顺利开展，使客人乘兴而来，满意而归，也能使服务质量真正得以提高。

第一节　亚洲主要客源国的饮食习俗

亚洲位于东半球，是世界上最大的洲，有40多个国家和地区。亚洲也是五大洲中人口最多的一个洲。亚洲是世界三大宗教的发源地，亚洲地区多数居民信奉佛教，其次是伊斯兰教，也有一部分居民信奉基督教。在亚洲地区，我国的主要客源国有日本、韩国、泰国、新加坡、马来西亚、菲律宾、印度尼西亚等。

一、日本

日本是亚洲东部太平洋上的一个群岛国家，气候湿润。日本是世界人口密度最大的国家之一，人口分布极不平衡，除北海道和北方领土有少数阿伊努人外，几乎全是大和民族。大多数居民信奉神道和佛教，少数居民信奉基督教。

特殊的地理环境决定了日本民族独特的饮食习惯。日本的饮食有本国固有的“日本料理”，有从中国传去的“中华料理”，有欧洲传去的“西洋料理”等。“日本料理”的主食是米饭，菜肴最大的特点就是以鱼、虾、贝类等海鲜品为主料，在烹调的过程中通常不用油或少用油，一般采用火烤、水煮的方法，或热吃、或冷吃，或生吃、或熟吃。日本人制作冷菜时，习惯在菜上撒上一些芝麻、紫菜末、生姜丝和白糖，一方面是点缀和调味，另一方面也作为这盘菜没有被人动用的标志，这几乎是一个惯例。随着经济的飞速发展和生活水平的不断提高，日本人越来越讲究食品营养学，讲究菜点的色泽和形状。

日本人喜欢鲜中带咸、清淡素雅的口味，有时稍带甜酸和辣味。日本人喜欢吃面、酱汤、酱菜、紫菜和酸梅。日本人还喜食牛肉、精猪肉、蔬菜、豆腐等，对肥猪肉、猪内脏及羊肉等不感兴趣。日本人用餐时一般采取分餐制。

日本人酷爱吃鱼，自称为“彻底的食鱼民族”。鱼的做法五花八门，有炸、煎、烤、煮等。但无论何种做法，都要去掉骨刺。日本人还有吃生鱼片的习惯，生鱼片是最具代表性的日本名菜，约有500年的历史。日本人称生鱼片为“刺身”，做生鱼片的鱼必须非常新鲜，鲷鱼、金枪鱼、鲣鱼、鲑鱼为上等的生鱼片原料。日本人也喜欢吃鲫鱼、鲭鱼、沙丁鱼、墨斗鱼切制的生鱼片。生鱼片的吃法多种多样。通常是把切好的生鱼片放在盘子里，吃时一定要蘸配了芥末的酱油。生鱼片味道鲜美，富有营养。

每逢喜事，日本人爱吃红豆饭，不加任何调料，只在碗里撒一些芝麻盐，十分清香适口。日本人也有端午节吃粽子的习俗，中秋节则吃用糯米做成的实心团子。不管是吃粽子

还是吃团子，都必须有一盘用糖和水炒成的豆沙做配料。过春节时家家都吃年糕。

“便当”和“寿司”在日本是很受欢迎的两种传统方便食品。“便当”就是盒饭，“寿司”就是人们在逢年过节时才吃的“四喜饭”。“四喜饭”的品种和做法很多，最简便的是先用糖、醋、盐调成卤汁，然后拌入饭里，再用紫菜把饭卷起来切成段；另一种做法是在拌好的米饭中加入煮熟的蘑菇、胡萝卜、笋丁等配料，装在盘子里，上面放些紫菜末和盐水虾，携带方便，又很符合人们的传统口味，因此成了人们喜欢的方便食品。日本传统的食品还有天麸罗、鸡素烧、黄酱汤等。

此外，日本人在基本保持传统“和食”的同时，又大力推广西餐和中餐。大体上，他们采取早餐为西式、午餐为中式、晚餐为和式的混合式结构。日本人到中国来喜欢吃广东菜、北京菜、上海菜等，喜欢中国绍兴的黄酒、贵州的茅台酒等。日本人吃水果偏爱瓜类，如西瓜、哈密瓜、白兰瓜等，吃西瓜时爱在上面洒些盐。

日本人喜欢饮茶，特别喜欢喝绿茶，并颇为研究饮茶的方式，现已发展成了日本特有的茶道。简而言之，茶道由四个要素构成，即宾主、茶室、茶具和茶。茶道共分四个程序，即“怀石”、“中立”、“御座入”和“点淡茶”。目前简化为只保留最后一个程序。茶道有“四规七则”。四规为和、敬、清、寂。七则为：茶要浓淡适口；添炭煮茶要注意火候；随着季节的变化，茶水的温度要与之相适应；茶要新鲜；采摘的时间要早；不下雨也要准备雨具；要周到地照顾所有的客人，包括客人的客人。由此可见，茶道包含着艺术、哲学、道德等因素，是接待亲朋、宾客，交流感情，增进友谊的一个渠道。

日本人用香烟待客时不敬烟，若客人想吸烟，应先征得主人的同意。日本人爱喝酒，且敬酒方式很特殊。在宴请友人时，桌子上要放一碗清水，并在客人面前摆上一块白纱布。主人将自己的酒杯在清水中涮一下，杯口朝下，在白纱布上将水珠按净，斟满酒后，双手递给客人，看着客人将酒一饮而尽。接着客人也以同样的方式向主人敬酒，如此交杯换盏，表示宾主之间的亲密。

日本人用餐时也使用筷子。吃饭时有“忌八筷”，即不可舔筷、迷筷、移筷、扭筷、插筷、掏筷、跨筷、剔筷。日本人还忌讳在用餐过程中整理自己的衣服或用手抚摸、整理头发，因为这是不卫生和不礼貌的。日本人在宴请客人时，大都忌讳将饭盛得过满，并且不允许一勺盛一碗饭。客人不能仅吃一碗饭，哪怕象征性地再添一次饭，否则就会被视为宾主无缘。

二、韩国

韩国位于亚洲东部、朝鲜半岛南部，与我国的山东半岛隔海相望。韩国居民基本上为单一的朝鲜族。韩国人信奉的宗教有佛教、基督教、天主教等。

韩国的饮食丰富多彩，别具特色。饮食的主要特点是高蛋白、多蔬菜、喜清淡、忌油腻，味道以凉辣为主。韩国人的主食主要是米饭，有时为了提味，还在米饭中掺入小豆、绿豆、大麦等杂粮。在韩国，用糯米和小豆做成的“红饭”表示喜庆之意，是节日上常见的主食。

汤是韩国人每餐必不可少的，酱是韩国各种菜汤的基本配料，牛肉是最常用的汤料，此外还用猪肉、鸡肉、兔肉、山羊肉、野鸡肉等做汤。狗肉凉汤度“三伏”是韩国人的特有习俗，有人称其为“补身汤”，具有滋补、防病之功效。另外，贝类、鱼、海藻也是做汤的常用材料，其中用得最多的是海带和紫菜。

韩国最富有特色的食品要算是泡菜了，泡菜的主料是白菜、萝卜，配料是辣椒、大葱、大蒜，有时还要加入鱼虾酱加以腌制。韩国人爱吃辣和酸，尤以酸辣白菜最为爽口。韩国人平时喜食干香绿豆芽、肉丝炒蛋、肉末线粉、干烧桂鱼、辣子鸡丁、四生火锅等，也爱吃用腊肉调成的生拌凉菜。近年来韩国的烧烤盛行，在我国也开始流行起来。韩国的面食有糕饼、点心和冷面等。

韩国人大都席炕而食，饭桌矮小，吃饭要用匙，夹菜要使筷，坐姿端正，彬彬有礼，显示出儒雅和教养。如果与长辈对席，要让长辈先吃，然后自己再动匙；如果先于长辈吃完，要将自己的匙子横放在餐具上，待长辈吃完，再将自己的匙子取下放在餐桌上。

在韩国的正式宴会上，第一道菜是用九折板盛九种不同食物，随后再上其他的菜。在家中请客，所有的菜一次性上齐。吃饭时，主人总要请客人品尝传统饮料——低度的浊酒和清酒。浊酒亦称浓酒，以前是农家自酿酒，制作方法简单，历史悠久，酒色浑浊，但酒精度低，清凉宜人，健胃提神。对于不饮酒的客人，主人多用柿饼汁招待。

韩国人在饮茶或饮酒时，主人总是以 1、3、5、7 的数字单位来敬酒、敬茶、布菜，并尽量避免以双数停杯罢盏。韩国人早餐不吃稀饭，不喜欢吃带甜酸味的炒菜。韩国人到中国来喜欢吃中国的川菜。现在，韩国人的许多年轻人偏爱西餐。韩国人在接待经贸业务方面的客人时，多在饭店或酒吧举行宴会，而且多用西餐来招待。非业务往来时，多在家中请客吃饭，用传统膳食招待客人。

三、泰国

泰国位于亚洲中南半岛中部，地处热带。泰国盛产大象，尤以白象最为珍贵，泰国人敬之如神，故泰国又有“白象国”之称。泰国是个多民族的国家，泰国居民中泰族占44%，老挝族占35%，华人占11%，此外还有马来族、高棉族等30多个民族。泰国90%以上的居民信奉佛教，佛教为国教，因而泰国有“千佛之国”、“黄衣国”之称。马来族多信仰伊斯兰教，少数人信仰基督教、天主教和印度教。

泰国人以稻米为主食，副食主要是鱼和蔬菜。他们最喜欢有民族风味的“咖喱饭”，咖喱饭主要是用大米、肉片（或鱼片）或者青菜配以辣酱油做成。用餐时，人们围桌跪坐，不用碗具而以右手抓食。鱼露和辣椒是最好的调味品，无论做菜、烧汤或吃面食，都要调拌上鱼露、虾酱或辣椒糊。

泰国人早餐多为西式，午餐和晚餐喜欢吃中国广东菜和四川菜。口味特点是爱吃辛辣的菜肴，如辣椒、葱、姜、蒜等，而且越辣越好，尤其喜欢辣椒，民间有“没有辣椒不算菜”的习俗。泰国人在做菜时，不喜欢放酱油，也不放糖。泰国人不喜欢吃红烧食物，不爱吃牛肉、海参，爱喝啤酒、白兰地和苏打水。喝咖啡、红茶时，爱吃小蛋糕和干点心。槟榔和榴莲是泰国人最爱吃的水果。饭后有吃苹果、鸭梨的习惯，但不吃香蕉。泰国人不喜欢食用牛奶和乳制品。

泰国人吃得杂，老鼠、蜗牛、田鸡、乳猪、鸽子、蛇、蝗虫都能当菜肴，但不习惯吃猫肉、狗肉。泰国人好吃生，有些蔬菜、海产品放些调料就可以生吃。泰国人爱栽花、送花，还善吃花，有一种小吃叫“渍水饭”，也称“搀花汁饭”，就是用花制成的。

四、新加坡

新加坡位于马来半岛的南端，是一个集国家、首都、城市、岛屿为一体的城市型岛国。新加坡风景秀丽，气候宜人，有“东方十字路口”、“花园城市”之称。新加坡居民中80%为华人，其他为马来血统和印尼血统的人。新加坡人大多信奉佛教，也有信奉伊斯兰教、印度教和基督教的。

新加坡号称美食天堂，汇聚了来自世界各地的美味佳肴。除了中式、马来式、印度式、韩国式菜肴外，还有欧美风味的食品。

新加坡大多数华人的籍贯为广东、福建、海南、上海等地，喜欢清淡，口味偏甜，讲究营养。最有特色的是新加坡华人制作的甜点，花样繁多，滋味尤佳。著名的甜点有：

（1）桂花汤圆，用芝麻或豆沙做馅，汤水中浮着桂花屑，散发出阵阵香味。

（2）年糕，有普通年糕、玫瑰年糕、桂花猪油年糕、红豆年糕、豆沙年糕和枣泥年糕等，分煎、烤、煮等各种不同制作方法。

（3）粽子，有白米粽、鲜肉粽、豆沙粽、裹蒸粽、烧肉粽、咸水粽等。

（4）江米莲藕，这是一种别出心裁的甜点，其做法是将糖水浸渍过的糯米塞入莲藕孔中，用大火蒸约半小时，稍冷后切成片，食用时再浇上勾芡的糖汁，清淡中带有甜味。

（5）八宝饭，是宴席上的精致甜点，其做法是先在碗中抹些油，然后摆入甘纳豆、葡萄干、红绿丝、黑枣等，铺上糯米，蒸熟后扣到盘中，再淋上糖汁。

新加坡人的主食为米饭、包子，不吃馒头；副食主要为鱼虾等海鲜。新加坡人爱吃炒鱼片、油炸鱼、炒虾仁等，偏爱粤菜、闽菜和上海菜。早餐多为西餐，下午常吃点心。信奉伊斯兰教的人爱吃咖喱牛肉。水果爱吃桃子、荔枝、梨等。

五、马来西亚

马来西亚位于东南亚，由马来半岛的马来亚和加里曼丹岛的沙捞越、沙巴组成，南与新加坡接壤，北与泰国毗邻。马来西亚是一个多民族的国家，其中马来人约占50%，华人约占30%，印度和巴基斯坦人约占11%，其他民族的人约占9%。马来西亚的各个民族大多有自己的宗教信仰，如马来人信仰伊斯兰教；华人信仰佛教或道教；印度人信仰印度教。由于多民族的居民长期共同生活，形成多元的文化特色。

大多数马来西亚人受伊斯兰教的影响，喜食牛肉、羊肉，爱吃米饭，极爱吃咖喱牛肉饭，并且爱吃具有民族风味的“沙爹”烤肉串。饮食喜清淡、怕油腻。马来西亚人爱吃的其他副食还有鱼、虾等海鲜和鸡、鸭等家禽以及新鲜的蔬菜。他们善于用烤、炸、爆、炒、煎等烹饪方式做菜，口味甜中带辣，欣赏中国的广东菜、四川菜。由于地处热带，盛产水果，马来西亚人餐后都吃各种水果。马来西亚人最爱吃椰子、椰子油和椰子汁。

按传统习惯，马来西亚人在进餐时，不用刀叉或筷子，而是直接用右手取食。进餐时，人们不用椅子，男子盘腿，女子屈腿，席地而坐。菜肴摆在地上的草席或餐毯上。餐毯上往往要放几碗清水，以供“洗手之用”，这是一种象征性的礼节。在宴席上，主人用冰水或茶水待客，忌用酒类。

六、菲律宾

菲律宾位于亚洲东南部，由7 000多个大小岛屿组成，是一个群岛国家。菲律宾的主

要民族是马来族，占全国总人口的85%以上，少数民族有华人、印度尼西亚人、阿拉伯人、印度人等，另外还有为数不多的土著民族。大多数菲律宾人信奉天主教，少数人信奉伊斯兰教。

菲律宾的饮食非常丰富，有法式、印度式、西班牙式等佳肴。菲律宾人的主食是大米、玉米，副食主要是肉类、海鲜和蔬菜。烹调受西班牙影响，喜欢使用香辣调味品。菲律宾代表名菜有咖喱鸡肉、虾子煮汤、肉类炖蒜、炭火烤小猪等。菲律宾人很喜欢吃豆腐以及兔、鸡、羊、猪、牛肉等。早上爱吃豆沙包，喝甜粥；中午吃香酥鸡；晚餐喜欢吃什锦菊花火锅。菲律宾人最喜欢喝啤酒，喜好咀嚼槟榔和烟叶。

菲律宾的乡土名菜也很有特色，任何菜甚至汤都添加醋和大量的大蒜等辛辣调味。当地口味与西方口味巧妙融合，创造出独特的风味，比较有代表性的菜肴有"勒琼"，以猪肉为主要原料烧烤而成，是菲律宾典型的年节佳肴；而"阿多波"则是一道以鸡肉、猪肉腌渍后煮熟的家常菜，由于主要调味品为醋，故不易腐坏，且非常入味。

在菲律宾许多地方的人用右手抓饭进食，米饭用瓦罐或竹筒煮熟。喜欢用椰子汁煮饭，并用香蕉叶包饭，别有风味。菲律宾人常将玉米晒干后磨成粉，然后做成各种食品。城市上层家庭则大多吃西餐。

七、印度尼西亚

印度尼西亚位于亚洲东南部，地跨赤道，是世界上最大的群岛国家，由13 700多个大小岛屿组成，有"千岛之国"之称。印度尼西亚为世界第四人口大国，有100多个民族。87%的印尼居民信奉伊斯兰教，其余信奉基督教、天主教、印度教、佛教。

印度尼西亚人的主食是大米、玉米和薯类。印度尼西亚人喜欢吃大米饭和中国菜，如香酥鸡、宫保鸡丁、虾酱牛肉、咖喱羊肉、炸大虾、青椒肉片等。副食喜欢吃牛、羊、鱼、鸡之类的肉及内脏。早餐一般喜欢吃西餐。印度尼西亚盛产咖啡，印度尼西亚人喜欢喝咖啡如同中国人喜欢喝茶一样，他们还爱喝红茶和葡萄酒、香槟酒、汽水等果酒饮料，很少饮烈性酒。由于印度尼西亚人大部分信奉伊斯兰教，所以一般不吃猪肉食品，带骨头的菜肴也不喜欢。印度尼西亚菜的特点是辛辣、味香，无论是肉类、鱼类都要加上很多辣椒或胡椒等调味料。

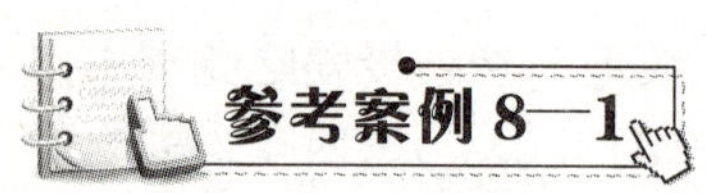

木哈买提的婚礼

沙特阿拉伯虽然不是中国的主要客源国，但由于沙特阿拉伯人在中国及世界各地的旅游消费很高，所以越来越受到各国旅游企业的重视。

沙特阿拉伯的国民普遍信奉伊斯兰教。木哈买提就是沙特阿拉伯一位虔诚的伊斯兰教教徒，准备中秋节在乌鲁木齐市举办婚礼。某年中秋节，木哈买提住进了位于新疆乌鲁木齐市的徕远宾馆。据木哈买提本人说，他是慕名而来的。他乘坐的出租车在宾馆大厅门前停下，迎宾员开门时，没有以通常的方式用手遮住车门上框请客人下车，这一细节赢得了这位虔诚教徒的好感。因为按穆斯林的习惯，遮头是不允许的，木哈买提下榻徕远宾馆的

决心更坚定了。宾馆的王总经理从服务员那里得知，这位客人是专门来乌市办喜事的，于是决定将坐东朝西的620房间给他，以便他做祷告。接着乘客人去见未婚妻的间隙，组织员工布置新房。总经理亲自动手，窗帘换上粉红色的，以增加喜庆气氛；原来驼色的地毯上又覆了一块波斯地毯，使客人产生在家办婚事的感受；另外还配备一块小地毯，专供客人做宗教仪式用，一间典型的伊斯兰式新房就这样很快布置完毕了。两小时后，木哈买提回到房间，眼前的情景使他欣喜若狂，他只不过向服务员透露了一句关于举办婚礼的话，没想到徕远宾馆竟如此费心装饰新房，而且工作效率非常高。他顾不上喝茶，便直奔总经理办公室，感动地说："热合买提，热合买提（谢谢，谢谢）。"新婚期间，宾馆专门为木哈买提配备两辆专车提供昼夜服务。婚礼结束后，新婚夫妇在外出旅游前对总经理说："请为我们保留这个房间，我们回来后还要住，房租照付。"此后，这位客人又来过乌市多次，每次都住在徕远宾馆。

资料来源：http://www.ctceo.com。

第二节　欧洲主要客源国的饮食习俗

欧洲位于东半球西北部，国家众多，人口密集，民族较多。习惯上，人们把欧洲分为东、西、南、北、中五个区域。欧洲大部分国家工业发达，国民生活水平高，既吸引世界各地游客去欧洲观光游览，同时每年大量的欧洲游客也涌向世界各地，它是世界上最大的客源区。对我国来说，欧洲的主要客源国有英国、法国、德国、意大利、俄罗斯、西班牙、瑞士等。

一、英国

英国位于欧洲西部大西洋的不列颠群岛上。居民中85%左右是英格兰人，其余为苏格兰人、威尔士人、爱尔兰人等。大多数英国人信奉基督教，其次信奉天主教，少数人信奉犹太教、伊斯兰教。

在当代，英国人的饮食习惯正朝着更易于健康的方向改变。这主要表现为少吃糖与奶油，多食蔬菜、牛肉、禽肉、鱼肉，多喝果汁及低脂牛奶。英国人的烹调技术在国际上是没有竞争力的，但是他们的炸鱼、土豆条和三明治却对现代快餐做出了重要贡献。

英国人烹调方法以烧、煮、蒸、烙和烤为主。在用餐时，调味品大多放在餐桌上，任人自由选择，如醋、芥末、生菜油、番茄沙司、辣酱油、盐、胡椒面等。英国人日常食品以英式菜、法式菜为主，讲究口味清淡，不爱食辣，菜肴要求量少质精，花样多变。英国人较爱吃中国菜。

讲究的英国人往往每日四餐，即早餐、午餐、茶点和晚餐。要求早餐吃得好，早餐时间多为上午7～9点，主要食品是麦片粥、火腿、蛋、白脱油烤面包和果酱，餐后喝红茶。午餐吃得较简单，午餐时间约为中午1点，通常是烤肉、土豆、沙拉和面包，午餐时喝茶，一般不饮酒。午后茶点在下午4～5点，以喝茶为主，同时吃一些面包、点心等。晚

餐是正餐，同时也是一天中最丰盛、最讲究的一餐。晚餐时间多在晚上7点左右，用餐时对服饰、座次、用餐方式都有严格的规定，主要食品为汤、鱼、肉类、蔬菜、布丁、黄油、甜食、水果以及各种酒和咖啡。

英国人举行宴会一般备有两种以上的酒，吃鱼的时候饮白葡萄酒，吃肉时饮红葡萄酒，如果是规模较大、较隆重的宴会，还备有香槟酒。英国人爱喝啤酒、葡萄酒和烈性酒。他们不劝酒，更不灌酒，宾主饮多饮少随意，但为礼貌起见，也不时互相举杯说一声“Cheers”，对不喝酒的人也不勉强，不愿喝太多种酒的人也可以拒绝一两种酒。侍者来续酒时，只要将手往杯口一放，侍者即明白不再续酒。在英国，喝醉酒是失态、无礼的表现。

自从中国茶叶于17世纪由东印度公司第一次带到英国后，英国人便与茶结下了不解之缘，一改过去只喝咖啡、啤酒等饮料的习惯，把喝茶当作每天必须和必不可少的享受。正如英国的一首民歌所唱“我最高的愿望，乃是一杯好茶”。对于英国人来说，任何时候都是“喝茶有理”的时间。早晨起床前一般是先喝一杯“被窝茶”，午后喝一杯“过午茶”，下午的休息时间也要喝茶，甚至在每餐过程中或深夜，也离不开茶，一般以红茶为主，最喜欢喝中国的“祁门红茶”。他们不喝清茶，而是先在杯中放牛奶，然后冲茶。有时也放糖，或者玫瑰、薄荷、橘子等。

英国人吃饭时忌刀叉与水杯相碰，认为如果碰响后不及时中止，将会带来不幸。在斋戒日和星期五，英国人正餐一律吃炸鱼，不吃肉。

二、法国

法国位于欧洲西部，94%的居民是法兰西人，其余为布列塔尼人、巴斯克人、科西嘉人等。大多数法国人信奉天主教，少数人信奉基督教和伊斯兰教。

法国的烹调技术在欧洲乃至世界都享有盛誉，法国菜在世界饮食中占有重要地位。法国菜系与中国菜系和土耳其菜系被列为世界三大菜系。

法国人一般不吝惜在饮食上花钱。他们对于饮食的要求是很高的，既要菜肴保持原汁、原味、原色，又讲究菜肴的精巧工艺和合理的营养成分，他们绝不轻易接受质量差的菜肴。法国菜肴用料讲究而广泛，制作精细、色泽多样、品种繁多。在口味上要求肥嫩、鲜美、浓郁，不喜欢吃辣。选择的原料喜好生鲜的，如牛扒、烤牛排等都以带血丝为好。对葱蒜、丁香、香草等异味调料很感兴趣。

法国人早餐一般爱吃面包、黄油，喝牛奶、浓咖啡等；午餐喜欢吃炖鸡、炖牛肉、炖鸡腿、炖鱼等；晚餐很讲究，非常丰盛，多吃猪肉、牛（羊）肉、鱼、虾、海鲜、蜗牛、青蛙腿、家禽，忌食无鳞鱼。除正餐外，真正的法国风味还是人们喜爱的牡蛎、鹅肝、奶酪等食品。生牡蛎肉质鲜嫩，营养丰富，独具风味，吃时加柠檬汁以去腥解毒，它既是餐桌上的菜肴，也是法国人的一种零食。法国人是世界上食奶酪最多的，对于他们来说，奶酪如同饭一样必不可少，法国奶酪的品种之多、味道之美，堪称是世界一绝，因而法国有“奶酪王国”之称。除此之外，法国人还爱吃腊兔肉、各种肉肠、海鲜品、鱼类和各种蔬菜等，家常菜是炸牛排和土豆丝。法国人喜欢酥食点心和水果，还特别喜欢喝矿泉水。

法国是名酒白兰地、香槟酒的故乡，酿酒业闻名世界。法国人也有“饮酒冠军”的美称，法国人喝酒之多是惊人的。据统计，每个成年的法国人每年纯酒精消耗可达30升，

居世界首位。对于法国人来说，酒就是普通饮料的代名词。

法国人很讲究菜和酒的搭配，在烹制菜肴时喜欢用酒调味，并有许多讲究，如清汤用葡萄酒，海味用白兰地，烤火腿、火鸡用香槟酒。在用餐过程中饮酒也很讲究。一般情况下，法国人用餐前喝开胃酒，吃海味、冷菜时喝白葡萄酒，吃肉和奶酪时喝红葡萄酒，餐后喝白兰地或咖啡。

法国人还喜好咖啡。在巴黎街头，有数不清的咖啡馆。法国人喜欢在工作之余、用餐后，约几个朋友到咖啡馆，边喝边聊，这是法国人的一种极好的休闲方式。

三、德国

德国位于欧洲中部，有“欧洲的心脏”之称，同时也有“诗人和哲人的国度”的美誉。居民大多是德意志人，另有少数丹麦人、吉普赛人、犹太人和索布族人。大多数人信奉天主教和基督教新教，此外还有部分人信奉东正教、伊斯兰教和犹太教。

德国人注重饮食的热量及维生素含量。烹调方法多为烧、烤、煎、煮和清蒸。德国人喜欢口味清淡、微酸甜的菜肴，不喜欢过于肥腻、辛辣的食品。德国人忌食狗肉，不喜欢吃羊肉，大多数人不喜欢吃鱼、海参。他们最爱吃以猪肉为原料的各类食品，如猪排等；其次爱吃各类牛肉食品。德国人对土豆极感兴趣，除了用它做菜以外，还经常以煮土豆、土豆泥、土豆团等当主食，随着社会的发展，现在德国人对土豆的需求已日趋减少，而对蛋类食品的需求却日益增加了。洋葱也是德国人菜肴中不可缺少的。

德国人的饭量一般较大，每日三餐。早餐的饮料多为咖啡，不太喜欢喝牛奶，吃面包时夹个煎蛋。主餐是午餐，晚餐较为简单，一般吃冷餐，主要是夹着香肠或火腿的吐司，并喜欢点几根小蜡烛，在幽淡的烛光里饮酒、谈心。德国人用餐时一般先喝啤酒，后喝葡萄酒。德国人喜食蛋糕、甜点心和各种水果，爱喝啤酒，啤酒在德国有“液体面包”之称。德国人喜欢吃中国菜。

汉堡包是德国人发明的，由于它美味可口，携带方便，所以不但德国人对它十分青睐，而且已风行世界。德国各地的自助餐小店极多，因自助餐方便、实惠，故很受人们欢迎。

吃多少要多少，严禁浪费

德国人讨厌浪费的人。与德国人相处时，务必养成不浪费的习惯，才能跟他们打成一片。如与德国人共餐时，不能多点根本吃不了的东西，已点的饭菜必须吃光，即使是汤也要用面包蘸着吃下去或喝光。对德国人来说，用舌头舔盘子的场面也是司空见惯的。

四、意大利

意大利的烹调艺术具有悠久的历史。1553 年，意大利女子卡特琳嫁给法国国王亨利

二世，把意大利的传统烹调技艺传到法国，使法国的烹调艺术得到提高，为各国称道。因此，意大利烹调艺术被誉为“西餐烹调艺术之母”。

意大利菜肴的特点是味浓、香、软，讲究原汁原味。意大利菜肴要求六七成熟时就吃，一般都直接用原料内在的鲜味调剂。烹调方法多用炒、煎、炸、烩、焖等。在吃烤小羊、乳猪时，意大利人通常不用刀叉，而用手抓。吃饭时离不开饮料，饭后要吃水果，如葡萄、苹果、橄榄等。意大利人的早餐、晚餐比较简单，午餐为一天的正餐，通常要吃两三个小时，吃完都四五点钟了，然后再继续工作。

意大利人喜欢吃米饭和面食，通心粉、葱卷、比萨饼等面食是他们发明的，并成为著名食品而受到各国人们的欢迎。意大利薄饼是当今世界流行的方便食品中的佼佼者，比萨饼就是薄饼的其中一种。关于薄饼的来历还有一个有趣的故事。相传几百年前，在那不勒斯城有个叫花子，长时间没讨到饭吃，得到一点面粉，就将面粉与水和匀后，揉成一块薄饼，放在燃烧着的树枝上烘烤，烤出的薄饼又香又脆，别有风味，后来经过意大利人的不断改进，演变成为今天的意大利薄饼。

意大利的烤牛排是食中之王，其中以佛罗伦萨的烤牛排为最佳，它是用一种专门饲养的牛的肉制成的。意大利人吃烤牛排时要求鲜嫩带血，不能太老，意大利人在款待客人时也常用这道菜。此外，意大利的沙拉米香肠也世界闻名。

在意大利，无论男女几乎没有不喝酒的。在日常生活中，午餐、晚餐必须喝酒，客人来访，必以酒相敬。即使喝咖啡也要掺上一点酒，以调香味。在各种宴会上，每上一道菜都要换一种酒。在较重要的宴会上，意大利人还有开香槟酒的礼仪，当“砰”的一声，瓶塞弹得很远，香槟酒沫溢出时，宾主视为“吉兆”，纷纷鼓掌相贺。一般而言，意大利人每餐只有两道菜，而酒却较多。意大利最有名的酒是“维诺”葡萄酒，这种酒颜色紫红，味道酸甜、可口，是意大利人常饮的饮料。据统计，每位成年的意大利人，年均消费酒约为 14 升，仅次于法国人。

五、俄罗斯

俄罗斯位于欧洲东部和亚洲北部，是世界上面积最大的国家。俄罗斯居民中，80%是俄罗斯人，此外还有鞑靼人、乌克兰人、楚瓦什人、白俄罗斯人、德意志人和犹太人等。东正教是俄罗斯的国教，也有少数人信奉伊斯兰教、天主教、基督教新教、犹太教和佛教等。

俄罗斯人饮食口味比较浓重，油水较大，喜欢酸、甜、咸和微辣的口味。俄罗斯人的烹调技巧也比较高明，俄式大菜在世界上也享有一定声誉。俄罗斯人在烹调时多用煎、煮、炸、串烤和红烩。调味品特别注重用酸奶。

俄罗斯人的早餐简单，几片黑面包、一杯酸牛奶即可；午餐较讲究，爱吃红烧牛肉，十分喜爱烤羊肉。在午餐和晚餐时一定要喝汤，而且要求汤汁很浓，如肉丸汤、鱼片汤、鸡汁汤等。在凉菜小吃中，俄罗斯人喜欢吃生西红柿、生洋葱、酸黄瓜、酸白菜、酸奶渣、酸奶油拌沙拉等。俄式菜讲究烹调技术，菜肴丰富多彩。俄罗斯人也爱吃中国菜，尤爱吃北京烤鸭，对我国的糖醋鱼、辣子鸡、香酥鸡、烤羊肉等十分欣赏。

俄罗斯人爱喝酒，而且多数酒量很大，尤其喜欢烈性白酒伏特加，对中国的茅台、西凤酒等烈性酒也颇感兴趣。喜欢喝加糖的红茶，喝茶时一般要就着果酱、蜂蜜、糖果和

点心。

俄罗斯人很讲究餐桌陈设的艺术性，认为美好的餐台会给人带来愉悦的心情，并有增进食欲的作用。由于受地理环境的影响，他们一般都怕热不怕冷，夏天喜欢餐厅内有空调设备。

俄罗斯人一般都不吃乌贼、海参、海蜇和木耳等食品。不爱喝葡萄酒、绿茶。境内的哈萨克族人不吃整鱼，鞑靼人忌吃猪肉、驴肉和骡子肉，犹太人不吃猪肉和无鳞鱼。伊斯兰教教徒禁食猪肉。

俄罗斯人忌讳打翻盐罐或将盐撒在地上，因为俄罗斯人对盐十分崇拜，视盐为珍宝和祭祀用的供品，认为盐具有驱邪除灾的力量。他们认为打翻盐罐或将盐撒在地上是家庭不和的预兆。为了摆脱凶兆，他们总习惯将打翻在地的盐拾起来撒在自己的头上。

六、西班牙

西班牙位于欧洲西南部的伊比利亚半岛。在西班牙居民中，西班牙人约占73%，加泰隆人约占16.4%。大多数西班牙居民信奉天主教。

多数西班牙人在上午9点左右吃早餐；下午3点左右吃午餐；晚上9点以后用晚餐。西班牙人口味偏重酸、辣，忌食过于油腻、过咸的食品。他们喜爱中国的川菜、粤菜，尤其喜欢中国的糖醋浇汁菜肴；欣赏中国的烤乳猪、炸雏鸡、干煎大虾、松鼠鱼、香酥鸡等风味菜肴。他们爱喝葡萄酒、雪利酒、苹果酒、啤酒，不喜欢喝热汤。他们喜欢饮凉水，不习惯喝热开水。他们喝中国绿茶、菊花茶时常要求加糖。

西班牙人喜爱美食，一年12个月，月月都有大饱口福的节日。1月17日是名副其实的口福节。当日夜晚，人们坐在篝火边，吃软米饭、鳗鱼馅饼、香肠面包等，一直吃到天亮；2月的狂欢节，要吃奶蜜面包卷和烧薄饼；3月的烹调节，要吃蜗牛佳肴；4月的复活节，要吃烧小猪、羊肉；5月的苹果节，要尽情吃苹果；6月的拉萨卡节，西班牙人则要在广场的篝火旁吃烤牛肉；7月的葡萄节，可畅饮葡萄酒；此外还有8月的螃蟹节、9月的鲜果节、10月15日的全国烹调日、11月的丰收节、12月的除夕等。西班牙各种节庆，都在“吃”上下工夫。

七、瑞士

瑞士位于中欧的内陆国，与奥地利、列支敦士登、意大利、法国和德国接壤。在瑞士居民中，外籍人占20.2%。信奉天主教的居民占40%，信奉基督教的居民占40%，信奉其他宗教的占6%，不信教的占12%。

瑞士的餐饮可谓百家荟萃，地处多国交会处的瑞士有丰富多样的烹调方法。在法语、德语和意大利语区，法式、德式和意式烹饪的影响比较大，且质量上乘。例如，法语区的干酪火锅和Racelette（乳酪溶化制成的菜肴），德语区的香肠 、烤肉和烤土豆饼，格劳宾登州地区的风干牛肉片和火腿，以及提挈诺州的意大利特色等。

在瑞士，餐厅通常自中午开始供应午餐，晚餐时间为下午6点到晚上9点。酒馆及餐厅营业至晚上11点或午夜，大城市某些地方营业至凌晨2点。

瑞士的葡萄酒色美、味纯。瑞士的啤酒也是一流的。烈性酒口感好，但度数高，以Mare、Kirsch、Pflumli、Williamine最为有名。

瑞士的面点和甜点心是世界有名的。在瑞士，面包有很多种类，其中 Zopf 是一种很特别的面包，是特意在星期天而食用的早餐。肉馅饼（Pastetli）是一种圆形的饼，最适合两人餐。它可以有各种不同风味的馅，如蘑菇和肉与奶油沙司做成的馅，一般是就着米饭和豆子吃。

干酪，在瑞士是最受欢迎的食物。干酪是用溶酪做成的，一般是把它做成酪乳就着面包吃。其风味不同的秘密在于恰当地与不同口味的奶酪混合吃。通常干酪是在寒冬里食用，但很多餐馆里常年都会供应。香肠沙拉是瑞士人在炎热夏天的一道好菜，瑞士人常常就着面包吃，喝着冰茶或啤酒，很惬意。瑞士人不仅喜欢美食，他们还喜欢把餐桌布置得很好看。

瑞士人的节约

瑞士是世界上最富有的国家之一，但瑞士人精打细算，十分节约。在这个国家承办的世界性高层活动，一日三餐也是固定供应每人一份，或是把餐费发给个人。除此之外，每人免费供应一杯茶。谁要是想多吃多喝，得另外付钱，国内外客人一视同仁，概不例外。

第三节　美洲主要客源国的饮食习俗

美洲分为北美洲和南美洲，主要有美国、加拿大、墨西哥、阿根廷、智利、巴西等国。美洲居民大多信奉天主教或基督教新教，饮食习惯以西餐为主，比较讲究食品的营养和卫生。

一、美国

美国位于北美洲中部，是一个多民族的移民国家，84%左右的居民是欧洲白人移民的后裔，黑人占 12%，还有墨西哥人、阿拉伯人、波多黎各人、印第安人、华人等，因而美国有“民族熔炉”之称。美国人中，约 30%的人信奉基督新教，20%的人信奉天主教，其他人则信奉东正教、犹太教、伊斯兰教、佛教等多种宗教。在 200 多年的发展过程中，各民族相互融合，在习俗和饮食方面，形成了以欧洲移民传统为主的特色。美国是世界经济最发达的国家，是我国最大的客源国之一。

从某种程度上讲，美式菜是英式菜的派生物，但又因其借鉴了印第安人以及德、法、意等国家烹饪的精华而显得更加丰富多彩。美国的烹调技术以煎、炒、炸、烤为主。菜的特点是生、冷、淡，生菜很多。美国人喜欢咸中带甜的菜肴，喜欢甜食，口味较清淡。美国人在饮食上没有什么禁忌，鸡、鸭、鱼、肉、禽蛋、海味和野味都吃，特别喜欢吃火

鸡、牛肉、鹅。美国人也喜欢吃中国菜。中式餐馆几乎遍布美国所有城市，提供经过改良的中式菜肴。

目前美国人的饮食越来越重视营养。吃肉的人渐渐少了，肉的摄入量也小了，而海味和蔬菜对人们越来越有吸引力。水果是美国人菜肴中不可缺少的配料，如菠萝焖火腿、苹果烤鹅、紫葡萄焖野味等。在蔬菜方面，美国人喜欢吃青豆、菜心、土豆、番茄、豆苗、刀豆和蘑菇等。在调味料上，美国人喜欢在用餐时根据自己的口味选择放盐、胡椒或沙司、辣酱油等，一般不用生酱油，没有食醋的习惯。

美国人不轻易尝试第一次见到的菜。他们不喜欢吃肥肉，不愿吃红烧和蒸的食品，忌讳食用各种动物的脚爪。若是在进餐时嗅到虾酱、臭豆腐等很重的味道时，再好的饭菜也吃不下去。

饮料在美国人生活中占重要的地位，一日三餐总要喝一些饮料。一般是饭前饮些开胃、增进食欲的饮料，如番茄汁、橙汁等；就餐时饮牛奶、汽水、啤酒、葡萄酒等，一般不多喝烈性酒；饭后通常喝咖啡或茶。美国人爱喝矿泉水或冰水，平时喝威士忌、白兰地时会加苏打水和冰块，不需要另配小吃。有时在饮酒时也会吃点炸土豆片或干果类食品。在喝茶时，往往在茶里放上冰块和蜂蜜、柠檬，制成具有酸、甜、涩三种滋味的清凉饮料。美国人不论男女老幼，对冷饮颇感兴趣，对冰激凌有着特殊的嗜好。

到美国人家中做客时，主人往往以家庭式的便宴来热情款待。吃饭时，主人的全家老小与客人共同坐在餐桌周围，有时，客人也可能被安排在主人或女主人的右侧，以示敬意。在家庭的亲切气氛中，大家一边吃家常菜，一边交谈，主客可自由传递食物，或由坐在桌子两端的男女主人为客人盛递。一般而言，家庭式宴客不用佣人做饭或侍餐，均由全家人分担，常常是女主人烧菜，男主人调制鸡尾酒，有时客人也可“一试身手”，以增进主客间的亲密气氛。饭后，往往是主客继续叙谈，而收拾及洗刷餐具，多是孩子们或女主人的事了。

为了适应现代化快节奏的生活方式，近20年来，美国饮食业中的快餐应运而生并发展很快，备受人们的欢迎。现在，快餐店不仅遍及整个美国，而且风行于加拿大、澳大利亚、日本等许多国家，中国的一些大中城市近年来也开设了很多美式快餐店。快餐店经营的食品主要有馅饼、热狗、汉堡包和炸面包圈。其次是甜点、凉菜、通心粉、冰激凌及各种不含酒精的饮料。客人可随意选购，既简便、省时，又实惠、可口。此外，还有意大利式的烘馅饼，常用馅的配料是牛肉、鸡肉、香肠、蘑菇、洋葱、奶油等。由于这种馅饼现烤现卖，所以当顾客进入快餐店后，用不着久等，皮脆馅美的馅饼便呈现于面前。一般快餐店都备有各种各样的馅心和饼皮，可供顾客随意选择。吃这种馅饼时，还可以配意大利通心粉或三明治。

美式快餐中的热狗，即面包夹香肠，是美国人非常欢迎的一种快餐食品。据说热狗源于德国。1852年，德国法兰克福市屠宰公司一位屠夫按自己心爱的猎狗的模样，用腊肉、牛肉混合制成一种狗形香肠——法兰克福香肠，又称达克斯狗香肠。1904年，在美国的一次博览会期间，有一个专卖热香肠的小摊，老板用长形面包夹上热香肠来卖，以免烫了客人的手。几年后，一位漫画家画了一幅漫画：一个小圆面包里夹着一节狗香肠，并称之为“热狗”。于是，“热狗”之称传遍了美国。美国热狗的做法是：将混合的牛肉、猪肉加上调味料绞碎并灌入羊肠，经烟火熏制后再用沸水烫制，炸熟即可。据统计，美国全国年平均消费200亿只热狗。

汉堡包是美式快餐中常见的一种圆面包。这种面包中间往往夹上牛肉，或配以火腿、鸡肉、鸡蛋等。美国的快餐店里，经常备有各种配料的汉堡，以供顾客自由选购。

近几年来，以燕麦粉为原料的无脂松饼、饼干、糕点、麸饼等食品，几乎风行美国。这是因为美国人认为，经过科学检验，燕麦食品中的燕麦麸纤维可使胆固醇水平下降20%～30%，有益于健康。

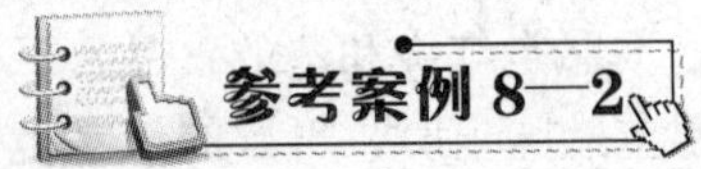

自助餐上的香蕉

一位美国客人入住某饭店，他个性孤僻、不苟言笑。在饭店住了一周，几乎从不开口，不跟人打招呼，更难得让人看到一丝微笑。服务员觉得这位客人极难伺候，任凭他们如何笑脸相待、主动招呼，得到的总是一张铁板似的脸，天天如此。

每天早上，这位美国客人都去自助餐厅吃早餐。当他吃完自己挑选的食品之后，又开始在餐台上寻找什么东西，一连几天都是如此。第一天，服务员小梅曾问过他需要什么东西，他没有话说，掉转头便走出餐厅。第二天小梅又壮起胆子询问他，他还是一张冰冷的脸，小梅窘得双颊发红。当这位美国客人正欲步出餐厅时，小梅又一次笑容满面地问他是否需要帮助，也许是小梅的诚意感动了他，他终于吐出“香蕉”一词，这下小梅明白了。第三天早上，那位沉默寡言的客人同平时一样又来到自助餐厅，很快食品台左侧一盘香蕉吸引了他的注意力，他绷紧的脸上第一次有了一点笑容，站在一旁的小梅也喜上眉梢。

在接下来的几天里，饭店每天早餐都特地为他准备了香蕉。

几个月后，这位客人又来到该饭店。第二天一早他步入自助餐厅，原以为这次突然“袭击”，餐厅一定没有准备香蕉。孰料走进餐厅，迎面就是引人注目的一大盘香蕉。这位“金口难开”的客人看到小梅，第一次主动询问是不是特意为他准备的香蕉。小梅嫣然一笑，告诉他昨晚总台服务员已经将他入住本饭店的信息告知了餐厅。

“太感谢你们了！”这位美国客人几个月来第一次向酒店表达了发自内心的感谢。

酒店全心全意为客人服务，博得客人的好评，这在酒店业中极为常见。本案例中那位沉默寡言的美国客人一个微笑、一声道谢，其含金量就非同一般。该饭店的小梅等人是用自己的真情打动了美国客人。自助早餐准备一些香蕉，不是一件难事，重要的是揣摩客人的心理，了解他们的需求。这位美国客人对香蕉情有独钟的信息不仅餐厅知道，连总台都已经掌握，可见该饭店极为重视每个客人的特殊需求。此外，该饭店的信息传递渠道畅通。头一天晚上客人到达，第二天早上餐厅已经有了准备，该饭店的服务效率由此可见一斑。

资料来源：http://www. yidaba. com。

二、加拿大

加拿大位于北美洲北部，是一个地广人稀的国家。居民大部分是欧洲移民的后裔，以

英法血统居多。加拿大人主要信仰天主教和基督新教。

加拿大人的饮食习惯近似于美国人。烤牛排是加拿大的名菜，也是加拿大人的家常菜。他们在做烤牛排时多用里脊肉，烤时不加作料，烤熟后再加上盐、番茄酱、土豆泥、黄瓜等辅料，绝大部分人很喜欢吃嫩牛排。另外还喜欢吃猪肉、鸡蛋、蔬菜及水果。加拿大人的口味清淡，相对地比较喜甜味，喜欢烤、煎、炸、酥脆的食品，一般不用蒜以及酸辣味的调味品。他们对沙丁鱼和野味有特殊的爱好。

加拿大人很重视食品的营养与卫生，讲究食品质量，低脂、低糖、低盐的食品越来越受欢迎。他们不吃胆固醇含量高的动物内脏，也不吃脂肪含量高的肥肉。加拿大人喜欢的酒和饮料是白兰地、香槟酒、啤酒和冰水，其中啤酒的消费量尤其大，只是不像美国人那样强调“一定要冰镇”。加拿大人喜欢在用完餐后喝牛奶、咖啡，吃水果。他们爱喝中国红茶。加拿大人较爱吃中国菜，尤其是苏菜、上海菜、鲁菜。

加拿大人的早餐和午餐都比较简单，但标准的早餐相对而言量大、质优。一份典型的加拿大早餐应有一杯饮料、两片烤面包或薄煎饼、一两个煎鸡蛋、几片煎肉和一些水果。当然在实际生活中，人们会根据自己的嗜好选择不同的饮料和食品。午餐多用三明治加蔬菜、牛奶、饮料、水果和罐头食品。晚餐通常以汤开始，主菜包括鸡肉、牛肉、鱼、猪肉等肉类和面食，加上土豆、胡萝卜、豆角等蔬菜，最后上甜点，水果、冰激凌、果酱饼等交替搭配，上甜点时伴之以牛奶、咖啡和茶等饮料。

三、巴西

巴西位于南美洲东南部，是拉丁美洲面积最大的国家。巴西原为印第安人的居住地，15—16 世纪，巴西被西班牙、葡萄牙侵占而沦为殖民地，随之欧洲移民大量涌入。巴西白种人约占 55%，黑白混血种人约占 38%，印第安人约占 0.2%，其他占 6.8%。大部分居民信奉天主教，此外，还有少数人信奉基督教新教、犹太教等。

巴西的食品别具特色，它综合了葡萄牙人、非洲人及印第安人食品的精华。巴西人大都以费让或大米为主食。所谓费让，是巴西出产的黑豆以及爬豆、芸豆、菜豆等豆类的总称，但大豆不在其列。有些人爱把费让和大米一块蒸煮成豆饭，作为家常便饭。人们还常把牛肉、鸡肉和黑豆混在一起烧制成菜。在巴西的餐馆中，最著名的一道菜是“全烩豆”。这个菜的用料有牛肉干、熏香肠、咸猪肉和黑豆，还要放上一些香料、香草和蔬菜，用沙锅烹制，待熟后撒上木薯粉，拌上卷心菜和橙橘片即可食用。相传“全烩豆”始于 1630 年，至今已有 300 多年的历史。在巴西餐馆中，每逢周末都向食客供应这道菜，深受大众喜爱。

巴西人的饮食随民族的习惯和居住地的不同而各异。圣保罗州的居民饮食以意大利风味居多，南部的圣塔卡林娜州则以德国风味为主，北方的巴伊亚州以海鲜著称。

北方的巴伊亚州最有名的菜叫“瓦塔帕”，就是把拌好的虾泥和鱼片用棕榈油和椰汁烧调。“沙拉帕特尔”是巴伊亚另一道名菜，将牛羊的心、肝与血拌在一起，加上番茄、辣椒和洋葱，煮熟后香气扑鼻。巴伊亚还有一道名菜叫做“卡鲁鲁”，就是把巴西北部出产的辣椒汁浇在煎好的亚马孙河虾上。

巴西著名的风味菜——烤肉，是巴西各地区的人都喜欢吃的传统风味食品。其特点是熟而不老、香而不腻。巴西人在家做烤肉时，把牛肉、猪肉、鸡肉蘸盐后串在铁签上，用

炭火烤制。肉的部分不同，烧烤的火候不同，滋味也不同，有的如火腿一般的坚实，有的则如扣肉一般的柔软。在餐馆里，供应烤肉的方式很独特，服务员一手持穿着一串新烤出的肉的利剑，另一只手握一把雪亮的匕首，来到食客面前，用匕首割下食客指名要的烤肉的部分。

火鸡也是巴西人喜爱的食品。在巴西，火鸡有个特别的名字叫做“秘鲁”，这与邻国秘鲁同名。比较有名的一道菜“巴西的秘鲁”就是用火鸡肉加上火腿肉烹制而成的。

巴西人还喜欢食牛蛙肉，据说牛蛙的营养价值很高。在市场上，还能买到食人肉的“食人鱼”。这种鱼的价格比沙丁鱼还便宜，巴西人很爱吃这种鱼。巴西人制作的布丁和甜食也很不错，一些甜食的名字也很特别，例如“女郎之吻”、“岳母眼”等。巴西人就餐时，常喝一种名叫“卡查萨”的生朗姆酒。这种酒加上冰块后称为“柴皮林哈”酒。

巴西人对咖啡情有独钟，他们每天都离不开咖啡，招待客人也总是端上一杯香浓美味的咖啡。喝咖啡时，巴西人大多数喜欢同时加入牛奶和糖，也有人爱喝带有苦味的纯咖啡。巴西是世界上最大的咖啡生产国，素有“咖啡王国”之称，巴西人称咖啡为“绿色的金子”。

巴西人喜欢喝一种叫“马黛茶”的菜茶，此茶芳香扑鼻，十分可口，有一定的保健作用。巴西人还喝一种新饮料——瓜拉那，它是巴西近年来开发的一种新饮料，在巴西各地的餐馆和冷饮店里都有出售。瓜拉那原为巴西亚马孙地区特有的一种热带野生水果。这种饮料能生津解渴，退火清热，而且是一种良好的补品，可提神健脑，防止动脉硬化，治疗神经痛及腹泻、痢疾，还有强心和刺激性欲的功能，在一定程度上有恢复青春、抗衰老和延年益寿的作用。巴西的水果种类繁多，一年四季都有供应。不仅有香蕉、草莓、菠萝、鳄梨等大众化水果，还有芒果、番木瓜、番荔枝、番石榴、菠萝蜜以及一种叫“莫拉”的木莓等珍贵水果。在大街上可以买到各种果汁，如樱桃汁、番石榴汁、西番莲果汁、罗望子果汁、甘蔗汁等。巴西人喝果汁时常加入牛奶，喝甘蔗汁则要加冰块。

第四节　大洋洲主要客源国的饮食习俗

大洋洲是世界上最小的一个洲，由澳大利亚、新西兰等许多岛屿国家组成。16 世纪前，这里人烟稀少，只有土著人居住。后来随着英国和其他欧洲移民的迁居，大洋洲诸岛就成了英国等发达国家的殖民地。

一、澳大利亚

澳大利亚位于南太平洋和印度洋之间，由澳大利亚大陆和塔斯马尼亚岛等岛屿和海外领土组成。居民中 70%是英国及爱尔兰后裔，18%为欧洲其他国家后裔，此外还有亚裔、土著居民等。澳大利亚人大多信奉基督教新教和天主教，此外还有少数人信奉东正教、犹太教、伊斯兰教和佛教等。

澳大利亚人平时以英式西餐为主，注重菜肴色彩，讲究新鲜、质优。口味清淡，喜欢甜酸味，不喜太咸，不喜欢吃辣味。澳大利亚人喜吃新鲜蔬菜，以及煎蛋、炒蛋、火腿、鱼、虾、牛肉等。当地的名菜是野牛排。对于中餐，澳大利亚人偏爱广东菜。无论吃中餐还是西餐，他们都爱用很多调味品，在餐桌上由自己来调味。

澳大利亚人一般是三餐加茶点。早餐为7～8点，主要食品有牛奶、麦片粥、火腿、煎蛋、黄油、面包等。午餐为中午12点半到1点半，多食快餐，通常食冷肉、冷茶、三明治、汉堡包、热狗等。晚餐为晚7点半左右，是一天中的正餐，食物丰盛，比较讲究。一般有三道菜，第一道是开胃菜，常为浓汤或凉菜；第二道是主菜，多是清炖或油炸的鱼块和牛羊肉，此外还有多种蔬菜；第三道是甜食，包括各种糕点、冰激凌和水果沙拉。早茶在10点半左右，午茶在下午4点左右，以咖啡和茶为主，加上饼干、小点心等甜食。

澳大利亚比较有特色的食品是澳大利亚烧烤、邓皮饼和皮利茶。烧烤在澳洲是一种非常流行的餐饮形式，在家宴或多种联谊性质的宴会上经常会有烧烤食品。烧烤的食品主要包括牛排、羊排、灌肠、鸡腿、鸡翅、土豆、玉米和鱼肉等。吃烧烤时常用的酒水和饮料是啤酒、葡萄酒、可乐、果汁等。

皮利茶和邓皮饼是从19世纪流传下来的。当时，大批淘金者风餐露宿，生活异常艰苦。由于没有煮水的容器，淘金者就在铁制罐头盒上装上吊柄来烧水，当时，人们称这种罐头盒为皮利罐，用这种罐烧的水沏成的茶便成了皮利茶。邓皮饼是一种面包，它以面粉、牛奶、糖和盐为原料，将面团揉好后放进一个饭锅，加盖捂严。将锅放在事先刨好的土坑中，在锅底及四周放上火炭及木材，在坑顶培上一些土捂严实。过一段时间后，取出铁锅中已经烘焙好的面团，邓皮饼就制作好了。也有人在邓皮饼上抹上一点黄油和糖浆，味道就更可口了。

先订“协议”后吃饭

与澳大利亚人共进午餐要特别注意该由谁付钱，付钱过于积极或忘记付钱都是不礼貌的。在一般情况下，如果是你提议一起用餐，通常由你付钱，不可各自付钱，除非事先说好。

二、新西兰

新西兰是太平洋西南部的岛国，介于赤道和南极之间，有“白云之乡”的美称。在新西兰居民中，78.8%为欧洲移民后裔，14.5%为毛利人，其余为其他民族。大部分居民信奉基督教新教，有的人信奉天主教。

新西兰人的基本饮食习惯还是与其祖先英国移民一致，喜欢吃西餐。早餐大多是牛奶、黄油、面包、鸡蛋，加上一杯饮料。中餐也比较简单，一个苹果加一个热狗，或一个三明治。晚餐是正餐，或牛排、羊排，或鸡、鸭、海鲜，加上一些蔬菜，饭后一杯香浓的咖啡。新西兰人特别爱喝啤酒。

新西兰的羊肉鲜嫩，饭店的烤羊排生意不错，一些重要宴请也上羊排。新西兰的海鲜

品种丰富，有龙虾、大虾、螃蟹、生蚝、黑鲍（新西兰特产，很名贵）、沙梦鱼等。这些海鲜的特点是环保、无污染。

新西兰的特色食品是炸鱼、炸土豆条和巴甫洛娃甜食。炸鱼与炸土豆条与美国肯德基的制作方法异曲同工，鸡块换成鱼块，一片或两片鱼肉，拌上调味料，裹上面粉，放入油锅炸至呈焦黄色，配一包炸土豆条。巴甫洛娃是一道新西兰有名的甜食，用蛋青制作，以俄国著名芭蕾舞演员芭甫洛娃的名字来命名此道甜食。

“毛利饭”是新西兰的民族饭。做一餐古老的毛利饭很费时间，首先将食物洗净，然后顺次放入铁筐里，一般是猪肉、牛排放在下面，鱼类放在中间，芋头、南瓜、白薯等放在上面，不加任何作料，用芋头叶或抹布将食物盖严。与此同时开始生火，大约需两三个小时，灶中的鹅卵石被烧红了，泼上一瓢冷水，水蒸气立即升腾，这时把盛满食物的铁筐放进灶里，先盖湿土，最后涂上稀泥，糊得严严实实，经过 4 小时，饭菜便熟透了。

新西兰人喜欢喝茶，一般每天喝 7 次茶（早茶、早餐茶、午餐茶、午后茶、下午茶、晚餐茶和晚茶）。茶店和茶馆几乎遍及新西兰各地。

第五节　非洲主要客源国的饮食习俗

非洲位于东半球的西南部，地跨赤道，西北部的部分地区伸入西半球。非洲是仅次于亚洲的世界第二大洲。非洲人勤劳、智慧，在过去的几个世纪中由于长期受葡萄牙、西班牙、英国、法国、荷兰、比利时、德国以及意大利等殖民者的侵略、瓜分和奴役，非洲成了一个相对贫穷落后的地区。直到 20 世纪，大部分非洲国家才先后独立。非洲是世界上民族成分最复杂的地区。非洲大多数民族属黑种人，其余属白种人和黄种人。非洲居民多信奉原始宗教和伊斯兰教，少数人信奉天主教和基督教。

一、埃及

埃及地跨亚非两大洲，大部分领土位于非洲东北部，是典型的沙漠之国，全境 96%为沙漠。居民近 90%为阿拉伯人，其余为科普特人、贝都因人和努比亚人。居民多信奉伊斯兰教，科普特人信奉基督教。

埃及人的主食为面饼，副食为豌豆、洋葱、萝卜、茄子、番茄、卷心菜、南瓜、土豆等，有时还加上一些牛肉。埃及人口味较淡，不喜油腻，爱吃又甜又香的东西。冷菜、带馅的菜、用奶油烧制的菜以及象征“春天”与勃勃生机的生菜，均很受欢迎。

在埃及，不同的宗教节日有不同的宗教食品，如斋月里要吃焖蚕豆和甜点；开斋节要吃鱼干和洒糖的点心；惠风节吃咸鱼、大葱和葱头；宰牲节要吃烤羊肉和油烙面饼。伊斯兰教教徒忌食猪肉、忌饮酒。大多数埃及人也不食用虾、蟹和除肝以外的动物内脏及形状奇怪的食物。

埃及菜综合了地中海和中东地区菜肴的特点，地中海菜主要是番茄汤，而埃及菜里也大量使用番茄，特别是番茄糊，并大量使用香料调味，口感偏重。

埃及人喜吃甜食，“阿依施”是埃及人每日必吃的一种圆形面包和枣饼。埃及人的甜点，特别是烘烤的甜点，更是甜得不同寻常。其中具有代表性的烘烤甜点是“巴克拉瓦”。

进餐时，埃及人多用手取食，在正式场合，也用刀、叉和勺子。忌用左手取食，也忌在用餐时与别人交谈。

埃及人喜欢喝红茶和咖啡。埃及人一般不喝即冲即饮的咖啡，而是将咖啡豆的粉末放入咖啡壶中煮。埃及人有在咖啡馆吃午餐的习惯，常常是买一杯咖啡和几块点心，边吃边喝。红茶，是将印度、斯里兰卡和中国茶碾成细末后混合，放在茶壶里煮，经过滤后放入杯中。这种茶价廉、色重、味浓、苦涩，须加糖，也有人喜欢加入奶粉。

二、南非

南非位于非洲最南端，东、西、南三面濒临印度洋和大西洋。南非居民主要由黑种人（约占70%）、白种人和其他有色人种组成，由于种族繁多，故有“彩虹之国”的称誉。黑种人主要包括祖鲁、科萨、斯威士等部族，白种人以荷兰、英国人后裔为主。黑种人多数信奉原始宗教，白种人则多数信奉天主教和基督教。

在饮食习惯上，南非黑人和白人有各自的特点。白人平常以西餐为主，他们经常吃牛肉、鸡肉、鸡蛋和面包，并且爱喝咖啡与红茶。

黑人的主食是玉米、薯类、豆类，他们喜欢吃牛肉、羊肉，但一般不吃猪肉，也不喜欢吃鱼。不喜欢生食，爱吃熟食。

南非最著名的饮料，是被称为“南非国饮”的如宝茶。“如宝茶”的意思是“健康美容的饮料”。深受南非各界人士的推崇，与钻石、黄金一道，被称为“南非三宝”。

鸵鸟肉、鸵鸟蛋和野猪肉是南非菜中最常见的野味。鸵鸟肉的做法主要有烩、炸、煎、扒等方法。最常见的是选用南非土制的腌粉烩制，咸甜适中。鸵鸟蛋比人的拳头大两三倍，蛋壳厚约5毫米，适于腌制。一般搭配洋葱、蘑菇、火腿肉等八种配料，可根据个人的喜好选配料，用煎熟的鸵鸟蛋皮卷起来吃。野猪肉一般搭配洋葱用文火烧制，肉质香嫩软滑。另外，鳄鱼肉、扒龙虾和炒虾也颇有特色。南非人非常钟情于户外烧烤（Braai），一般以烤肉为主。

世界各地丰富的饮食文化，为旅游业提供了丰富内涵。在旅游者的心目中，一个国家和地区美味的食品和独特的饮食风俗是旅游过程中妙趣横生的“可以品尝的动态景观”。而现代社会的人们也不仅仅局限于只有旅游时才去享用异国的美食，只要在本地有人们喜欢的特色餐馆，他们一般都会选择光临。这样，就使各国的饮食互相融合，取长补短，在菜肴的选料、菜肴的制作、菜肴的烹饪手法上不断创新，使各餐饮流派的兼容性更强，特色更鲜明，更适应人们不断变化的口味需求。

本章阐述了亚洲、欧洲、美洲、大洋洲、非洲五个大洲主要客源国的饮食习俗及禁忌，如：日本人关于用筷子的“八忌”；美国人不喜欢吃奇形怪状的东西，如鸡爪、猪蹄、海参等；英国人是怎样嗜茶的；真正的法国风味是牡蛎、鹅肝、奶酪等食品。作为从事餐饮服务接待工作的人员，必须掌握这些知识，才能更好地做好餐饮服务工作，从而提高服务质量。

要点提示

1. 亚洲主要客源国的饮食习俗：日本、韩国、泰国、新加坡。
2. 欧洲主要客源国的饮食习俗：英国、法国、德国、意大利、俄罗斯、西班牙。
3. 美洲主要客源国的饮食习俗：美国、加拿大、巴西。
4. 大洋洲主要客源国的饮食习俗：澳大利亚、新西兰。
5. 非洲主要客源国的饮食习俗：埃及、南非。

思考讨论

1. 亚洲主要客源国饮食文化有哪些异同点？
2. 欧洲主要客源国饮食文化有哪些异同点？
3. 调查本地餐饮店中有哪些异域风味的餐厅，写出一份 1 000 字左右的调查报告。

任务训练

● 任务名称

西餐厅（或日式料理餐厅等）调研报告

● 任务目的

1. 了解当地西餐厅（或日式料理餐厅等）的饮食特色。
2. 了解当地西餐厅饮食特色与当地饮食文化的融合。

● 任务训练要求

1. 选择当地的一家西餐厅（或日式料理餐厅等）作为调研背景。
2. 调研这家餐厅的饮食特色。
3. 与当地的饮食特色进行对比。

● 任务训练方法

1. 小组训练法。将学生分成若干小组，每组成员 5～6 人。每组设组长一名，任务由组长协调组员共同完成。

2. 调研法。

● 任务评价

项目	标准	满分	得分
文本	格式符合要求，文字通顺，逻辑性强	20	
内容	内容挖掘准确、深入	40	
特色	特色调研有理有据	40	
合计	100		

附录

餐饮服务常用语中英文对照

一、餐饮服务常用词汇

茶壶　teapot
茶碗　tea cup
中国茶　Chinese tea
茶勺　tea spoon
汤勺　soup spoon
筷子　chopstick
叉子　fork
开水　boiled water
凉开水　cold water
餐巾纸　napkin
牙签　toothpick
菜单　menu
砂糖　granulated sugar
方糖　cubic sugar
生的　raw
熟的　ripe
苦的　bitter
辣的　hot
煎　decoct
煮　boil
炸　fry
烩　stew
烤　bake
蒸　steam
（用文火）炖　braise
新鲜的　fresh
过熟的　overripe
嫩的　tender
一半　half
硬的　hard
软的　soft
薄的　thin
厚的　thick
土豆　potato
蛋卷　omelet
荷包蛋　poached egg
咸猪肉　bacon
火腿　ham
蘑菇　mushroom
番茄　tomato
洋葱　onion
灌肠　sausage
煎饼　pancake
鸡肉　chicken
牛肉　beef
羊肉　mutton
凉菜　cold dishes
红鱼子　red caviar
甜菜根　beet root
鸡肉沙拉　chicken salad
凉拌牛舌　cold ox tongue
花椰菜　cauliflower
通心粉　macaroni
菠菜　spinach
胡萝卜　carrot
牛肉汤　beef soup
中餐　Chinese meal
总会三明治　club sandwich
炸子鸡　braised crispy chicken
怪味鸡　chicken with special hot sauce
酱猪肉　stewed pork in soy sauce
叉烧肉　roast pork with sweet style
松花蛋　preserved eggs
鸡丝凉面　cold noodles with chicken shreds
三鲜汤　three fresh soup
竹笋汤　bamboo shoot soup
木须肉　fried pork with scrambled eggs and fungus
鱼肚汤　fish maw soup
香酥鸡　fried crisp chicken

冬笋炒鸡片　saute bamboo shoots and chicken shreds
干炸鸡块　dry fried chicken
青豆炒鸡丁　saute chicken with green peas
红烧鱼　saute fish with brown sauce
糖醋鱼　fried fish with sweet and sour sauce
干炸丸子　dry fried pork balls
软炸腰子　soft fried kidney
干煸牛肉丝　saute beef shreds with hot pepper
葱爆羊肉　sauté mutton with leeks
什锦砂锅　seafood and meat clay pot
三鲜炒面　sauté noodles with three fresh

大虾　prawn	米饭　rice	馄饨　ravioli
肉片　meat slices	肉丁　diced meat	里脊肉　pork fillet
肉馅　meat filling	肉末　minced meat	猪肉　pork
腰子　kidney	牛尾　ox tail	

北京烤鸭　roast Beijing duck
四川虾仁　Sichuan fried shrimp
蒜泥白肉　sliced pork with garlic sauce
回锅肉　stir-fried boiled pork slices in hot sauce
麻婆豆腐　Ma Po beancurd

二、餐饮服务常用语句

1. 早餐给您送到房间去吗？
   Do you want breakfast in your room?
2. 请问您的房间号？
   May I know your room number?
3. 请问几位？
   For how many persons，please?
4. 请坐。
   Would you be seated，please?
5. 您预订了吗？
   Have you got a reservation?
6. 对不起，现在客满，但20分钟后有座。如果可以，您可以在休息室喝杯饮料，到时我们叫您。
   I'm sorry，the restaurant's full now，but we might be able to seat you in 20 minutes. You can have a drink in the lounge if you like. We'll call you when we have a table.
7. 对不起，这张桌子已预订。您坐那边好吗？
   I'm sorry，the table is already reserved. Would you like to sit over there?

8. 请您跟我来好吗？
   Would you follow me，please?
9. 您准备花多少钱？
   How much would you spend?
10. 这是菜单。
    Here is the menu。
11. 您要点些什么？
    What would you like to order?
12. 您喜欢哪种鱼？
    What kind of fish do you prefer?
13. 要点蔬菜吗？
    And any vegetable?
14. 您想喝点什么？橙汁、牛奶、茶还是咖啡？
    Would you like something to drink? Orange，milk，tea or coffee?
15. 先生，您午餐吃点什么？米饭还是馒头？
    What would you like at noon，sir? Rice or steam bread?
16. 来碗面条好吗？
    Would you like a bowl of noodle?
17. 您喜欢什么汤？
    What soup would you prefer?
18. 我诚恳地向您推荐烤羊肉。
    I can thoroughly recommend the roast lamb.
19. 您喜欢牛排老一点还是嫩一点？
    Do you like your steak well-done or underdone?
20. 烤乳猪是很有名的广东菜。
    Roast suckling pig is the famous specialty（speciality）of cantonese food.
21. 北京烤鸭是很有名的北京菜。
    Roast Beijing duck is the famous speciality of Beijing food.
22. 这些是四川菜，川菜味浓，很辣。
    It's Sichuan food，which is strong and very spicy.
23. 怪味鸡是我们餐厅的特色菜。
    Special spicy chicken is our speciality.
24. 我们有鸡丝汤、酸辣汤、时蔬海鲜汤。
    We have sliced chicken soup，sour and hot soup，and seafood soup with vegetable.
25. 再来点儿土豆怎么样？
    What about some more potatoes?
26. 我们有各种新鲜芦笋和青豆、番茄。

We've got a choice of fresh asparagus，green beans and tomatoes.

27. 甜食您要点什么？

 What would you like for dessert?

28. 我们有桃子馅饼和苹果馅饼，您要哪一种？

 We have peach pie and apple pie，which do you prefer?

29. 这是您的账单。

 Here is your bill.

30. 您的账单总计450元人民币。

 Your bill is ¥450.

三、餐饮情景对话

Meeting the Customer
迎接顾客

Waitress：Good afternoon，sir.

服务员：下午好，先生。

Customer：Good afternoon. Do you have a table for three?

顾客：下午好。有三人用餐的空桌吗？

Waitress：Yes，sir. How about that table near the window?

服务员：有的，先生。靠窗那张桌子可以吗？

Customer：That would be nice. Thanks.

顾客：很好，谢谢。

Waitress：Come with me，please.

服务员：请跟我来。

Taking the Order
请客人点菜

Waitress：Excuse me，sir. Are you ready to order?

服务员：先生，请问您现在点菜吗？

Customer：Yes. I'll take the cold duck web、three delicious in gredients soup and Kung Pao chicken.

顾客：是的。我要凉拌鸭掌、三鲜汤和宫保鸡丁。

Waitress：Yes，sir. Do you wish to take anything else?

服务员：好的，先生。您还要别的吗？

Customer：Mm. Is there any particular dish you would recommend?

顾客：嗯，有什么特别值得推荐的菜吗？

Waitress：The crisp fish is wonderful tonight. The fish are very fresh. We also have several good sea-food dishes，if you like sea-food.

服务员：今晚的脆皮鱼特别好。鱼非常新鲜。如果您喜欢海鲜的话，我们还有几种上好的海味。

Customer：I don't care much for sea-food. I think I'll try the crisp fish.

顾客：我不太喜欢海味，就尝尝脆皮鱼吧。

Waitress：Would you like anything to drink?

服务员：您要喝点儿什么吗？

Customer：Yes，a beer. By the way，don't go easy on chili and garlic. I was told Sichuan food is very hot.

顾客：是的。一瓶啤酒。顺便提一下，别在菜里放太多辣椒和大蒜。我听说川菜很辣。

Waitress：Yes，sir. I'll bring the dishes straight away.

服务员：好的，先生，菜马上就送来。

Introducing Dishes
介绍菜品

Customer：Waiter!

顾客：服务员！

Waitress：I'll be with you in a moment，sir.

服务员：马上就来，先生。

Customer：I'd like to have Chinese dishes tonight. Could you tell me what is good tonight?

顾客：今晚我想品尝一下中国菜，你能告诉我今晚有什么好菜吗？

Waitress：Oh，yes. We serve different styles of Chinese food，including Guangdong style，Beijing style，and Sichuan style in particular.

服务员：哦，是的。我们供应不同风格的中国菜，包括广东菜和北京菜。当然四川菜更是拿手。

Customer：What different features do they have?

顾客：这些菜都有什么特点？

Waitress：Generally speaking，Guangdong food is light and clear while Sichuan food has a strong and hot taste. As for Beijing food，it is usually salty and spicy.

服务员：一般来说，广东菜比较清淡，四川菜味重而辣，至于北京菜嘛，则比较咸，香料放得多。

Customer：I think I'd to try some Sichuan food，but don't make it too hot.

顾客：我就试试四川菜吧，但是别弄得太辣。

Waitress：All right.

服务员：好的。

Serving Dishes

上菜

Waitress：Here comes the fried prawn with tomato sauce. It's one of the specials of our house.

服务员：这道菜叫番茄汁炸大虾，是我们餐馆的特色佳肴之一。

Customer：It looks goods both in shape and colour.

顾客：看起来色、形都不错。

Waitress：This is the fish flavor pork shreds. It's typical of Sichuan style.

服务员：这是鱼香肉丝，典型的四川菜。

Customer：Is it cooked with fish?

顾客：是和鱼一起烹制的吗？

Waitress：No. It has nothing to do with fish，but it is cooked with special condiments. And thus it tastes like fish.

服务员：不，和鱼没有关系，只是用料特殊，结果就有了鱼香味。

Customer：It sounds like magic.

顾客：听起来简直就像魔术一样。

Waitress：Here is the chicken and mushroom soup. Very tasty. That's all for your dishes. If you want anything else，just call me，please. Enjoy yourself.

服务员：这是蘑菇鸡汤，味道好极了。您的菜上齐了。如果您还需要什么，请叫我。祝您用餐愉快。

Customer：OK. Thank you.

顾客：好的，谢谢。

Paying the bill

结账

Customer：Hey，waitress. The check，please.

顾客：服务员，请把账单拿来。

Waitress：Here is your check，madam.

服务员：您的账单，太太。

Customer：Do I pay you or the cashier?

顾客：是在这儿还是去柜台付账？

Waitress：As you like. You can pay the cashier on your way out.

服务员：都可以，您可以出去的时候在柜台付账。

Customer：Thanks.

顾客：谢谢。

Customer：Here's my check and fifty yuan.

顾客：这是我的账单和 50 元钱。

Cashier：Here's five yuan and sixty fen for your change. Thank you for coming. Good-bye.

收银员：这是找给您的钱，5元6角。谢谢光临。再见。

Customer：Good-bye.

顾客：再见。

Asking for Criticism
征求意见

Waitress：Does the food appeal to your appetite，sir?

服务员：这些菜合您口味吗，先生？

Customer：Yes，it certainly does. I like it very much.

顾客：很合我口味。我很喜欢。

Waitress：What do you think of the wine?

服务员：您觉得酒怎么样？

Customer：It's good，too. But I'm afraid it's a bit too strong for my wife.

顾客：酒也不错，只是对我太太来说恐怕太烈了点儿。

Waitress：I'm sorry. I should have recommended some other wine.

服务员：真抱歉。我应该向您推荐别的酒。

Customer：Never mind. It's not your fault. My wife just wanted to try a little. It's a popular wine in China，isn't it?

顾客：没关系，这不是你的错。我太太也很想尝一尝这种酒。这是中国名酒，对不对？

Waitress：Yes，it's well known and popular all over the country. Do you have any criticism on our service or dishes? We'll be grateful if you kindly point out our shortcomings.

服务员：是的，这是中国名酒，在我国很受欢迎。您对我们的服务和菜品还有什么意见吗？如果您指出我们的缺点，我们将不胜感激。

Customer：No. Everything is good. We had a nice evening here.

顾客：没有，一切都很好。今天晚上我们过得很愉快。

Waitress：Thank you for your compliments. Good-bye.

服务员：谢谢您的赞扬。再见。

Customer：Good-bye.

顾客：再见。

参考书目

1. 庄玉海编著. 现代旅游饭店全面质量管理. 深圳：海天出版社，1991.
2. 蔡敬聪，白鸿编著. 餐饮业经营管理实用图表. 广州：广州出版社，2001.
3. 王大悟. 21世纪饭店发展趋势. 北京：华夏出版社，1999.
4. 辽宁省人民政府交际处编. 宾馆酒店服务技术考核总汇. 沈阳：辽宁科学技术出版社，1998.
5. ［澳］格汉姆·布朗，卡隆·黑纳著. 餐饮服务手册. 沈阳：辽宁科学技术出版社，1998.
6. 汪纯孝，蔡浩然编著. 服务营销与服务质量管理. 广州：中山大学出版社，2002.
7. 蔡万坤编著. 餐饮管理. 北京：高等教育出版社，2003.
8. 郭敏文主编. 餐饮部运行与管理. 北京：旅游教育出版社，2003.
9. 陈觉，何贤满编著. 餐饮管理经典案例及点评. 沈阳：辽宁科学技术出版社，2003.
10. 赵向标主编. 现代餐饮业实务全书. 北京：国际文化出版公司，1996.
11. 施涵蕴编著. 餐厅管理. 沈阳：辽宁科学技术出版社，1999.
12. 虞迅，严金明编著. 现代餐饮管理技术. 北京：清华大学出版社、北方交通大学出版社，2003.
13. 李勇平编著. 餐饮服务与管理. 大连：东北财经大学出版社，2004.
14. 张四成编著. 现代饭店礼貌礼节. 广州：广东旅游出版社，2000.
15. 张建融主编. 客源国概况. 北京：北京大学出版社，2005.
16. 吴中军主编. 中外民俗. 大连：东北财经大学出版社，2005.
17. 吴宝华主编. 礼貌礼节. 北京：高等教育出版社，2003.
18. 傅启鹏. 餐饮服务与管理（修订版）. 北京：高等教育出版社，2002.
19. 郭敏文主编. 餐饮服务与管理. 北京：高等教育出版社，2002.
20. 陈修仪主编. 餐饮服务. 北京：高等教育出版社，2004.
21. 秦仲阳编著. 酒店服务技能训练课程. 广州：广东经济出版社，2005.
22. 姜文宏，王焕宇. 餐厅服务技能综合实训. 北京：高等教育出版社，2004.
23. 汪京强主编. 旅游饭店中西餐饮服务实训教程. 福州：福建人民出版社，2002.
24. ［日］岩崎昭德，木村克己，和仁皓明编著. 现代餐厅侍应技术. 广州：广东旅游出版社，2000.
25. 李莉主编. 实用礼仪教程（第二版）. 北京：中国人民大学出版社，2006.

图书在版编目（CIP）数据

餐饮服务与管理/李国茹，杨春梅主编．—2版．—北京：中国人民大学出版社，2012.3（2015.12加印）
21世纪高职高专规划教材．旅游与酒店管理系列
ISBN 978-7-300-15327-8

Ⅰ.①餐…　Ⅱ.①李…②杨…　Ⅲ.①饮食业-商业服务-高等职业教育-教材②饮食业-商业管理-高等职业教育-教材　Ⅳ.①F719.3

中国版本图书馆CIP数据核字（2012）第029761号

"十二五"职业教育国家规划教材
经全国职业教育教材审定委员会审定
21世纪高职高专规划教材·旅游与酒店管理系列
总主编　魏小安
餐饮服务与管理（第二版）
主编　李国茹　杨春梅

出版发行	中国人民大学出版社		
社　　址	北京中关村大街31号	**邮政编码**	100080
电　　话	010－62511242（总编室）		010－62511398（质管部）
	010－82501766（邮购部）		010－62514148（门市部）
	010－62515195（发行公司）		010－62515275（盗版举报）
网　　址	http://www.crup.com.cn		
	http://www.ttrnet.com(人大教研网)		
经　　销	新华书店		
印　　刷	北京诚顺达印刷有限公司	**版　　次**	2007年1月第1版
规　　格	185mm×260mm　16开本		2012年4月第2版
印　　张	13.5	**印　　次**	2015年12月第4次印刷
字　　数	313 000	**定　　价**	28.00元

教师信息反馈表

为了更好地为您服务，提高教学质量，中国人民大学出版社愿意为您提供全面的教学支持，期望与您建立更广泛的合作关系。请您填好下表后以电子邮件或信件的形式反馈给我们。

<table>
<tr><td>您使用过或正在使用的我社教材名称</td><td></td><td>版次</td><td></td></tr>
<tr><td>您希望获得哪些相关教学资料</td><td colspan="3"></td></tr>
<tr><td>您对本书的建议（可附页）</td><td colspan="3"></td></tr>
<tr><td>您的姓名</td><td colspan="3"></td></tr>
<tr><td>您所在的学校、院系</td><td colspan="3"></td></tr>
<tr><td>您所讲授课程的名称</td><td colspan="3"></td></tr>
<tr><td>学生人数</td><td colspan="3"></td></tr>
<tr><td>您的联系地址</td><td colspan="3"></td></tr>
<tr><td>邮政编码</td><td></td><td>联系电话</td><td></td></tr>
<tr><td>电子邮件（必填）</td><td colspan="3"></td></tr>
<tr><td>您是否为人大社教研网会员</td><td colspan="3">□ 是，会员卡号：____________
□ 不是，现在申请</td></tr>
<tr><td>您在相关专业是否有主编或参编教材意向</td><td colspan="3">□ 是　　　□ 否
□ 不一定</td></tr>
<tr><td>您所希望参编或主编的教材的基本情况（包括内容、框架结构、特色等，可附页）</td><td colspan="3"></td></tr>
</table>

我们的联系方式：北京市海淀区中关村大街 31 号
中国人民大学出版社教育分社
邮政编码：100080
电话：010-62515912
网址：http://www.crup.com.cn/jiaoyu/
E-mail：jyfs_2007@126.com